História da televisão brasileira

Ficha catalográfica

Mattos, Sérgio Augusto Soares, 1948-

M444t História da televisão brasileira –Uma visão econômica, social e política. Sérgio Mattos. – Petrópolis: Editora Vozes, 5. ed. rev. e ampl. 2010.

ISBN 978-85-326-2749-0

1ª reimpressão, 2020.

Bibliografia.

1. Comunicação de massa – Meios. 2. Televisão – História – Brasil. I. Título.

CDU - 659.3
654.19 (091) (81)

Sérgio Mattos

História da televisão brasileira

Uma visão econômica, social e política

EDITORA
VOZES

Petrópolis

E-mail: smattos@atarde.com.br e sasmattos@gmail.com
Home page: www.sergiomattos.com.br

Direitos de publicação:
2010, Editora Vozes Ltda.
Rua Frei Luís, 100
25689-900 Petrópolis, RJ
www.vozes.com.br
Brasil

A 1ª edição foi publicada pela Editora Pas e Edições Ianamá, Salvador, 2000.

Editoração: Maria da Conceição B. de Sousa
Diagramação: AG.SR Desenv. Gráfico
Capa: Bruno Margiotta

ISBN 978-85-326-2749-0

Editado conforme o novo acordo ortográfico.

Este livro foi composto e impresso pela Editora Vozes Ltda.

Sumário

Introdução

Este livro descreve a televisão brasileira, resgatando sua trajetória histórica, registrando-se as influências socioculturais e políticas que interferiram direta e indiretamente no seu processo de desenvolvimento.

Estudiosos da comunicação, em suas tentativas para explicar o crescimento dos sistemas de radiodifusão em países do Terceiro Mundo, basearam seus estudos em perspectivas evoluídas a partir das teorias de desenvolvimento de Karl Marx ou de Max Weber. Três temas são enfatizados pelos teóricos ortodoxos e três pelos teóricos que adotam uma posição de pesquisa mais crítica: Desenvolvimento e Política, Desenvolvimento e Nacionalismo e Modernização *versus* Subdesenvolvimento, Dependência e Imperialismo. A partir das duas últimas décadas do século XX, começaram a surgir estudos sobre a evolução dos meios de comunicação que passaram a considerar os efeitos da globalização, alguns adaptando as novas teorias da globalização aos meios de comunicação. Existem pelo menos dois tipos de grupos de teorias da globalização: o dos pesquisadores que a examinam a partir da perspectiva do geral para o particular, entendendo o fenômeno e os processos que aparecem abaixo do nível global, como nações-estados que crescem em resposta ao processo global; e o outro, dos teóricos que analisam a globalização a partir da perspectiva das partes em direção ao inteiro, argumentando, por exemplo, que o sistema global tem emergido da interação entre as nações-estados (BRAMAN, 1996).

Historicamente, entretanto, sempre existiu uma preocupação crescente entre os estudiosos, principalmente aqueles dos países periféricos, de que as corporações globais, as empresas transnacionais que atuam no setor das comunicações e as agências de publicidade multinacionais ameaçam a política, a economia e a soberania das nações em desenvolvimento (BARNET & MULLER, 1974; UNESCO, 1980; MATTOS, 1984, 2009). O grande impacto da publicidade na mídia dos países do Terceiro Mundo foi observado por muitos estudiosos que realizaram pesquisas e produziram estudos específicos sobre o imperialismo na mídia, a homogeneização cultural, além de constatar a dependência cultural e dos veículos de comunicação. Eles tentaram explicar, por exemplo, o grande número de programas americanos e europeus nas telas de televisão dos países de Terceiro Mundo e a crescente influência das agências de publicidade multinacionais sobre os veículos de massa destes países.

Estudos sobre o desenvolvimento das mídias no Terceiro Mundo foram conduzidos dentro de perspectiva analítica global, na qual os fatores nacionais, que podem ter contribuído ou não para o crescimento da mídia local, são ou foram negligenciados ou subvalorizados, deixando, portanto, de examinar a fundo suas respectivas influências. Esses estudos, de modo geral, enfatizam o desenvolvimento tanto dos veículos de comunicação de massa como da indústria publicitária como reflexo das forças de mercado externas e de maneira global. Esses pesquisadores da comunicação têm generalizado a partir de escassas informações e, mesmo assim, sem levar em consideração as variáveis nacionais, tais como o potencial que cada país pode ter de limitar as influências estrangeiras (transmitidas através da publicidade, filmes e programas de televisão) sobre suas respectivas culturas, utilizando-se de políticas protecionistas.

Fatores internacionais podem influenciar o desenvolvimento da publicidade e dos meios de comunicação de massa nos países do Terceiro Mundo, mas só se pode estudar essas influências externas de maneira correta se, antes de qualquer coisa, os fatores internos forem identificados e considerados como peças importantes dos resultados a serem obtidos. O sistema brasileiro de comunicação, por exemplo, tem experimentado, ao longo de sua existência, uma grande carga de influência proveniente dos países hegemônicos, mas esta influência tem sido em vários casos limitada ou totalmente afastada, como resultado de políticas protecionistas.

No Brasil, as condições internas têm exercido sobre os veículos de massa influência muito mais forte do que os fatores externos. Aqui, os meios de comunicação de massa – principalmente a televisão – e também a indústria publicitária têm refletido não apenas a forma particular de desenvolvimento dependente do país, mas ainda aos interesses políticos de quem está no exercício do poder, como ocorreu durante o longo período da ditadura militar de 1964 a 1985.

Dentro desse panorama histórico, duas teorias contrastantes esbarram no caso brasileiro: a neomarxista (imperialismo na mídia e a teoria da dependência) *versus* a não marxista (os difusionistas e os defensores da teoria do ciclo de vida do produto). Cada uma dessas perspectivas apenas explica parcialmente o que ocorreu no Brasil. Estudos como os de Schiller (1969), Wells (1972) e Nordenstreng e Varis (1974) constataram alta proporção de programas importados, principalmente dos Estados Unidos, para as televisões de países latino-americanos. De fato, o Brasil foi, em um tempo, o maior importador latino-americano de programas norte-americanos, mas esse quadro foi revertido e a influência e a quantidade dos programas estrangeiros no horário nobre da televisão foram praticamente zeradas, uma vez que foram substituídos pela produção local, que passou também a ser exportada gerando uma nova situação: a interdependência (STRAUBHAAR, 1981).

A indústria televisiva brasileira transformou-se ao longo de sua história, passando da situação de total dependência para a de autossuficiência em produção e, desde a década de 1970, vem aumentando a exportação de programas para um número cada vez maior de países. Além disto, à medida que o número das produções nacionais cresceu, estas passaram a substituir gradativamente os programas estrangeiros, principalmente os filmes que ocupavam os horários matutinos e vespertinos. Como exemplo, pode-se citar o *Vale a pena ver de novo* da Rede Globo, que passou a retransmitir no horário vespertino suas novelas de sucesso do horário nobre. Portanto, o caso do Brasil vai de encontro às previsões e projeções baseadas nas primeiras constatações dos teóricos da dependência.

A experiência brasileira, entretanto, serve de apoio aos argumentos e prognósticos de Pool (1977) e Tunstall (1977) e confirma as constatações de Lee (1980) de que as audiências dos países terceiro-mundistas preferem os programas produzidos localmente. O processo de exportação de programas de televisão produzidos nos países desenvolvidos para a televisão brasileira passou pelos quatro estágios da teoria do ciclo de vida do produto: inovação, expansão, maturação e declínio (o que de certa forma confirma os argumentos dos difusionistas). Mas, a dependência dos veículos de massa brasileiros na publicidade estrangeira, por sua vez, também apoia e confirma, mesmo que parcialmente, os pontos de vista defendidos pelos teóricos do imperialismo na mídia.

Em estudos que realizamos em 1980 e 1982 já questionávamos as generalizações de inúmeros estudos e suas conclusões sobre o relacionamento e o desenvolvimento dos veículos de comunicação de massa e da indústria da publicidade em países do Terceiro Mundo (MATTOS, 1980, 1982), pois nenhum modelo sozinho pode adequadamente explicar o desenvolvimento tanto da mídia como da publicidade em um país isoladamente, se não considerar como as condições internas de cada país influenciaram aquele desenvolvimento em particular.

Argumentamos, portanto, que tanto os prognósticos dos teóricos-ortodoxos como os que adotaram linhas de pesquisa dentro de uma perspectiva mais crítica são inadequados para descrever os eventos no Brasil porque, aqui, por exemplo, as políticas econômicas e sociais adotadas pelos governantes, principalmente durante os 21 anos do regime militar de 1964, tiveram um impacto muito mais marcante no desenvolvimento da mídia brasileira do que os fatores externos.

Portanto, para a realização deste livro, consideramos que as condições socioeconômicas e políticas do país têm exercido sobre a televisão uma influência maior do que os fatores externos, que também foram importantes nesse processo, principalmente no que diz respeito aos avanços tecnológicos. Consideramos ainda que a televisão brasileira e a nossa indústria publicitária têm refletido não apenas a nossa forma particular de desenvolvimento dependente, mas também os interesses políticos do momento e que o exemplo mais concreto, nos últimos sessenta anos, foi o regime militar pós-64, de cujas ações, em todos os campos, ainda se pode constatar a influência, mesmo depois de passados vários anos da data em que os civis reassumiram o comando da nação.

O caso do Brasil nos leva a repensar as suposições e hipóteses de inúmeras teorias que vêm sendo usadas para estudar o desenvolvimento dos meios de comunicação, principalmente a televisão, nos países periféricos. Exatamente por isso acreditamos que estudos de caso podem ser de maior utilidade para se compreender o crescimento da mídia no Brasil do que muitas abordagens que tentam estudar a evolução da televisão brasileira a partir, e unicamente, de uma perspectiva global. Vale lembrar que o intenso processo de globalização, no qual todos os países e suas estruturas internas, inclusive as de comunicação, estão envolvidos, começa a refletir mudanças e novos desafios devidos às tendências já constatadas da globalização *versus* regionalização.

O termo globalização, em si, sugere que as atividades políticas, econômicas e sociais estão se transformando em escala mundial, como fenômeno universal que atinge, ao mesmo tempo e por igual, todos os cantos do planeta. Entretanto, admitir esta ideia seria ignorar, como lembra Maria da Conceição Tavares, "que o padrão de inserção internacional de um país se exerce a partir de estados concretos de dominação".

Anthony Giddens (1990) define globalização como sendo a intensificação das relações sociais mundiais que ligam localidades distantes, de tal modo que acontecimentos locais podem ser influenciados por eventos que estão ocorrendo a centenas de quilômetros de distância e vice-versa. Desta forma, a globalização está relacionada também com a interseção de presença e ausência, o entrelaçamento dos eventos sociais e relações sociais a distância com contextualidades locais. Em síntese, o processo de globalização representa um aspecto do que Giddens chama de "fenomenologia da Modernidade".

De acordo com R. Robertson (1992), globalização se refere à compreensão do mundo e à intensificação da consciência do mundo como um todo. É também, na visão de A. McGrew (1992), um processo que tende, no inteiro, a reforçar, se não aumentar, as desigualdades do poder e da riqueza, ambos entre nações e através delas.

Historicamente, o debate sobre a globalização está vinculado a utópicos pontos de vista sobre sistemas de comunicação. Tal debate começou a partir da invenção do telégrafo e, nos anos de 1960, se tornou mais popular com o conceito da aldeia global, de McLuhan (1964).

Muitos estudiosos da globalização estão preocupados em mapear o mundo como um sistema único (WORSELEY, 1984), um único lugar (ROBERTSON, 1992) ou uma única sociedade mundial (ALBROW & KING, 1990). Muitos dos discursos sobre a globalização são baseados nos conceitos e estratégias capitalistas de marketing, da transnacionalização do capital e do progresso das telecomunicações. Isso porque as coberturas jornalísticas dos grandes fatos do dia, transmitidas por emissoras de rádio e televisão, em tempo real, a exemplo da CNN, realmente atingem grandes audiências em todo o mundo. E isso está criando o senso de que os brasileiros, os americanos, os franceses e os japoneses compartilham o fluxo da informação de tal modo que coabitamos o planeta ao mesmo tempo com outras pessoas, com as quais estamos ligadas, apesar da distância, através da mídia.

Como diz Gabriel Bar-Haim (1996), a mídia passa a impressão de que existe uma ordem global com um centro definido ou não. A afirmação dessa existência é transmitida diariamente através de notícias e documentários internacionais, abordando assuntos tão variados quanto ecologia na Índia, negócios no Japão, eventos culturais internacionais, a exemplo do Festival de Cannes, o concurso de beleza Miss Universo e ainda os Jogos Olímpicos ou a Copa do Mundo de futebol.

De acordo ainda com as interpretações de Bar-Haim, a mídia parece sugerir a existência de uma cultura global que não se constitui numa entidade em si mesma, mas é um conglomerado de eventos culturais internacionais que refletem a multiplicidade de todas as sociedades, cujas diferenças culturais podem ser minimizadas, mas suficientemente caracterizadas para serem percebidas como exóticas.

É inegável que o acesso a informações através da mídia pode influenciar no nosso modo de viver. Giddens (1990), por exemplo, insiste em que a consciência global não é limitada ao vago conhecimento de eventos, mas pode diretamente contribuir na formação de estilos de vida individuais.

A globalização é avassaladora e pode provocar padronização cultural. Constata-se que há uma verdadeira epidemia de McDonalds espalhados pelo mundo, mas vale ressaltar também a proliferação da comida chinesa, japonesa etc. Ironicamente, ao mesmo tempo em que a globalização nos conduz a uma aparente padronização, ela também abre perspectivas para outras culturas. Essa contradição é uma das características da globalização, que precisa manter as individualidades porque essa é uma das formas de assegurar mercado consumidor para seus produtos industriais ou culturais.

Assim, pode-se dizer que a globalização não deve também comportar julgamentos de valor. Trata-se de uma nova realidade diante da qual precisamos tomar uma atitude, uma vez que ela tem eliminado diferenças entre produtos, cuja diferenciação passou a ser a ética da massa, ou seja, a imagem institucional da empresa. Por tudo isso, os efeitos imediatos da globalização são considerados predatórios. Ao mesmo tempo, entretanto, o processo de globalização pode levar a países e pessoas benefícios ainda não totalmente dimensionados, como o acesso a milhares de informações e de produtos das regiões mais distantes do planeta.

P. Waterman (1993) defende o ponto de vista de que a globalização deve ser entendida como multideterminada pelo mercado, soberania, militarização, industrialização, tecnocracia, racismo etc.

Exatamente por isso, defendemos também o ponto de vista de que, para estudar as causas e efeitos desse processo, precisamos construir uma teoria crítica e social da globalização que seja mais abrangente do que as teorias identificadas como sendo de direita ou de esquerda, responsáveis por enorme lista de estruturas teóricas (desenvolvimentistas, terceiro-mundistas e outras mais reformistas ou menos radicais) usadas para explicar o fluxo da informação, os veículos de comunicação, principalmente a televisão, e os processos de interação sociocultural entre as nações.

Por isso, qualquer estudo sobre a televisão e a globalização deve ser feito sem negar, rejeitar ou ignorar modelos anteriores, uma vez que o mundo ainda está cheio de evidências que, em parte ou no todo, comprovam aquelas teorias. Os estudos que aplicam as teorias da globalização para explicar o que está ocorrendo com a televisão em determinado país, o Brasil, por exemplo, não podem deixar de considerar a realidade local em relação à realidade global, a regionalização *versus* a globalização. Por isso concordo plenamente com a afirmativa de Sandra Bramam (1996), defendendo que a teoria crítica da globalização deve ser entendida como um novo caminho e um meio transparente através do qual velhas estruturas, processos e discursos são ainda visíveis.

Devido a esse entendimento, a evolução da televisão brasileira é desenvolvida neste livro dentro de uma estrutura do desenvolvimento nacional, na qual todos os veículos de comunicação e a indústria da publicidade estão inseridos, pois evoluíram refletindo, direta e indiretamente, as marcas e influências dos sistemas político, socioeconômico e cultural vigentes. Neste trabalho assumimos ainda que o impacto das corporações multinacionais sobre o desenvolvimento dos meios de comunicação, principalmente a televisão, não pode ser generalizado para todos os países e que, em estudos como este, precisamos procurar por alternativas para cada país.

Para a elaboração e estruturação da periodização do desenvolvimento da televisão brasileira neste livro levamos em consideração o contexto histórico socioeconômico e político como estratégia de análise, para estruturar a periodização do desenvolvimento da televisão brasileira. Tais fatos, ora de natureza política, social ou econômica, acreditamos, servem como critérios claros (apesar de diferentes) e determinantes para as demarcações temporais da periodização adotada. Tendo em vista que as demarcações levam em conta o contexto no qual a televisão está inserida, procuramos identificar, em cada momento histórico, o fator de maior relevância (político, econômico ou técnico etc.) que servisse, dentro do senso comum, para estabelecer de maneira mais ampla cada uma das fases. Enfatizamos e privilegiamos a análise dos contextos para melhor compreensão do desenvolvimento da nossa televisão porque não vemos a comunicação e a tecnologia em si, quase como entronizadas, produzindo sentido e desconectadas do todo econômico, político, social e cultural de uma nação.

Da mesma forma que a política socioeconômica brasileira se desenvolveu dentro de uma mesma matriz, mas sempre oscilando de acordo com as tendências mundiais e ideológicas vigentes, o desenvolvimento da nossa televisão também sofreu a influência direta e indireta das mudanças do contexto. Contexto que apresenta não uma, mas várias realidades, tão díspares que podem levar alguns estudiosos a evitar, inclusive, de assumir uma periodização para estudar a televisão. Isso se deve à anomalia que é a nossa história contemporânea, que torna quase impossível a tarefa de estabelecer uma periodização de acordo com os rigores da historiografia, sob pena de apresentar distorções.

Assim sendo, tentamos aqui organizar o material histórico disponível, tanto sob o ponto de vista estrutural como do funcional. Buscamos identificar a coerência e semelhança do desenvolvimento da televisão com o próprio desenvolvimento do país, considerando todas as incoerências dos modelos político, econômico e social adotados pelos governos desde o Presidente Getúlio Vargas, em 1950, até os dias atuais.

Por isso, nos cortes realizados para pontuar cada fase do desenvolvimento da televisão, levamos em conta principalmente as mudanças das políticas nacionais, suas tendências gerais ou particulares. Foram consideradas as decisões e implementação de ações que acabaram por influenciar o desenvolvimento da nossa televisão. Em síntese, sob nosso ponto de vista, a história da TV brasileira reflete as fases do desenvolvimento e as políticas oficiais adotadas e por isso este veículo não pode ser analisado como objeto independente do contexto no qual está inserido.

Exatamente por isso, tentamos aqui estabelecer conexões que justifiquem o ocorrido. Naturalmente que este estudo limita-se a identificar certas lógicas e estratégias, *en passant*, uma vez que cada período e suas respectivas influências no desenvolvimento de nossa TV merecem estudos à parte para melhor entendimento do que ocorreu e continua ocorrendo no país e seus reflexos no sistema de comunicação.

Se a televisão é considerada como um ponto importante no processo da acumulação capitalista porque ajudou a vender televisores e outros bens de consumo, além de ter sido usada para formação de opinião pública, entre outras coisas, é necessário que se identifiquem os elos vigentes (as lógicas estéticas, sociais, políticas e econômicas) que foram diretamente responsáveis ou promoveram indiretamente aquele processo do desenvolvimento histórico do veículo. Com isso, constata-se, portanto, que ele não pode ser analisado fora do contexto no qual está inserido sob pena de se tirar conclusões cheias de viés, principalmente porque, no caso do Brasil, a televisão sofre não apenas as influências internas como também as externas, cujos resultados podem apontar para certos princípios explicativos.

Assim sendo, ao concentrar a atenção apenas em certos aspectos (por exemplo, econômicos, performances técnicas, condições de produção etc.) corre-se o risco de desconsiderar outras particularidades históricas que participam diretamente do processo. Vale lembrar, mais uma vez, que todo e qualquer estudo, inclusive este, que se arrisca a demarcar períodos no Brasil pode incorrer em algumas incoerências, devido à própria oscilação do nosso desenvolvimento histórico (político, econômico, social e cultural) contemporâneo.

Procuramos, portanto, em nossos estudos sobre o desenvolvimento histórico da televisão, identificar, dentro da realidade cronológica do país nas últimas seis décadas, os principais aspectos que mais marcaram cada período, não deixando de considerar que durante toda a sua história, principalmente no período de 1964 a 1985, a televisão foi usada como uma poderosa ferramenta política, tanto de mobilização social como de formação de opinião pública.

Baseando-nos, pois, em fatos, tentamos explicar o desenvolvimento institucional da televisão dentro da estrutura do contexto político e socioeconômico nacional. Assim sendo, o contexto histórico brasileiro no qual a televisão se desenvolveu foi usado como estrutura para analisarmos essa evolução, procurando pontuar suas principais influências. Portanto, este livro, de caráter eminentemente descritivo e fundamentado no conhecimento existente, busca também a compreensão global deste subsistema de comunicação social, que é a televisão, dentro dos contextos socioeconômico, político e cultural do Brasil.

Alicerçada em alto nível de qualidade técnica que lhe permite competir no mercado internacional, exportando seus programas para dezenas de países, participando assim das novas tendências de um mercado cada vez mais globalizado, a televisão brasileira começou este milênio em plena maturidade. Em contrapartida, as novas perspectivas mundiais que lhe são impostas levam a televisão também a enfrentar e se adaptar a esta nova etapa, na qual a própria tecnologia que tanto ajudou no seu desenvolvimento passou a competir com ela mesma, devido ao avanço da informática, da internet, da televisão paga, da tecnologia digital e das novas aspirações e conceitos que impulsionam a humanidade neste milênio.

O avanço das novas tecnologias digitais permite o desenvolvimento de novos instrumentos de comunicação, mas ao mesmo tempo cria uma série de questionamentos de ordem ética, além de contribuir para transformar o homem num ser cada vez mais individualista. Outro aspecto a se considerar é que as novas tecnologias digitais podem facilitar ainda mais o processo da globalização da cultura e da política, contribuindo diretamente para a construção de um "pensamento único". Diante dessa perspectiva surgem perguntas básicas: como as tecnologias digitais podem trabalhar em favor desta interatividade, viabilizando uma comunicação mais democrática? Como minimizar ou superar o processo de exclusão digital? Qual é o tipo de inclusão digital que desejamos para o país? Respostas a estas perguntas devem ser dadas, num futuro próximo, pelos estudos e debates que já estão sendo realizados por acadêmicos, grupos de estudo dos ministérios e organizações não governamentais preocupados com a inclusão social e digital.

A tecnologia digital pode ser usada para transmitir serviços e conceitos de cidadania, além de abrir perspectivas para o aumento e veiculação da produção televisiva independente. Com a interatividade permitida pela tecnologia, grupos comunitários de cultura poderão facilmente se transformar em produtores de conteúdo, fortalecendo a diversidade cultural. Espera-se que a tecnologia digital aumente a democratização dos canais comunitários (de rádio e TV) e que eles possam atingir a massa da população, cumprindo com sua função de prestar informações e cultura e contribuindo para transformar os usuários em produtores de conteúdos. Isso porque, com a tecnologia digital, o usuário deixa de ser um telespectador passivo e passa a ser um sujeito ativo. A tendência, portanto, é que o cidadão deixe de ser apenas um receptor e consumidor da programação televisiva e se transforme também em um produtor de conteúdo e transmissor de ideias.

Sérgio Augusto Soares Mattos
Doutor em Comunicação
Universidade do Texas, Austin, Estados Unidos

1

O impacto socioeconômico e político no desenvolvimento da televisão

Desde 1950, o Brasil vem experimentando mudanças fundamentais, marcadas pela industrialização rápida, urbanização, inflação e uma sucessão de fatores políticos que conduziram o país a um regime de exceção que durou 21 anos (1964 a 1985) e do qual continuamos a sofrer influências, principalmente devido ao modelo de desenvolvimento adotado, às leis promulgadas e pela implantação de agências reguladoras. Tenta-se aqui apresentar, de maneira resumida, alguns dos fatores socioeconômicos e políticos que contribuíram e influenciaram no desenvolvimento da televisão brasileira.

O Brasil nos oferece um caso especial para ser estudado porque, apesar de sua dependência econômica e tecnológica, ao longo dos últimos sessenta anos, os governos puderam demonstrar como, em algumas situações, a autodeterminação, a confiança e uma política protecionista podem reduzir ou aumentar a influência estrangeira no crescimento dos meios de comunicação e da indústria da publicidade, a depender do momento, do interesse e das tendências políticas e socioeconômicas internas e externas. Para melhor entendimento desse processo, precisamos recordar um pouco da história do país.

Ao longo dos seus primeiros quatrocentos anos, a evolução econômica do Brasil foi marcada por ciclos distintos, nos quais sempre um produto isolado liderava as listas de exportação, enquanto os demais eram relegados a uma posição secundária. No período colonial, por exemplo, sucessivamente tivemos os ciclos do pau-brasil, cana-de-açúcar, mineração. Durante o Império e os primeiros anos da República, o café exerceu sua predominância.

Nas três primeiras décadas do século passado o Brasil experimentou um razoável crescimento industrial. O número de empresas industriais cresceu de 3.250 em 1907 para 13.336 em 1920. Em 1938 já existiam mais de sessenta mil fábricas no Brasil. Durante a Primeira Grande Guerra, o país teve excelente expansão industrial: 5.936 indústrias das 13.336 existentes em 1920 foram fundadas entre 1915 e 1919 (RODRIGUES, 1963; MATTOS, 1982). Nos anos de 1930, o modelo colonial de exportação de matérias-primas ainda era praticado. Apesar da grande expansão industrial, o país continuava a importar quase todos os tipos de produtos manufaturados que consumíamos, do palito de dentes aos automóveis (MINDLIN, 1979: 140).

Com a aspiração de mudar esta situação, durante o Estado Novo (1937-1945), o Presidente Getúlio Vargas adotou uma política orientada para substituir bens de consumo importados por produtos locais. Além disto, devido à ausência de capital estrangeiro e a limitações dos mercados internacionais causadas pela grande recessão econômica mundial, o Estado Novo de Vargas, baseado nos modelos de desenvolvimento fascista em moda na Europa, começou a se voltar para um nacionalismo cada vez maior.

Vargas suspendeu todos os pagamentos da dívida externa um mês após o Golpe de 1937 e seu governo continuou restringindo a participação de estrangeiros na economia, posição, aliás, expressa tanto na Constituição de 1934 como na de 1937. Naturalmente que na época não existia nenhum plano conhecido de empresas que quisessem investir no Brasil, devido à própria recessão econômica mundial. Aproveitando-se da situação, Vargas adotou uma retórica política, em seus discursos, sempre defendendo o Brasil contra os interesses econômicos estrangeiros, principalmente os dos regimes capitalistas dos Estados Unidos e da Inglaterra (SKIDMORE, 1973: 40-41).

Dentro dessa estrutura de nacionalismo econômico, o Governo Vargas começou a investir diretamente na expansão da indústria pesada, prática que se fortaleceu durante a Segunda Grande Guerra, transformando-se na principal política do seu segundo governo, de 1950 a 1954 (CARDOSO, 1973: 143).

A política de Vargas era orientada para o fortalecimento da participação do Estado como investidor na economia brasileira. Os objetivos eram investir no setor industrial e começar a construir a infraestrutura necessária para a produção de bens de consumo duráveis. Segundo Fernando Henrique Cardoso (1973: 143-144) essa política era mais voltada para obter respostas imediatas aos problemas existentes do que um plano coerente, projetado e baseado numa ideologia nacionalista. Mesmo assim, esta política teve um efeito importante no estilo de desenvolvimento econômico, contribuindo para a formação de um modelo de desenvolvimento econômico no qual o capital brasileiro e o capital estrangeiro (usado principalmente para financiar as empresas estatais) foram os principais responsáveis pelo crescimento econômico.

Embora o modelo de desenvolvimento econômico estabelecido durante o Estado Novo tenha perdido sua força durante o governo de Juscelino Kubitschek (1956-1961), ele foi revitalizado depois do Golpe de 1964, quando o Estado, novamente, voltou a investir maciçamente na economia brasileira. Thomas Skidmore relaciona o regime autoritário de 1964 com o do Estado Novo, argumentando que embora existam algumas diferenças na política adotada pelos dois regimes, os governos pós-64 usaram muito da estrutura e dos mecanismos do Estado Novo.

A semelhança de suas origens naturalmente nos remete para a semelhança dos objetivos e ações, do Estado Novo e dos governos pós-64. Tais semelhanças são mais óbvias nas características social e ideológica dos regimes. Skidmore (1973: 38-39) tenta ainda explicar algumas diferenças entre os dois regimes, usando as situações mundiais contrastantes nas quais estavam. Observe-se que a maior diferença reside no cenário econômico internacional mais favorável dos anos de 1960.

Desde a Segunda Guerra, a economia brasileira, particularmente o setor industrial, tem experimentado períodos de altos índices de crescimento. Entre 1939 e 1960, "o crescimento da economia do Brasil foi de 180%" (RODRIGUEZ, 1963: 55). Analisando as taxas de crescimento econômico no período de 1945 a 1980, por exemplo (cf. Quadro I), pode-se observar que o crescimento só foi afetado negativamente durante as drásticas mudanças políticas ou econômicas que aconteceram internamente (como por exemplo o exato período que antecedeu o Golpe de 1964) e externamente (como por exemplo a crise de energia mundial de 1973). No ano de 2001, dois aspectos, interno e externo, contribuíram para afetar o índice de crescimento: A crise energética enfrentada pelo país com racionamento de energia elétrica e as consequências, tanto da recessão econômica norte-americana, iniciada em março, como do atentado terrorista de 11 de setembro de 2001 contra os Estados Unidos, foram fatores que influenciaram, direta e indiretamente, o crescimento do Brasil conforme atesta a projeção exibida no Quadro I.

QUADRO I
Taxa de crescimento do Brasil
(Produto Interno Bruto)

ANO	Percentual de variação %
1945-1949*	5,7
1949-1959*	6,5
1960	9,7
1961	10,3
1962	5,2
1963	1,6
1964	2,9
1965	2,7
1966	3,8
1967	4,8
1968	11,2
1969	10,0
1970	8,8
1971	13,3
1972	11,7
1973	13,9
1974	9,8
1975	5,6
1976	9,0
1977	4,7
1978	6,0
1979	6,4
1980	8,0
1990	- 4,3
1991	1,0
1992	- 0,5
1993	4,9
1994	5,9
1995	4,2
1996	2,8
1997	3,2
1998	0,22
1999	0,79
2000	0,8
2001	4,2

ANO	Percentual de variação %
2002	1,9
2003	1,0
2004	- 0,2
2005	5,1
2006	2,3
2007	3,7
2008	4,5
2009**	2,9
2010**	3,5

Fontes: Banco Central do Brasil e Fundação Getúlio Vargas.
* Média anual do período.
** De acordo com projeções do FMI.
Fonte de 2000 a 2008 – Cia. World Factbook

Naquelas ocasiões o crescimento real do país caiu para níveis bem abaixo dos atingidos no período anterior. Por exemplo, o índice de crescimento real do país caiu de 10,3% em 1961 para 1,6% em 1963, aumentando de 2,9% em 1964 para 11,2% em 1968. A análise do crescimento econômico brasileiro indica ainda que a situação sociopolítica interna influenciou muito mais diretamente no crescimento econômico do que as forças externas, cujas ameaças podem ser superadas ou controladas através de medidas políticas internas.

Uma crise mundial como a provocada pelos altos preços do petróleo, durante os anos de 1970, afeta o crescimento de vários países, principalmente do Brasil, que é dependente não apenas da importação de petróleo, mas também da exportação de seus produtos e, portanto, da saúde econômica de seus parceiros estrangeiros, para manter a sua própria expansão.

Bom exemplo de como autodeterminação e políticas internas podem dominar ou pelo menos reduzir a influência externa é encontrado na maneira que o Brasil adotou para aumentar suas exportações e se libertar do comportamento incerto dos países exportadores de petróleo. Àquela época, o Brasil desenvolveu um ambicioso programa de álcool combustível, produzido basicamente a partir da cana-de-açúcar e que ainda tinha a vantagem de ser biodegradável.

Como resultado, em 1978, um terço de todos os veículos estava rodando com o álcool em substituição à gasolina (GOODSELL, 1978: 28). Além disso, toda a gasolina vendida no país passou a ser misturada, recebendo também pelo menos 10% de álcool. Em 1980, o país fabricou 265 mil automóveis a álcool. Em 1981, cerca de 400 mil e continuou aumentando sucessivamente, pois o objetivo era que 80% dos carros produzidos no país só funcionassem com álcool, o combustível extraído da cana-de-açúcar (MALLIN, 1981: 96).

A forte participação do Estado na economia brasileira, com reflexos diretos sobre todos os setores do país, inclusive nos meios de comunicação, só começou a ser redirecionada a partir da década 1990 com os planos de privatização iniciados no Governo Collor de Mello e continuados por Itamar Franco e Fernando Henrique Cardoso. Isso como reflexo direto do neoliberalismo econômico e do processo da globalização que, durante a década de 1990, deu início a uma série de transformações geopolíticas e socioeconômicas e à reestruturação institucional dos valores culturais, ideológicos e religiosos. O liberalismo econômico intensificado na última década do século passado tem refletido direta e indiretamente na evolução da nossa televisão, principalmente pelas medidas adotadas para afastar as resistências políticas ao processo de privatização de vários setores e pela insistência do governo de Fernando Henrique de não interromper o processo de desestatização.

Em 1990 existiam no país 186 empresas estatais federais, enquanto em 1997, devido às privatizações, extinções e incorporações, este número caiu para o total de 114, mesmo assim respondendo por 0,81% do PIB nacional. No ano de 1997, as estatais federais contribuíram com R$ 1,037 bilhão para o caixa do Tesouro Nacional, segundo levantamento da Secretaria de Coordenação e Controle das Empresas Estatais (Sest), do Ministério do Planejamento (ROCHA, 1998). No período entre 1991 e 1998, a privatização de empresas federais e estaduais rendeu US$ 68 bilhões se agregarmos a este total as dívidas das empresas transferidas para os novos proprietários, a receita sobe para US$ 84,5 bilhões. Vale destacar que a crise econômico-financeira de 1997 que se abateu sobre a Ásia teve consequências diretas na taxa de crescimento do Brasil nos anos de 1998 e 1999 (cf. Quadro I).

Além do processo continuado de privatização, no ano de 1998, dois outros fenômenos marcaram também o setor financeiro brasileiro: a concentração e a internacionalização bancária, quando várias instituições internacionais passaram a operar no Brasil. Em 1994 existiam 246 instituições e em 1998 este total caiu para 219. Por outro lado, a internacionalização do sistema financeiro bancário é outra característica que aponta para toda a política geral adotada pelo governo com reflexos também nos setores da comunicação social. A participação dos bancos estrangeiros no total do ativo do Sistema Financeiro Nacional triplicou de 5,5% em 1994 para 16,4% em 1998.

O contexto dos anos de 1990 apresentou condições econômicas favoráveis e as empresas de comunicação, principalmente as de televisão, desenvolveram megaprojetos e se modernizaram, contraindo dívidas em moeda estrangeira, o que, no início deste século, acabou comprometendo o sucesso e os planos de expansão que vinham sendo obtidos na década passada. Em meados da década de 1990, a mídia festejava, com lucros, o Plano Real, e o aumento da circulação média dos jornais cresceu de 4,3 milhões em 1990 para 6,6 milhões de exemplares em 1995, até atingir o pico de 7,9 milhões de exemplares/dia no ano 2000. O contexto econômico-financeiro positivo e a estabilidade cambial apontavam para novos investimentos, estimulando as empresas para a formação de conglomerados de mídia. O exemplo de sucesso era o padrão adotado pelas Organizações Globo, com investimentos em jornais e revistas, emissoras de rádio e TV, TV por assinatura, além de empresas de distribuição de conteúdos, de informação e serviços financeiros, *e-commerce*, *shopping centers* e outros (MATTOS, 2005a).

No final do século XX, as empresas de comunicação já amargavam alguns prejuízos, e o novo século começou registrando uma queda na circulação da mídia impressa, retração no bolo publicitário e uma dívida acumulada de 10 bilhões de reais, e as Organizações Globo respondendo por 60% deste total. A crise financeira que atingiu o país, entre os anos 2000 e 2002, acabou resvalando na mídia (MATTOS, 2005b). As consequências econômicas a partir do atentado terrorista de 11 de setembro de 2001, seguido das intervenções militares no Afeganistão e no Iraque, pelos Estados Unidos e aliados, têm afetado, direta e indiretamente, o desenvolvimento da economia mundial com a crise do capitalismo a partir de meados da primeira década do século XXI.

Como o regime militar de 1964 ocupou 21 anos do tempo de existência de nossa televisão e suas ações ainda continuam a ter reflexos diretos na estrutura que temos no país como um todo, dedicaremos especial atenção, neste capítulo, ao período do regime autoritário com o objetivo de ajudar o leitor a entender e a relacionar, por exemplo, os conceitos da Escola Superior de Guerra com as medidas implementadas pelo regime e como essas medidas políticas, sociais e econômicas influenciaram diretamente o desenvolvimento da nossa televisão. Analisando o contexto socioeconômico e político nos últimos sessenta anos e, em especial, o regime pós-64, poderemos entender muito das forças internas e externas que contribuíram para o crescimento da televisão no Brasil.

Assim sendo, para melhor esclarecimento do contexto que tanto influenciou a nossa televisão, apresentamos ainda, neste capítulo, mais sete sessões, nas quais pode-se identificar a influência do Regime pós-64: Industrialização e televisão; a ESG e sua doutrina; os objetivos do Conselho Nacional de Segurança e a ESG; desenvolvimento nacional e segurança; objetivos do regime através dos meios de comunicação de massa; o modelo de desenvolvimento econômico; e a TV e o "milagre econômico".

1 Industrialização e televisão

Depois de concluído o ciclo econômico agrícola de exportação, durante os anos de 1930, quando o café era o principal item de exportação, o Brasil sofreu uma série de transformações econômicas, centradas na industrialização urbana, contribuindo para a intensificação do processo de modernização de nossas cidades (SODRÉ, 1977: 86).

Foi durante o Estado Novo e depois do período da Segunda Grande Guerra que a indústria começou a exercer uma influência significativa na economia brasileira. A política de Getúlio Vargas era orientada para substituir as importações de bens de consumo não duráveis pelos produzidos *in loco*. Sob a bandeira de uma política nacionalista, o governo fez investimentos na indústria pesada e começou a construir a infraestrutura necessária para a produção de bens de consumo duráveis. Entre 1945 e 1960, o Brasil experimentou um rápido crescimento industrial (DICKENSON, 1978: 8-11).

O advento da televisão, em 1950, ocorreu durante o período de crescimento industrial do país. Com a intensificação da industrialização nos anos de 1950, aumentou a migração das áreas rurais para as urbanas e o rádio transformou-se na mais importante fonte de informações da população nas grandes cidades. De acordo com Sodré (1971: 24), durante esta fase se pode encontrar o surgimento de grandes projetos industriais, da política demagógica, do proletariado e da classe média urbana, formada por membros de uma aristocracia decadente e por famílias de migrantes e de imigrantes.

Segundo Gordon Campbell, a principal força econômica da imigração era composta de italianos e de migrantes de regiões subdesenvolvidas do Brasil, atraídos pelas facilidades de empregos nas indústrias de São Paulo. No início da década de 1960, São Paulo já era o maior centro comercial e industrial do país, fato que também contribuiu para uma concentração da mídia naquela cidade (CAMPBELL, 1972: 16).

Vale destacar que o processo de urbanização ocorreu simultaneamente com o desenvolvimento econômico e social. Em 1950, 20% da população era urbana, enquanto 80% vivia na área rural. Em 1975, 60% vivia nas cidades enquanto 40% permanecia nas áreas rurais. Em 2000, cerca de 80% da população brasileira já vivia nas áreas urbanas.

No início dos anos de 1960, existiam quinze emissoras de televisão operando nas mais importantes cidades do país. Entretanto, só quando os efeitos do consumo de produtos industrializados cresceram e o mercado se consolidou foi que as emissoras de televisão se tornaram economicamente viáveis como empresas comerciais e começaram a competir pelo faturamento publicitário. A fim de receber uma maior quantidade de anúncios, a televisão começou a direcionar seus programas para grandes audiências, aumentando assim seus lucros.

Em resumo, a introdução da televisão no Brasil coincide com o começo de um importante período de mudanças na estrutura econômica, social e política.

Nessa mesma época, tanto militares como civis estavam conscientes da necessidade de mudanças e procuravam um método para desenvolver, integrar e modernizar o país.

No dia 31 de março de 1964, o Presidente João Goulart (1961-1964) foi afastado por um golpe de estado que resultou da aliança de líderes civis e oficiais militares. A causa imediata para o golpe foram os problemas e a decadência política que tomavam conta do país. Diferentemente de outros modelos de ditaduras latino-americanas, o regime militar brasileiro (1964-1985) exerceu o poder como uma instituição. Durante o período de exceção, os governos militares procuraram promover o desenvolvimento através da adoção de uma nova ordem política e econômica, baseada na doutrina de segurança e desenvolvimento nacional da Escola Superior de Guerra (ESG).

Coincidentemente, nos anos de 1960, tanto a Unesco como os Estados Unidos estavam aconselhando a utilização dos meios de comunicação de massa para promover o desenvolvimento nacional. Países desenvolvidos como os Estados Unidos serviam de modelo para os subdesenvolvidos ou em processo de desenvolvimento. É bom lembrar que durante os anos de 1950 e 1960 o conceito de desenvolvimento era centrado no crescimento econômico e a industrialização considerada como o principal fator de desenvolvimento.

De acordo com Wayne A. Selcher (1977), a filosofia que guiou os governos militares no Brasil foi produzida intelectualmente na Escola Superior de Guerra (ESG), que diplomou muitos dos ministros do regime militar e na qual alguns de seus presidentes serviram na condição de instrutores, a exemplo de Castello Branco e Ernesto Geisel.

Levando isso em consideração, o propósito da próxima seção é identificar o papel exercido pela doutrina de "segurança e desenvolvimento nacional" e relacionar suas funções à situação socioeconômica e política do país, bem como identificar que tipo de influência exerceu no desenvolvimento da televisão. Inicialmente, apresenta-se um pequeno histórico da ESG, seus objetivos e evolução, bem como o relacionamento entre a Lei de Segurança Nacional, o projeto de desenvolvimento nacional e o Regime Militar de 1964 a 1985.

2 A ESG e sua doutrina

A Escola Superior de Guerra foi criada e dirigida por um pequeno grupo de elite de militares brasileiros, conhecido como "grupo da Sorbonne", com a consultoria e o apoio de uma missão americana, em 1948. O grupo era considerado de elite porque, entre outras coisas, seus membros lutaram ao lado do Quarto Exército dos Estados Unidos, na Itália, integrando a Força Expedicionária Brasileira, além de terem obtido os melhores índices de graduação em pelo menos uma das três escolas superiores do Exército e estudado também em escolas estrangeiras, principalmente nos Estados Unidos (WEIL, 1975: 248).

De acordo com Thomas E. Weil (1975), a ESG sempre esteve engajada no recrutamento e treinamento de uma elite dirigente. Assim, sua principal função era preparar civis e militares a fim de que pudessem desempenhar funções executivas ou de assessoria na formulação, desenvolvimento, planejamento ou execução de políticas nacionais (WEIL, 1975: 248). Como disse o Presidente Castello Branco (1964-1967) numa entrevista à imprensa no dia 14 de maio de 1964, a ESG tinha tido uma "extraordinária influência" naqueles que participaram do governo revolucionário. "Todos que frequentaram a Escola estavam convencidos de que soluções práticas para os problemas nacionais deveriam ser completamente divorciados de interesses partidários. Eles aprenderam a trabalhar como um time, tinham uma perspectiva global e uma larga compreensão dos problemas de segurança nacional" (WEIL, 1975: 250).

A ESG, criada oficialmente pelo Decreto 25.705, de 22 de outubro de 1948, é considerada a única instituição brasileira que estruturou um pensamento em torno de uma doutrina: "segurança e desenvolvimento", a qual foi usada pelos governos militares (DIAS, 1979).

Vale lembrar que a ESG foi estabelecida de acordo com as linhas gerais do National War College, de Washington. Entretanto, apesar da orientação inicial dada pelos americanos e de ter copiado até o nome da congênere, a ESG, um centro permanente de treinamento, elaborou sua própria doutrina, preocupada com o desenvolvimento e a segurança nacional (CAMPBELL, 1972: 80-81).

De acordo com os conceitos da ESG, segurança nacional é o relativo grau de garantias políticas, econômicas, psicossociais e ações militares providas pelo Estado, num determinado tempo, para a nação a qual governa, para a realização e manutenção dos objetivos nacionais (CAMARGO, 1977: 8).

Por um longo período, segurança nacional foi considerada a partir do ponto de vista da defesa do Brasil contra ataques de fora, mas, depois da promulgação da Lei de Segurança Nacional, de março de 1967, começou a ser definida, num sentido mais amplo, como sendo a garantia das realizações nacionais contra toda e qualquer oposição, interna ou externa (CAMPBELL, 1972: 84).

No tocante à segurança interna e à política nacional de segurança, vários objetivos militares, políticos, econômicos e psicossociais foram fixados (CASTRO CAMARGO, 1977: 53-54). Exemplos de pontos preventivos são:

• *No campo militar*: mobilizar as Forças Armadas no território nacional a fim de cuidar de situações emergenciais iminentes; cooperar com empreendimentos ligados ao desenvolvimento e à segurança, tais como as comunicações, pontes, rodovias, ferrovias e assistência social;

• *No campo político*: melhorar o processo administrativo do país; organizar o Congresso Nacional e os partidos políticos a fim de transformá-los em instituições democráticas;

- *No campo econômico*: promover a reforma monetária e a política fiscal; acelerar a formação de capital a fim de investir nos setores de infraestrutura econômica; estimular a produtividade;
- *No campo psicossocial*: promover o fortalecimento e o interesse nacional pelos valores espirituais, morais e cívicos da nação; elaborar um sistema educacional adaptado à realidade brasileira; usar os sistemas de comunicação social a fim de esclarecer a opinião pública sobre assuntos relacionados aos problemas nacionais bem como sobre as ações realizadas pelo governo para resolvê-los. Como preconcebida pela Escola Superior de Guerra, essas comunicações deveriam ser feitas de maneira honesta, impessoal e de modo legítimo, e poderiam resultar no crescimento das organizações de relações públicas em todos os níveis de atividades.

A Lei de Segurança Nacional segue o conceito de segurança nacional da Escola Superior de Guerra e dedica especial atenção ao sistema de comunicações, uma área importante em três dos quatro campos acima mencionados. Os campos militar e psicossocial (para esclarecer a opinião pública e integrar o território nacional) são os que mais interessam a este estudo.

Observe-se que o decreto-lei de reforma administrativa, assinado pelo Presidente Castello Branco, em 1967, é voltado para a segurança interna no nível federal. As conexões entre a ESG, a Lei de Segurança Nacional e os sistemas de comunicações são claramente percebidas apesar de a ESG não ter elaborado políticas de segurança nem ter dado a última palavra no uso e desdobramento da doutrina. Sua função, durante o regime de exceção, foi a de pesquisar e apresentar sugestões à presidência e aos mais altos executivos de órgãos públicos, inclusive aos comandos superiores das Forças Armadas, os quais podiam considerar ou não as recomendações em suas respectivas decisões. O órgão responsável pela elaboração de políticas nacionais de segurança era composto pelo presidente, vice-presidente, por todos os ministros, pelos chefes dos gabinetes civil e militar, pelo chefe do Serviço Nacional de Informações, pelo comandante geral das Forças Armadas e comandantes do Exército, Marinha e Aeronáutica. À época do regime de exceção o Conselho Nacional de Segurança era composto por 26 membros (SELCHER, 1977: 9).

A ESG por si só não regulamentava o Brasil, mas sua influência e ideologia enfatizavam o nacionalismo e, assim, a necessidade de um governo forte central. Apesar de a ESG negar qualquer envolvimento nos governos pós-64, de acordo com Barry Ames:

> Na época do golpe, três grupos formavam a força anti-Goulart: Castello Branco, militares e técnicos civis associados com a ESG, políticos e militares que não eram da ESG. O regime de Castello Branco foi dominado rapidamente pelo grupo da ESG. Políticos como Adhemar de Barros e Carlos Lacerda perderam a influência política. Generais simpáticos ao golpe, mas não à ESG, foram purgados (afastados), inclusive Olympio Mourão Filho e Amaury Kruel (AMES, s.d.: 8).

Um exemplo do envolvimento indireto da ESG nos negócios dos governos pós-64, através da participação de civis, pode ser constatado no fato de que, durante o Governo Médici (1969-1974), sete ministros haviam recebido treinamento na Escola Superior de Guerra, ou seja, eram graduados da ESG (CAMPBELL, 1972: 83).

A ESG sempre esteve, direta e indiretamente, envolvida nos governos militares. Por exemplo: Castello Branco, o primeiro presidente do regime, foi instrutor e diretor de estudos da ESG; Golbery do Couto e Silva, considerado como o intelectual do movimento, foi o primeiro chefe do Serviço Nacional de Informações (CAMPBELL, 1972: 86) e continuou exercendo influência, ocupando postos importantes nos governos dos presidentes Médici, Geisel e, até meados de 1981, no de João Batista Figueiredo, quando foi o chefe do Gabinete Civil. O conceito de segurança nacional foi amplamente defendido pelo General Golbery (SCHNEIDER, s.d.: 230).

3 Os objetivos do Conselho Nacional de Segurança e a ESG

Durante o regime militar, quem determinava os objetivos nacionais era o Conselho de Segurança Nacional. O presidente em exercício presidia o Conselho, que operava como agência do mais alto nível do país. A fim de entender como a doutrina de segurança nacional foi transformada em política, é necessário examinar os objetivos da ESG que, de acordo com Selcher (1977: 12), eram seis: integração nacional; soberania; desenvolvimento, progresso e prosperidade nacional; democracia; integridade territorial; e paz social.

O General Carlos Meira Mattos, entretanto, em seu ensaio intitulado "Doutrina Política Revolucionária", publicado na revista do Clube Militar, em 1970, diz que a doutrina do movimento revolucionário possuía nove objetivos nacionais, dentro de três classificações (SCHNEIDER, s.d.: 231-232): objetivos críticos – integração nacional e prosperidade nacional; objetivos a serem defendidos – democracia, preservação dos valores morais e espirituais da nação e paz social; e objetivos a serem preservados – independência, soberania, integridade territorial e prestígio internacional.

Dentre os pontos acima listados, este trabalho discute apenas os relacionados aos sistemas de comunicação, de modo geral, ou às telecomunicações, de modo particular, ou seja, *integração nacional*, *integridade territorial*, *preservação dos valores morais e espirituais da nação e paz social*, que serão abordados na próxima parte.

4 Desenvolvimento nacional e segurança

Como tem sido mostrado, a promoção do desenvolvimento nacional pelo movimento revolucionário de 1964 foi baseada na doutrina de segurança nacional, aos objetivos nacionais da ESG. Apenas quatro dos nove objetivos estão diretamente relacionados aos propósitos deste estudo, e por isto são considerados aqui *relacionados com e dependente de cada um* em relação ao sistema de comunicação. A fim de mostrar essa relação, cada um dos objetivos selecionados será rapidamente tratado nesta seção.

Os objetivos de integração nacional e integridade territorial têm o mesmo propósito, ou seja, a unidade nacional. A integração nacional, como apresentada por Waine Selcher, consiste em um grupo de programas para aumentar a integração social e, em especial, contribuir para a diminuição das diferenças regionais, promovendo entre outras coisas: desenvolvimento econômico e redistribuição de investimentos regionalmente; um sistema político mais estável; coesão interna; e espírito nacional.

Como Selcher (1977: 15) diz, a realização desses objetivos envolve transportes, comunicações e colonização. Observe-se que o Nordeste e a Amazônia receberam tratamento especial a partir de 1964. Na Amazônia, as Forças Armadas promoveram o desenvolvimento através do estabelecimento de redes de comunicação, do ensino de técnicas agrícolas, construção de pontes e estradas, além de prover transporte e segurança. Selcher (1977: 16) diz ainda que, "juntamente com o Ministério das Comunicações, todas as três forças militares (Exército, Marinha e Aeronáutica) contribuíram para a rápida expansão da rede nacional de telecomunicações".

A integridade territorial está relacionada com a vigilância da zona costeira e ao longo das fronteiras do Brasil. Isso era conectado ao Plano Nacional de Telecomunicações, o qual pode ser também considerado como importante na manutenção da integridade territorial e para a integração nacional, através da distribuição estratégica de emissoras de rádio e de televisão ao longo das fronteiras brasileiras.

O objetivo que trata da paz social, um dos tópicos mais estudados na ESG durante o ano de 1962, surgiu como resposta para as crises econômica e política durante o Governo João Goulart. O Conselho de Segurança Nacional via a paz social como necessária para o crescimento econômico, um dos propósitos do regime militar.

Como pode ser facilmente observado, o quarto ponto, a preservação dos valores morais e espirituais da nação, tem muito a ver com a paz social.

5 Objetivos do Regime através dos meios de comunicação de massa

Entre outras coisas, segundo os próprios revolucionários de 1964, o movimento ocorreu a fim de construir um programa de desenvolvimento nacional através de nova ordem social e econômica. Inicialmente, o regime militar assumiu uma política de descentralização de incentivos a fim de reduzir as desigualdades de condições de vida e de desenvolvimento entre regiões e cidades.

Essa política também exigiu a construção de um espírito nacional baseado na preservação das crenças, cultura e valores brasileiros. A fim de alcançar esses objetivos, o regime precisou de um meio de disseminação das ideias da nova ordem, ou seja, das aspirações e conceitos de desenvolvimento, paz e integridade do movimento revolucionário. Os meios de comunicação de massa se transformaram no veículo através do qual o regime poderia persuadir, impor e difundir seus posicionamentos, além de ser a forma de manter o *status quo* após o golpe. A televisão, pelo seu potencial de mobilização, foi mais utilizada pelo regime, tendo também se beneficiado de toda a infraestrutura criada para as telecomunicações.

É importante entender os conceitos de comunicação da ESG. De acordo com a ESG, comunicação é o processo pelo qual as relações humanas existem e se desenvolvem. Além disso, a ESG define que comunicação é o processo de transmitir alguma coisa a fim de exercer uma influência consciente no receptor da comunicação, cuja reação afetará o ponto de partida, ou seja, o emissor da mensagem (CASTRO CAMARGO, 1977: 236).

Baseando suas ações na doutrina de "segurança e desenvolvimento", o regime militar foi responsável pelo estabelecimento de instituições como o Ministério das Comunicações, o Departamento Nacional de Telecomunicações (Embratel), o Conselho Nacional de Comunicação, e inúmeras leis e decretos que contribuíram para o desenvolvimento da estrutura técnica necessária para o desenvolvimento socioeconômico, político e cultural do país em termos gerais e das telecomunicações em particular.

Criando condições operacionais para as telecomunicações brasileiras (facilitando o acesso à rede de micro-ondas, cabo coaxial, satélite, televisão a cor etc.), principalmente para o sistema telefônico, o regime militar contribuiu para o desenvolvimento técnico da televisão, a qual também foi usada para promover as ideias do regime autoritário.

Como exemplo disso, Médici tirou vantagens políticas do triunfo da Seleção Brasileira na Copa do Mundo de Futebol, em 1970, no México. Na época, uma campanha ufanista foi veiculada, transmitindo uma série de *slogans* ("Pra frente Brasil", "Ame-o ou deixe-o" etc.) através dos meios de comunicação, ajudando a transformar Médici, cuja administração foi uma das mais repressoras, em um dos mais populares presidentes do movimento.

Entretanto, no período compreendido entre Médici e Geisel, de 1964 a 1979, a televisão brasileira foi diretamente influenciada pelo governo, que, além de promover o desenvolvimento das telecomunicações, começou a se preocupar também com o conteúdo dos programas. Nesse período, o Ato Institucional n. 5, de 13 de dezembro de 1968, foi intensamente usado para cassar mandatos eletivos, para suspender o *habeas corpus*, decretar intervenções federais sem qualquer salvaguarda constitucional etc. Também uma forte censura foi imposta aos meios de comunicação social, principalmente às emissoras de televisão e de rádio.

Assim, pode-se dizer que, no Brasil, a curto e longo termos, as ações do regime militar para manter a ordem e a segurança e promover o progresso e a modernização (ações que incluíam uma forte participação do Estado na economia, uma política de boa vizinhança e adoção de medidas para atrair e criar facilidades para os investidores multinacionais, desenvolvimento das condições necessárias à integração nacional através do sistema de telecomunicações) contribuíram direta e indiretamente para o desenvolvimento da televisão.

O fato de que este veículo se beneficiou da situação social, política e econômica, durante o regime militar, pode ser constatado pelo seu considerável desenvolvimento tecnológico, quantitativo e qualitativo. De 1964 a 1985 o governo esteve envolvido com esse desenvolvimento tecnológico e também com o conteúdo e a qualidade da programação televisiva, tendo criado as condições e as facilidades necessárias para que a televisão se desenvolvesse, sem deixar de interferir através de recomendações e sugestões oficiais, além de financiamentos específicos, para a modernização dos veículos de comunicação.

A influência do regime na televisão também pode ser constatada sob o ponto de vista da legislação de comunicação, das ações políticas e econômicas que foram impostas e das consequências das decisões implementadas. Por exemplo, foi durante a administração de Médici que ocorreu o chamado "milagre econômico brasileiro" e foi nesse mesmo período que o governo começou a demonstrar preocupações para com o conteúdo e a produção da programação televisiva.

6 O modelo de desenvolvimento econômico

Todos os governos pós-64 promoveram um rápido crescimento econômico baseado no que identificavam como o tripé da economia brasileira: empresas estatais, companhias nacionais e corporações multinacionais. Em 1980, o governo possuía 82 das 200 maiores empresas não financeiras no país. De acordo com dados referentes a 1991, sete das dez maiores eram empresas públicas: Caixa Econômica Federal, Banco do Brasil, Banespa, BNDES, Petrobras, Eletrobras e Vale do Rio Doce. Em 2004, a revista *Forbes* fez levantamento das maiores empresas do mundo. Na listagem das maiores empresas latino-americanas o Brasil aparece com quatro das cinco primeiras colocações. O primeiro lugar é ocupado pela Petrobras e o segundo pelo Bradesco. O Banco do Brasil aparece em quarto e a mineradora Vale do Rio Doce, em quinto lugar (MATTOS, 2005b).

Assim, desde o início dos anos de 1970, o governo vem sendo identificado como sendo o maior anunciante individual do país, quando se consideram os três níveis, municipal, estadual e federal. Desta forma, o governo brasileiro tem o poder de influenciar os meios de comunicação de massa, principalmente a televisão, através de pressões econômicas e o controle legal.

Os esforços para atrair investimentos privados estrangeiros desde 1964 ajudaram a acelerar o faturamento da indústria do país. Entretanto, essa política aumentou a dívida externa e a dependência da tecnologia estrangeira, aumentando também a dependência da televisão em relação à publicidade das multinacionais que investiram no país e se transformaram em seus maiores anunciantes.

Examinando a televisão sob a luz das políticas pós-64 de promoção da modernização nacional, pode-se concluir que o crescimento da TV tem as mesmas características de desenvolvimento dependente do país como um todo (MATTOS, 1982a).

O modelo adotado pelo regime de 1964 foi direcionado para se construir uma moderna sociedade capitalista. De acordo com Thomas Pompeu Brasil Netto (1973), o modelo de desenvolvimento econômico adotado pelos governos militares tinha quatro características básicas: 1) estabilidade política e social como meio de promover rápido desenvolvimento econômico; 2) integração geográfica e melhor distribuição de renda como meio de superar as disparidades econômicas regionais; 3) diversificação do setor industrial para criar eficientes sistemas financeiro, de comunicações, de transportes e serviços de estoque de alimentos; 4) criação de novas oportunidades para as empresas privadas, as quais foram estimuladas por uma política de crédito para exportação e uma flexível política de juros.

Os dois primeiros presidentes do regime militar, Castello Branco e Costa e Silva, criaram as condições básicas para o "milagre econômico" que ocorreu durante o Governo Médici. Entre as inúmeras ações governamentais, a Lei de Capital Estrangeiro, assinada por Castello Branco, em agosto de 1964, foi uma das mais fortes contribuições para o rápido crescimento do setor industrial e, indiretamente, ainda contribuiu para a manutenção da chamada "paz social", que os militares buscavam, através da criação de novas oportunidades de emprego e redução do número de desempregados.

Em mensagem ao Congresso Nacional, apresentando o orçamento, o Presidente Castello Branco afirmou que o capital estrangeiro poderia contribuir para o crescimento da nação, levantando o índice de investimentos, fortalecendo a capacidade do país de importar e aumentando seu estoque de tecnologia. Castelo Branco reconhecia também que o Brasil desejava o capital estrangeiro e que o governo decidiu-se por uma política pragmática, para assegurar o maior benefício possível (CAMPBELL, 1972: 69; MATTOS, 1982).

Os governos pós-64 fizeram muitas concessões aos investidores estrangeiros, que, juntos aos empresários nacionais, estimularam o consumismo através de anúncios na televisão. Vale destacar que as primeiras companhias multinacionais, tais como a Ford, Chevrolet, IBM e Firestone, entre outras, se estabeleceram no Brasil antes de 1939. Depois de 1964, as multinacionais praticamente passaram a controlar o setor da eletrônica, a produção de veículos e a indústria farmacêutica.

Escrevendo sobre a publicidade no Brasil, Alan Wells disse que as indústrias locais, bem como os exportadores de países desenvolvidos, estavam interessados em colocar seus anúncios na televisão. De fato, uma agência de publicidade observou que seus clientes brasileiros, mais cosmopolitas do que os "modernos" estrangeiros, proporcionalmente, gastavam mais em televisão do que seus clientes americanos. "Fabricantes locais usando a mídia televisão para anunciar provavelmente são ou americanos e subsidiárias estrangeiras, ou 'as modernistas' companhias domésticas que suprem o setor de consumo" (WELLS, 1972: 132).

A instituição do Ato n. 5, em dezembro de 1968, foi outra forte contribuição para o cumprimento dos objetivos que formaram as bases do "milagre econômico". De acordo com Gordon Campbell (1972), depois do Ato n. 5, "o Congresso foi abruptamente colocado em recesso, uma torrente de decretos foram baixados afetando os setores público e privado. Não havia mais os impedimentos da Constituição de 1967".

Assim, após esta breve panorâmica dos eventos que contribuíram para o "milagre econômico", alguns dos seus efeitos aparentes no desenvolvimento da televisão serão discutidos na próxima parte deste capítulo.

7 A TV e o "milagre econômico"

O "milagre econômico" brasileiro ocorreu durante o Governo Médici, um período de dura repressão política e de controle dos meios de comunicação, através da censura policial, a Lei de Segurança Nacional e do Ato Institucional n. 5. Este fato é significante se considerarmos que, a fim de atrair o capital estrangeiro, o governo precisava manter a imagem de estabilidade social e política, as quais, de acordo com os conceitos do regime militar, eram fundamentais para o desenvolvimento econômico.

Entretanto, como Joan Dassin comentou, é óbvio que "a censura à imprensa sozinha não abriu o caminho para o milagre econômico. De fato, proibições sobre informações econômicas eram relativamente poucas. Elio Gaspari argumenta que, de fato, o milagre era desejado e apoiado pelas maiores revistas e jornais diários do país, num gesto deliberado de aprovação por um modelo econômico do qual eles não apenas defendiam, mas ganhavam também" (DASSIN, 1979: 17).

Dassin também diz que o modelo de desenvolvimento econômico era apoiado pela "repressão política sistemática", através da qual a maioria dos brasileiros era excluída dos lucros e benefícios do desenvolvimento.

O AI-5, que centralizava o poder de decisão no Executivo, era usado com a intenção de promover o desenvolvimento. O "milagre econômico" ocorreu entre 1969 e 1974 como resultado de um modelo econômico de desenvolvimento autoritário. Durante esse período, as taxas anuais registraram um crescimento de 9 a 11% (cf. Quadro I). Com o "milagre", o Brasil, ou, mais explicitamente, a Região Sudeste e São Paulo, foram transformados na "maior área industrial entre os países menos desenvolvidos (BETHELL, 1979: 4).

Desde que a Lei de Capital Estrangeiro foi promulgada em 1964, empresas estrangeiras aumentaram seus investimentos. Em 1967, por exemplo, os maiores anunciantes eram corporações multinacionais que, durante o *boom* econômico concentraram na televisão suas campanhas publicitárias vendendo mercadorias de consumo. Segundo Fernando Henrique Cardoso, em 1967 os doze maiores anunciantes no Brasil eram os seguintes: "Willys-Overland, Sidney Ross, Volkswagen, Gillette, Gessy-Lever, Nestlé, Ford, Rhodia, Fleishman and Royal, Coca-Cola, Shell e Colgate-Palmolive" (CARDOSO, 1973: 144).

De acordo com uma pesquisa do World Advertising Expenditures, em 1976, o Brasil já era um dos dez países do mundo que investiam acima de um bilhão de dólares em publicidade. Nesse ano, o Brasil era o quarto país (atrás apenas dos Estados Unidos, Japão e Inglaterra) em gastos com anúncios na televisão. Em 1976, o Brasil alocou só no veículo televisão 42% de toda a verba publicitária investida no país.

Durante o "milagre econômico" o PIB atingiu o nível de US$ 80 bilhões. Como resultado das taxas de crescimento econômico anual, a renda *per capita* cresceu de US$ 312 em 1964 para US$ 800 em 1974 (CAMARGO & PINTO, 1975: 20). Apesar dos resultados do "milagre" terem sido contestados anos depois por especialistas, que comprovaram a manipulação dos números estatísticos, a verdade é que, como reflexo do desenvolvimento econômico alcançado, não apenas houve aumento no total das verbas publicitárias, como também houve, entre 1969 e 1977, o que podemos denominar de "boom da televisão", ou seja, o governo militar concedeu 67 licenças para novas emissoras de TV através de todo o território nacional.

A televisão recebeu um benefício adicional em 1968, quando o crédito direto ao consumidor foi criado; uma novidade introduzida pelos governos militares, que passaram a facilitar a compra de produtos produzidos no país. No ano de 1968, as vendas de televisores cresceram em 48% sobre o ano anterior (SODRÉ, 1977: 174). De acordo com a mensagem do Presidente Médici enviada ao Congresso Nacional em 1974, as indústrias de telecomunicações tiveram um crescimento médio de 20% entre 1970 e 1973 (MÉDICI, 1974).

Pode-se argumentar, então, que o crescimento da televisão foi direta e indiretamente influenciado pelo desenvolvimento econômico do país, ou seja, pelo aumento do PIB *per capita*, pelo aumento da renda *per capita* e pela melhor distribuição de renda, bem como devido ao intensivo processo de urbanização e modernização das cidades brasileiras nos últimos cinquenta anos do século passado, processo que foi acelerado a partir da década de 1960.

Comentários

Como foi descrito, a Escola Superior de Guerra proveu o Regime Militar de 1964 não apenas de uma doutrina de "desenvolvimento e segurança", mas também de inúmeros civis e militares por ela graduados, procurando assim o governo ganhar o apoio dos líderes de opinião em todo o país. Foi, portanto, através dessa doutrina que o Conselho de Segurança Nacional estabeleceu e projetou os Objetivos Nacionais e a Lei de Segurança Nacional. O modelo de desenvolvimento econômico, que afetou diretamente a televisão durante a fase de "milagre econômico", foi baseado nos objetivos da doutrina da ESG.

Todas as ações implementadas pelo regime militar, tanto as de curto como as de longo prazo, foram direcionadas para manter a ordem e a segurança e acelerar o progresso e a modernização, incluindo-se aqui a forte participação do Estado na economia, as facilidades criadas para atrair investimentos multinacionais e o desenvolvimento das condições básicas para a integração nacional através do sistema de telecomunicações. Assim sendo, a televisão brasileira se beneficiou da situação social, política e econômica no período de 1964 a 1985.

Observe-se que os veículos de comunicação de massa, principalmente o rádio e a televisão, foram usados pelos militares para promover a nova ordem social e o desenvolvimento. O regime usou a mídia eletrônica a fim de construir o espírito nacional baseado na preservação das crenças, culturas e valores. Foi também através da mídia que as aspirações e conceitos de desenvolvimento, paz e integridade do regime de exceção foram impostos à população brasileira. A fim de que suas mensagens atingissem toda a população e que esta prova de modernidade, a televisão, pudesse se expandir através do território nacional, os governos militares investiram no melhoramento das condições técnicas e operacionais das telecomunicações. Ao fazerem isto, contribuíram para o desenvolvimento e disseminação da televisão através de toda a nação.

Devido ao fato dos meios de comunicação serem vistos como agentes da modernização e como instrumentos para a manutenção da integração nacional, da segurança e da paz social, o regime militar passou também a se preocupar com o conteúdo transmitido pelas emissoras de televisão. As empresas de radiodifusão sempre estiveram sob controle oficial. Além de conceder licenças e alocação de frequências, o controle do governo também pode ser constatado, no período de 1964 a 1985, através da legislação vigente, das considerações e sugestões emitidas com relação ao conteúdo dos programas e do uso da censura policial.

Vale lembrar que o regime militar de 1964 só começou a se preocupar diretamente com o conteúdo dos programas televisivos por volta de 1970. Durante as administrações de Médici e de Geisel, o governo passou a expressar veemente desaprovação em relação à violência e à falta de "padrão cultural" na televisão. Algumas das recomendações públicas lembravam constantemente aos responsáveis pelas empresas de radiodifusão que deveriam buscar um novo objetivo para a televisão comercial, imbuídos do ideal de responsabilidade e compromisso para promover o desenvolvimento.

Como resultado das recomendações, advertências, críticas e sugestões do governo, a televisão nacionalizou seus programas, os quais, pelo menos no que diz respeito ao tratamento, tema e estilo, são tipicamente brasileiros. Vale lembrar que muitas produções, assim como aquisições de novos equipamentos, foram financiadas diretamente por bancos oficiais.

Existe, portanto, estreita relação entre o crescimento da televisão brasileira e o desenvolvimento econômico e social do Brasil. O desenvolvimento da televisão está diretamente correlacionado a fatores tais como a urbanização, a industrialização e o nível de analfabetismo, bem como ao crescimento do PIB e da renda *per capita*, à melhor distribuição de renda e ao aumento dos investimentos publicitários.

Um dos principais fatores do crescimento da televisão foi o modelo de desenvolvimento adotado pelo regime militar, cujo melhor efeito foi o chamado "milagre econômico" durante o período de 1969 a 1974. Os resultados do "milagre" foram contestados anos depois por especialistas que comprovaram manipulação das estatísticas, mas esse não é o objetivo deste trabalho. A verdade é que, como reflexo do desenvolvimento econômico alcançado, ocorreu também, nesse período, o "boom da televisão". O regime militar concedeu 67 licenças de canais de TV a empresas privadas em todo o território nacional. Ao mesmo tempo, a produção de televisores foi incrementada e o crédito direto ao consumidor facilitava a compra dos mesmos e de outros bens de consumo produzidos pela indústria, amplamente anunciados na televisão.

O rápido crescimento da televisão entre 1964 e 1985 foi o resultado direto e indireto das políticas adotadas pelo Regime Militar, e a continuação desse crescimento até os dias atuais permanece como reflexo das ações oficiais em todos os setores. O governo é quem decide até o tipo de tecnologia a ser utilizada, observem-se os exemplos no que diz respeito às decisões de modelos tecnológicos implantados ou a serem implantados no país, como ocorreu com a escolha do sistema PAL-M de televisão a cores, ou como foi decidido e está sendo implantado o sistema de TV a cabo e a lei que regulamenta a operação de empresas que exploram a internet ou todo o processo de escolha da tecnologia da Televisão Digital adotada. E isso, sem falarmos das decisões econômicas tomadas durante a última década do século passado, o processo de privatizações, o Plano Real e a abertura econômica cada vez maior, inclusive com a participação de capital estrangeiro nos meios de comunicação de massa o que, antes, era direito exclusivo de brasileiros assegurado por lei.

Pode-se, portanto, afirmar que quem decide é sempre o Executivo, que também exerce a função de formulador de projetos e propostas submetidos ao Congresso, competindo às empresas, nacionais ou estrangeiras, aceitarem o processo e se adaptarem a ele, de acordo com as regras vigentes, independente de todo e qualquer poder externo. Entretanto, não podemos, aqui, descartar a possibilidade de que durante o processo de definição das tecnologias e dos sistemas de telecomunicações adotados pelo país o governo brasileiro tenha sofrido a interferência de *lobbies* ou recebido pressões políticas e econômicas, tanto de origem interna como externa, que de alguma forma podem ter influenciado nas decisões oficiais. O que queremos evidenciar é que, no Brasil, a escolha de todos os sistemas que envolvem as telecomunicações sempre passa pelo crivo oficial e que as empresas, historicamente, têm arcado com os benefícios ou prejuízos que as decisões tomadas (sejam elas de caráter político, tecnológico ou econômico) acarretam ao longo dos anos.

Como consequências do crescimento nacional sob o sistema político militar voltado para a produção de bens de consumo, serviços e bem-estar social, a televisão foi usada para promover entretenimento, encorajar o consumo e difundir as realizações econômicas do país e, ao mesmo tempo, perpetuar a imagem do regime militar.

Durante o período de exceção pós-64, principalmente nos primeiros dez anos, quando a televisão era considerada como prova de modernidade, o regime militar concentrou esforços para disseminá-la através do país. Através do rádio e da TV, o regime informava à população de suas realizações atingindo tanto os alfabetizados como os analfabetos.

Aqueles que estão familiarizados com as teorias do uso dos meios de comunicação para promover o desenvolvimento, em voga nos anos de 1960, sabem que a mídia sozinha não causa desenvolvimento, mas pode ser de grande ajuda, se acionada no momento certo e com a correta mensagem dirigida para o público específico. Entretanto, o desenvolvimento econômico e social pode ocorrer sem os meios de comunicação.

No caso específico do regime militar brasileiro, o desenvolvimento e a segurança nacional foram assegurados pela adoção de uma série de atos institucionais, permitindo impor a nova ordem sem restrições das leis ou da Constituição. Ao mesmo tempo, os meios de comunicação de massa, principalmente o rádio e a televisão, foram, intensivamente, usados para estimular o espírito nacional, transmitir e introduzir uma confiança pública no que as administrações militares estavam fazendo. Esses eram pontos importantes, uma vez que desde 1964 medidas excepcionais tinham sido adotadas e coisas que teriam sido impossíveis foram realizadas em curto espaço de tempo.

Apesar de a legislação reservar a propriedade dos meios de comunicação apenas para brasileiros e da preocupação do regime militar em preservar nossos valores culturais, os meios de comunicação, principalmente a televisão, começaram já nos anos de 1970 a ficar cada vez mais sob o controle de grupos estrangeiros, devido ao alto grau de dependência da publicidade. Observe-se que os maiores anunciantes do Brasil são corporações multinacionais, que direta e indiretamente acabam influenciando a sociedade através da compra e venda de programas, tecnologia, fluxo de entretenimento, orientação de mercado, publicidade etc. De acordo com vários estudiosos, as corporações transnacionais estão impondo seus gostos, valores e estilos de vida, e controlando os veículos de massa, fazendo com que dependam financeiramente da publicidade. É importante observar que, se os meios de comunicação de massa brasileiros, especialmente a televisão, são dependentes do suporte publicitário, o conteúdo dos veículos pode facilmente ser controlado por corporações estrangeiras.

Além disso, se consideramos que os conglomerados das redes de TV, tal como as Organizações Globo, incluem revistas, jornais, companhias cinematográficas, indústria fonográfica, emissoras de rádio e TV, televisão a cabo e internet, é fácil concluir que o interesse público do brasileiro, seus gostos, crenças, cultura e valores, estão sob controle de corporações, as quais estão criando uma estrutura de dependência a fim de reforçar e impor seus valores e produtos à sociedade.

Seria ingenuidade tentar sugerir aqui qualquer mudança ou sistema de controle dessa situação, neste momento, porque o que está ocorrendo é o resultado do sistema capitalista globalizado e do modelo adotado pelos governos brasileiros, tanto civis como militares, durante o período de 1950 a 2010, no sentido de promover o desenvolvimento nacional através da industrialização do país com capital estrangeiro. Entretanto, este assunto pode ser incluído pelos governantes e por estudiosos dos meios de comunicação em futuras discussões sobre os veículos de massa no Brasil, especialmente se considerarmos que os anúncios publicitários das multinacionais exercerão cada vez mais influência nas funções sociais da televisão em particular e dos demais veículos de modo geral, neste mundo globalizado.

2

Origens e desenvolvimento histórico da televisão brasileira

A televisão brasileira foi inaugurada oficialmente no dia 18 de setembro de 1950, em estúdios precariamente instalados em São Paulo, graças ao pioneirismo do jornalista Assis Chateaubriand. A TV Tupi-Difusora surgiu numa época em que o rádio era o veículo de comunicação mais popular do país, atingindo quase todos os estados. Ao contrário da televisão norte-americana, que se desenvolveu apoiando-se na forte indústria cinematográfica, a brasileira teve de se submeter à influência do rádio, utilizando inicialmente sua estrutura, o mesmo formato de programação, bem como seus técnicos e artistas.

A televisão brasileira começou a ser implantada em fevereiro de 1949, quando Chateaubriand adquiriu junto à empresa americana RCA Victor cerca de trinta toneladas de equipamentos necessários para montar uma emissora, e nomeou quatro diretores responsáveis pela implantação da mesma: Dermival Costa Lima, coordenador do projeto, Mário Alderighi, Cassiano Gabus Mendes e o maestro francês Georges Henry. Dois anos antes da instalação da TV Tupi de São Paulo, os Diários Associados passaram a desenvolver uma estratégia visando não apenas treinar os seus radioatores para o novo veículo, como também para popularizar a imagem dos artistas. Para tanto foram desenvolvidos vários projetos cinematográficos. Em 1948, por exemplo, os Estúdios Tupã, de Oduvaldo Viana, realizaram *Alegria* e, em seguida, *Chuva de estrelas*. Por outro lado, alguns meses antes da Tupi ser inaugurada, todos os jornais e revistas dos Associados passaram a divulgar que estava para chegar a televisão ou o "cinema a domicílio", como procuravam explicar aos seus leitores o que seria aquele novo símbolo de modernidade e de entretenimento (JÚNIOR, 1998).

Quando a televisão chegou ao Brasil, a vida cultural do país era concentrada no Rio de Janeiro. O Copacabana Palace Hotel oferecia atrações internacionais a todos aqueles que desejavam jogar no que era considerado o menos violento cassino do mundo, como descrito em folhetos turísticos promocionais da época. Quando o jogo foi banido, nos anos de 1950, a elite foi encorajada a procurar por novos tipos de diversões, numa época em que tanto a classe alta como a média estavam conscientes que lhes faltava o último e mais moderno símbolo de desenvolvimento tecnológico que seus semelhantes estavam desfrutando nos países industrializados. O estabelecimento da televisão no Brasil atendeu ao crescente desejo desses grupos por novos entretenimentos (THOMAS, 1979: 43).

Desde o seu início, a televisão brasileira tem algumas características: todas as 403 geradoras (emissoras comerciais), as 23 emissoras da rede educativa e mais de 12 mil retransmissoras em funcionamento, de acordo com dados até julho de 2009, estão sediadas em áreas urbanas. O controle acionário das emissoras, orientadas para o lucro, está concentrado nas mãos de uns poucos grupos familiares, com exceção das emissoras estatais. Além disso, a televisão brasileira é fortemente dependente das verbas publicitárias, alocadas principalmente pelas agências de publicidade. O modelo de radiodifusão brasileiro, tradicionalmente privado, evoluiu para o que se pode chamar de um sistema misto, onde o Estado ocupa os vazios deixados pela livre iniciativa, operando canais destinados a programas educativos.

O crescimento inicial da televisão, a partir de 1950, pode ser atribuído ao favoritismo político, o qual concedia licenças para exploração de canais sem um plano preestabelecido (MELO, 1975: 37). Mas a proliferação de estações de televisão começou antes do Golpe Militar de 1964, mais precisamente durante a administração do Presidente Juscelino Kubitschek (1956-1961). Depois do estabelecimento do Ministério das Comunicações, em 1967, o processo de concessão de licenças passou a levar em conta não apenas as necessidades nacionais, mas também os objetivos do Conselho de Segurança Nacional, de promover o desenvolvimento e a integração nacional. Entretanto o favoritismo político nas concessões de canais de TV prolongou-se até o governo da Nova República, de José Sarney.

O sistema brasileiro de radiodifusão é considerado um serviço público e as empresas que o integram sempre estiveram sob controle governamental direto, uma vez que o Executivo era quem detinha, até 5 de outubro de 1988, data da promulgação da Constituição brasileira em vigor, o direito de conceder e cassar licença e permissão para uso de frequências de rádio ou televisão.

O capítulo da Comunicação Social da Constituição de 1988 estabeleceu novas normas e diretrizes para a concessão de emissoras de rádio e televisão, anulando os critérios casuísticos utilizados até então. A partir da sua promulgação, o ato de outorga ou renovação da concessão de uma emissora passou a depender da aprovação do Congresso Nacional e não apenas da decisão pessoal de quem esteja no exercício da Presidência da República. Também o cancelamento da concessão ou permissão, antes de vencido o prazo de dez anos para emissoras de rádio e de quinze anos para emissoras de televisão, depende de decisão judicial.

Apesar das inovações, a Constituição de 1988 não conseguiu impedir, por exemplo, que as concessões de retransmissoras mistas de TV, distribuídas pelo Governo Sarney durante a votação de mais um ano para o seu mandato, fossem transformadas em 1999 em "microgeradoras regionais", com possibilidade também de veicular espaço publicitário. A mudança começou a ser feita em maio de 1999, sem a necessidade de novas licitações (como manda a lei), cabendo seu controle automaticamente aos atuais proprietários. A denúncia foi feita por Rubens Glasberg, na revista *Carta Capital*, abr.-mai./99.

Além de transformar 180 retransmissoras de TVs educativas em geradoras locais, o Ministério das Comunicações e a Anatel iniciaram no ano 2000 o processo de reserva de novos canais para futuras emissoras de baixa potência. As concessões, gratuitas, terão validade por quinze anos. Os processos de concessão beneficiaram fundações vinculadas a políticos, igrejas e grupos privados que já atuavam na área das comunicações. Observe-se que até agosto de 2000 o Presidente Fernando Henrique já havia autorizado doze pedidos de novas concessões. Tanto as novas concessões como a transformação de retransmissoras de TVs em geradoras passaram a ser feitas com base no Decreto 3.541, assinado pelo presidente e pelo ministro das Comunicações, Pimenta da Veiga, no dia 6 de maio de 2000. Outro decreto, assinado em maio de 1998 pelo então ministro das Comunicações, Luiz Carlos Mendonça de Barros, juntamente com o presidente, já previa essa possibilidade.

O Decreto 3.541, assinado por Fernando Henrique e Pimenta da Veiga permite a transformação de retransmissoras mistas de televisão educativa – figura criada por portaria durante o governo do Presidente José Sarney – em geradoras regionais. Segundo Jarbas Valente, superintendente de Serviços de Comunicação de Massa da

Anatel, "a ideia é permitir que cada município tenha um canal gerador" (CABRAL & LOBATO, 2000). Esse projeto será executado ao longo dos próximos anos e está diretamente vinculado à implantação da TV digital no país. O que não se sabe ainda é se a concessão desses novos canais passará por processo licitatório ou não, mas deverão ser emissoras comerciais, com possibilidade de se afiliarem às grandes redes já existentes (CABRAL & LOBATO, 2000).

Observe-se que no período de 2000 a agosto de 2001 haviam sido outorgadas 44 novas concessões de canais de TV, sendo que dessas, até a mesma data, 27 solicitações de outorga encontravam-se em tramitação e 48 processos estavam sob análise do Legislativo. De acordo ainda com dados do Ministério das Comunicações, até agosto de 2001 existiam ainda 275 canais de televisão vagos do espectro do país.

A concessão dessas e de novas emissoras, na verdade, contrariava a promessa feita pelo primeiro governo de Fernando Henrique Cardoso, quando o então ministro das Comunicações, Sérgio Motta, afirmou que não haveria mais distribuição gratuita de canais de televisão como ocorreu no Governo Sarney, passando a ser concedidos por meio de licitação pública. Contudo, de acordo com dados até julho de 2000, existiam trezentos pedidos de concessão de geradoras educativas na Secretaria Nacional de Radiodifusão. Segundo o secretário de Radiodifusão, Paulo Minicucci, doze foram aprovados, 120 devem ser negados e 168 estão em estudo, podendo ser autorizados. O interessante desta situação é que o governo dispensou licitação para TVs educativas e se alguém tiver interesse em um canal basta registrar uma fundação, enviar a documentação ao ministério, aguardar a autorização do mesmo e da Presidência e, depois, a aprovação por maioria simples no Congresso Nacional. De acordo com o Plano de Distribuição de Canais de TV (dados referentes a julho de 2005) ainda havia 3.203 canais de TV vagos (incluindo-se os canais classe "C" aprovados pela Resolução 291, de 13 de fevereiro de 2002). Havia também considerados vagos, no espectro, o total de 2.954 canais de retransmissão de sinais de emissoras geradoras. O Quadro II apresenta o Plano de Distribuição de Canais.

O Estado, assim, continua a exercer um forte controle sobre a indústria cultural brasileira, em parte devido à dependência dos veículos de massa em relação aos subsídios oficiais. Essa dependência cresce em importância quando se tem conhecimento de que o setor bancário nacional (a quem as empresas de comunicação recorrem para obter financiamentos, visando o funcionamento rotineiro ou plano de expansão) é conduzido ou diretamente supervisionado pelo governo, que também continua determinando a política econômico-financeira do país através de decretos, medidas provisórias e portarias.

O contexto da década de 1990 apresentou condições econômicas favoráveis e as empresas de comunicação desenvolveram megaprojetos e se modernizaram, contraindo dívidas em moeda estrangeira, o que, no início deste século, acabou comprometendo o sucesso e os planos de expansão que vinham sendo obtidos na década passada. Em meados da década de 1990, a mídia festejava, com lucros, o Plano Real, a estabilidade cambial apontava para novos investimentos, estimulando as empresas para a formação de conglomerados de mídia. O exemplo de sucesso era o padrão adotado pelas Organizações Globo, com investimentos em jornais, revistas, emissoras de rádio, de TV, TV por assinatura, além de empresas de distribuição de conteúdo, de informação e serviços financeiros, e-commerce, *shopping centers* e outros.

QUADRO II
Plano de distribuição de canais (jul./05)

Canais de TV	TV*	RTV**
Ativados	293	6.119
Em fase de ativação	161	3.711
Vagos	3.203	2.954
Total	3.657	12.784

* Inclui canais classe "C" aprovados pela Resolução 291 (13/02/02).
TV – Serviço de Radiodifusão de Televisão pela transmissão dos sinais de estação geradora de televisão (emissora de TV) para recepção livre e gratuita pelo público em geral (Redes de TV).
** Inclui canais autorizados em caráter secundário.
RTV – Retransmissão de televisão – é o serviço destinado a retransmitir, de forma simultânea, os sinais de estação geradora de televisão, para a recepção livre e gratuita pelo público em geral.
RpTV – Repetição de TV – é o serviço destinado ao transporte de sinais de sons e imagens oriundos de uma estação geradora de TV para estações repetidoras ou retransmissoras ou ainda para outra estação geradora de televisão, cuja programação pertença à mesma rede.

Em 1998, a economia brasileira foi abalada pela crise financeira mundial. Houve perda acentuada de reservas monetárias internacionais provocada pela fuga de capitais estrangeiros e pelo acordo com o Fundo Monetário Internacional (FMI). Em 1998, por exemplo, a política de ajuste fiscal adotada pelo Governo Fernando Henrique Cardoso, com dramático corte dos investimentos públicos, aprofundou o desaquecimento da economia, forçando uma retração nas verbas publicitárias e um declínio no faturamento dos veículos de comunicação. A publicidade governamental também sofreu redução substancial em consequência da contenção dos gastos públicos, ao mesmo tempo afetando, direta e indiretamente, o setor privado devido à redução de gastos. Ainda em 1998, a política econômica adotada diminuiu em cerca de 10% a receita de publicidade no país. As emissoras de televisão sofreram uma retração de 13% e os veículos impressos 10%, forçando-os a adaptações e replanejamento de metas, visando manter os níveis de faturamento e levando algumas emissoras até a apelarem para programas de conteúdo mais popular.

No final do século XX, as empresas de comunicação já amargavam alguns prejuízos, e o novo século começou registrando uma queda na circulação da mídia impressa, retração do bolo publicitário e uma dívida acumulada de 10 bilhões de reais. O bolo publicitário decresceu de 9,8 bilhões de reais em 2000 para 9,6 bilhões de reais em 2002. Em 2003 o investimento em publicidade no país foi de 5 bilhões de dólares (MATTOS, 2005b).

Os fatores que pesaram nesse sentido foram a alta dos juros e a drástica redução da oferta de empregos, demonstrando mais uma vez que o desenvolvimento dos veículos de comunicação está diretamente relacionado com o contexto socioeconômico e político do país e, como resultado disso, qualquer medida adotada sempre vai gerar um reflexo nos meios de comunicação. Torna-se, portanto, quase impossível entender o que se passa no processo de desenvolvimento de um veículo como a televisão se não acompanharmos esse desenvolvimento dentro do contexto do país no qual as emissoras estão inseridas. A influência oficial se faz sentir em toda e qualquer medida, seja ela de caráter regional ou nacional.

Em dezembro de 1998, por exemplo, o Banco do Brasil abriu uma linha de crédito para financiar publicidade na programação da TV Bahia, retransmissora da TV Globo, controlada por familiares do então presidente do Congresso, Senador Antônio Carlos Magalhães. A experiência, denominada de "Credimídia", foi anunciada como sendo medida pioneira no país, de acordo com as declarações do então superintendente do Banco do Brasil em Salvador, Sr. Francisco José de Oliveira. Os empréstimos foram estabelecidos para atender faixas de R$ 500,00 a R$ 40 mil, podendo ser pagos em até quatro vezes, beneficiando quem os utilizou, pois os contratos publicitários assinados com os veículos previam o pagamento do anúncio veiculado em trinta e/ou sessenta dias. Através desse "Credimídia" a TV Bahia receberia o valor da publicidade à vista do banco. De acordo com a notícia publicada no jornal *Tribuna da Bahia* do dia 11 de dezembro de 1998, outros veículos também poderiam ter acesso à mesma facilidade, mas só depois de noventa dias de implantados, devido ao contrato de exclusividade firmado entre o banco e a TV Bahia. Não se tem, entretanto, informações sobre quantos clientes se utilizaram do "Credimídia" para anunciar na TV Bahia ou em qualquer outro veículo.

O modelo brasileiro de televisão, além de ser dependente da importação de software e hardware, também é dependente do suporte publicitário, sua principal fonte de receita. De acordo com informações do Grupo Mídia/Meio & Mensagem, em 1988, a televisão ficou com 60,9% dos investimentos publicitários, representando US$ 2.795.592,34 (McCANN-ERICKSON, 1990). No ano de 1999, segundo pesquisa realizada pelo Ibope Monitor, esses investimentos giraram em torno de US$ 7,5 bilhões, tendo registrado queda de 28% em relação a 1998. Dentro desse quadro, a Rede Globo, que é líder, atraindo, sozinha, 40% da audiência nacional, absorveu 55% do total. Em segundo lugar vem o SBT, com a média nacional de 18% de audiência e a fatia de 20% da publicidade alocada à mídia TV. Apesar disso, usando critérios diferentes de aferição, a Globo afirma que no período de 1998 a novembro de 2000 ela conseguiu manter pelo menos 76,2% da verba publicitária para TV sob o seu controle e o de suas afiliadas. Desse total, a TV Globo abocanhou 33,5% do bolo, deixando o restante para sua rede de afiliadas (POSSEBON & FALGETANO, 2000). Ao longo desta primeira década do terceiro milênio, a mídia televisiva continua a concentrar a preferência dos anunciantes, como se pode observar nos dados referentes ao período de 2005 a 2008. O Quadro III apresenta uma retrospectiva da distribuição percentual da verba de mídia.

QUADRO III

Distribuição percentual da verba de mídia por veículo

Ano	Televisão	Jornal	Revista	Rádio	Outros*
1962	24,7	18,1	27,1	23,6	6,5
1964	36,0	16,4	19,5	23,4	4,7
1966	39,5	15,7	23,3	17,5	4,0
1968	44,5	15,8	20,2	14,6	4,9
1970	39,6	21,0	21,9	13,2	4,3
1972	46,1	21,8	16,3	9,4	6,4
1974	51,1	18,5	16,0	9,4	5,0
1976	51,9	21,1	13,7	9,8	3,5
1978	56,2	20,2	12,4	8,0	3,2
1980	57,8	16,2	14,0	8,1	3,9
1981	59,3	17,4	11,6	8,6	3,1
1982	61,2	14,7	12,9	8,0	3,2
1983	60,6	13,3	12,2	10,5	3,4
1984	61,4	12,3	14,3	6,8	5,2
1985	59,0	15,0	17,0	6,0	3,0
1986	55,9	18,1	15,2	7,7	3,1
1987	60,8	13,2	16,3	6,2	3,5
1988	60,9	15,9	13,9	6,6	2,7
1989**	55,44	26,56	12,84	2,74	2,42
1991	56,0	27,4	9,2	5,1	2,3
1992	59,3	24,3	8,4	4,9	3,1
1993	53,0	34,0	7,0	5,0	1,0 ***
1994	56,9	26,0	8,4	4,3	4,4
1995	55,0	28,0	9,0	5,0	3,0
1996	59,0	25,0	9,0	4,0	3,0
1999****	49,0	38,0	11,0	-	2,0
2005	59,6	16,3	8,8	4,2	11,1
2006	58,8	15,9	8,5	4,2	12,6
2007	59,2	16,3	8,5	4,0	12,0
2008	58,8	15,9	8,5	4,2	12,6

Fontes: revistas *Propaganda* e *Meio & Mensagem*, Grupo Mídia, CBBA/Propag, McCann-Erickson Brasil, Projeto Intermeios, Nielsen Serviços de Mídia e Ibope Monitor.

* Incluindo: out-of home, guias e listas, TV por assinatura, internet, cinema e outdoor.

** Distribuição da verba de mídia, segundo o Projeto Intermeios

*** Apenas outdoor.

**** Segundo estudo do Ibope Monitor, que não considera os investimentos em TV por assinatura e rádio.

A televisão segue, portanto, o modelo do desenvolvimento dependente. Ela é dependente cultural, econômica, política e tecnologicamente (MATTOS, 1982a). Por isso, além de divertir e instruir, a televisão favorece aos objetivos capitalistas de produção, tanto quando proporciona novas alternativas ao capital como quando funciona como veículo de valorização dos bens de consumo produzidos, através das publicidades transmitidas. Além de ampliar o mercado consumidor da indústria cultural, a televisão age também como instrumento mantenedor da ideologia e da classe dominante (CAPARELLI, 1982).

Vários estudos sobre o desenvolvimento dos meios de comunicação no Brasil têm identificado o governo como a principal força econômica compelindo o crescimento dos meios de comunicação de massa (principalmente a televisão), além de proporcionar aos mesmos apoio técnico e financeiro; e como a principal força política, exercendo controle e influenciando os veículos.

Desde o ano de 1950 que o Brasil busca encontrar os meios de desenvolvimento sugeridos por entidades nacionais, como a Escola Superior de Guerra, ou internacionais, como a Unesco. Entretanto, foi durante o Regime Militar de 1964 que se adotou um modelo de desenvolvimento econômico no qual o Estado emergiu como a grande força propulsora do crescimento da indústria cultural (AMORIM, 1979; MATTOS, 1982a; MATTOS, 1985).

Dentre as incontáveis ações governamentais que influenciaram o crescimento dos meios de comunicação durante os 21 anos de governo militar (1964-1985), três foram de fundamental importância:

1) a escolha das políticas de desenvolvimento econômico, as quais baseavam-se num processo de industrialização rápido e centrado nas grandes cidades brasileiras. Esse processo tem sido associado ao crescimento dos meios de comunicação. Os centros e os distritos industriais contribuíram para aumentar a concentração

urbana, facilitando assim a distribuição e circulação da mídia impressa e para maior penetração da mídia eletrônica, aumentando o faturamento total desses veículos com as verbas publicitárias provenientes das indústrias de consumo.

2) A construção de novas rodovias e aeroportos, a modernização dos serviços de correios e telégrafos e do sistema de telecomunicações (todos dentro do plano de desenvolvimento do Sistema Nacional de Transporte e Comunicações), contribuindo para o crescimento dos veículos pela abertura de novos canais de distribuição, tanto para a mídia impressa quanto para a eletrônica.

3) A adoção de medidas voltadas especificamente para o controle e modernização da mídia impressa concomitantes à expansão da capacidade do parque gráfico do país.

Após o período do regime de exceção, os governos que se sucederam continuaram com a mesma prática desenvolvimentista, com o Estado mantendo sua influência direta e indireta sobre o crescimento dos meios de comunicação, principalmente por meio das políticas econômico-financeiras, que passaram a limitar o crescimento das empresas, numa prova contundente da força da influência oficial.

Com a redemocratização, diversos planos econômicos foram postos em prática com o objetivo de combater a inflação e ajustar o país no caminho do desenvolvimento. O Plano Cruzado (1986), de Dilson Funaro, acabou congelando preços e salários, criou o gatilho salarial e decretou a moratória da dívida externa; o Plano Bresser (1987) visava equilibrar as contas públicas e também congelou preços e salários, além de aumentar as tarifas públicas e extinguir o gatilho do aumento salarial; o Plano Verão (1989), de Maílson da Nóbrega, tentou segurar a inflação através do controle do déficit público, privatizou empresas estatais e contraiu a demanda interna. Na década de 1990, o Brasil teve o Plano Collor (1990), que confiscou as cadernetas de poupança, reformulou os índices de correção monetária e privatizou empresas estatais; e o Plano Real (1994), criado por Fernando Henrique Cardoso, também para combater a inflação com a contração da demanda por meio de altas taxas de juros, facilitação das exportações e privatizações das estatais.

No período da redemocratização mudamos de moeda cinco vezes; além do controle temporário da inflação, tivemos aumento de desemprego e um desaquecimento progressivo da economia, tudo refletindo sobre os meios de comunicação, principalmente a televisão, veículo que recebe a maior fatia do bolo publicitário nacional, o qual gira sempre em torno de 1% do PIB. Com o aumento dos juros, o país para de crescer porque os empresários não investem, contribuindo para o aumento dos custos de produção e do número de demissões.

Diante desse quadro, é quase impossível enumerar e classificar as mais variadas influências, diretas e indiretas – a maioria negativa – sobre o desenvolvimento da televisão, que perde fatias importantes do bolo publicitário, reduzido por falta de investimentos; perdem as fábricas de televisores, pois desempregados não possuem dinheiro para comprar o produto; e perdem os telespectadores, pois as emissoras precisam atrair audiências, para não baixar o faturamento, e então apelam para os programas de baixo nível. Tudo funciona em efeito cascata. Naturalmente, há várias outras influências, além dos fatores que sempre exerceram e continuam exercendo papel decisivo no processo de desenvolvimento da televisão, tanto no período de exceção como após. A indústria da publicidade, por exemplo, destaca-se dentre eles.

1 A importância da publicidade

A publicidade é uma das mais importantes, dinâmicas e lucrativas atividades ligadas à indústria das comunicações, porque pode influenciar, direta e indiretamente, os mais variados setores da vida socioeconômica e cultural de um país. Estudos já realizados sobre a publicidade transnacional (entenda-se, aqui, publicidade transnacional ou multinacional como aquela veiculada pelas empresas multinacionais nos países do Terceiro Mundo) têm provocado uma série de controvérsias sobre os efeitos positivos e negativos da indústria publicitária no desenvolvimento dos veículos de comunicação de massa, na cultura nacional e no estilo de vida das populações dos países menos desenvolvidos.

Entre aqueles que têm estudado a publicidade transnacional, podemos identificar, pelo menos, dois grupos antagônicos, que percebem as influências da publicidade sob diferentes perspectivas. Um desses grupos é composto por profissionais da publicidade e professores de marketing e publicidade que, de modo geral, adotam uma posição positiva em relação aos efeitos da publicidade. O outro é formado por acadêmicos e profissionais de comunicação que adotam uma postura crítica para analisar a publicidade de modo geral e a publicidade internacional de modo particular.

As divergências começam com a identificação dos elementos que podem caracterizar ou definir a publicidade. Os publicitários costumam afirmar, por exemplo, que no marketing de produtos e serviços competitivos oferecidos por uma empresa, a publicidade "é um instrumento de venda" (MOORE, 1979). Dizem ainda que a publicidade, potencialmente, "é uma força engrandecendo o desenvolvimento econômico" (CATEORA & HESS, 1979: 444). Argumentam, também, que a publicidade pode ser considerada como "uma instituição social" ou "o espelho da sociedade" (AAKER & MEYERS, 1975: 3).

Já os estudiosos da comunicação, que assumem uma posição crítica, identificam a publicidade como mecanismo utilizado para a disseminação de modelos culturais específicos ou modos de vida em particular, por exemplo, o tão conhecido *American Way of Life* (JANUS & RONCAGLIOLO, 1979: 82). Observe-se que, entre alguns estudiosos críticos da comunicação, a publicidade multinacional também é definida como "sofisticada forma de persuasão de massa" (FEJES, 1979: 10). A publicidade transnacional é ainda identificada como um dos maiores fatores do domínio americano sobre os meios de comunicação de massa nos países do Terceiro Mundo.

Tradicionalmente, entretanto, os debates envolvendo as divergências entre os dois grupos se concentram no impacto da publicidade transnacional nos setores econômico, sociocultural e no psiquismo dos consumidores. Basicamente, tais divergências podem ser expressas através da avaliação dos efeitos positivos e negativos da publicidade.

Os publicitários argumentam que a publicidade, de modo geral, ajuda a economia ao promover a competição entre os produtores, que têm subsidiado os meios de comunicação de massa, os quais, sem o apoio publicitário, não poderiam florescer e resistir às pressões e controle dos poderes executivos (CATEORA & HESS, 1979: 44; MOORE, 1979: 31); que reduz os custos dos veículos para os consumidores, ao subsidiar, por exemplo, os novos programas e a aquisição de equipamentos (CALLAHAN, 1978; WRIGHT, 1971); e que a publicidade serve para informar os consumidores sobre os produtos existentes à sua disposição, fornecendo, também, dados sobre a qualidade, preço e local onde as mercadorias desejadas podem ser encontradas.

Em oposição aos pontos de vista dos profissionais da publicidade, os estudiosos críticos levantam dúvidas sobre a importância da contribuição prestada pela publicidade ao desenvolvimento econômico e afirmam que ela não ajuda a economia porque contribui para reduzir a competição. Explicando, dizem que, quando uma companhia anuncia intensivamente, ela dificulta a entrada de novos competidores no mercado. Uma nova empresa teria que investir grandes quantias na publicidade de seus produtos a fim de conquistar o terreno e eliminar ou diminuir a vantagem do concorrente já estabelecido (KOCHEVAR, 1979; BAIN, 1956).

Esses estudiosos sustentam, ainda, que a publicidade tem contribuído para modificar os meios de comunicação que estão deixando de ser veículos de disseminação de informação e educação para se transformarem em veículos de ligação comercial entre produtores e consumidores. Além disto, acusam a publicidade de usar os veículos de massa como instrumentos estimuladores e reforçadores do consumo de produtos produzidos pelas empresas multinacionais. A publicidade transnacional é acusada, também, de corroer e distorcer a cultura nacional através da difusão de valores, crenças e costumes estrangeiros, alheios à cultura nacional (JANUS & RONCAGLIOLO, 1979: 82-90). Uma das mais graves acusações contra a publicidade multinacional nos países do Terceiro Mundo é a de que exerce uma influência negativa nos consumidores, estimulando-os e incitando-os a desejarem produtos dos quais não precisam e com os quais a economia dos países subdesenvolvidos como um todo também não se beneficia.

Os dois grupos antagônicos, publicitários e estudiosos críticos, percebem o papel exercido pela publicidade na promoção do desenvolvimento econômico de modo diferente. A fim de proporcionar melhor entendimento, apresentamos a seguir uma breve descrição do velho ou tradicional modelo de "desenvolvimento nacional", adotado por inúmeros países, inclusive o Brasil. Isto porque os conceitos básicos desse modelo continuam sendo utilizados pelos que praticam e ensinam a publicidade, principalmente quando eles defendem e enaltecem os efeitos positivos da publicidade na promoção do desenvolvimento.

Basicamente, o conceito de "desenvolvimento nacional", também identificado como "processo de modernização" de um país, foi desenvolvido por cientistas sociais norte-americanos que contaram com o apoio direto do governo dos Estados Unidos. Esse foi um dos mais populares conceitos de desenvolvimento adotados no período posterior à Segunda Guerra Mundial, período que coincide com o da expansão política, militar e comercial dos Estados Unidos através do mundo.

Foi durante os primeiros anos do pós-guerra que a Unesco e a Organização das Nações Unidas decidiram promover o desenvolvimento através dos meios de comunicação de massa, que facilitariam a aceitação e introdução de certos valores e conceitos. Antes de qualquer coisa, entretanto, tais organismos realizaram uma série de pesquisas sobre as condições mundiais e, então, desenvolveram um modelo que – acreditavam eles – poderia promover, nos países onde fosse adotado, um desenvolvimento igual ou aproximado àquele conseguido pelos Estados Unidos.

Esse modelo de desenvolvimento, caracteristicamente linear, baseava-se, principalmente, no fluxo de informações sem restrições e nos conceitos da livre iniciativa privada, da empresa livre e do comércio livre. Tais conceitos são utilizados pelos profissionais da publicidade quase como doutrina.

Durante aquele período, o índice do desenvolvimento começou a ser avaliado, através da renda *per capita*, pelo número de teatros e cinemas, pelo número de emissoras e de aparelhos receptores de rádio e de televisão existentes no país. As estruturas educacional e de saúde pública também serviam de indicadores para medir o grau de desenvolvimento de um país. Em resumo, desenvolvimento era entendido de acordo com a ótica e os termos da economia ortodoxa, isto é, para ser considerado desenvolvido, um país tinha que atingir determinado índice (nível) mínimo do PNB *per capita*.

A Unesco, as Nações Unidas e os cientistas sociais americanos recomendavam a utilização maciça dos veículos de comunicação de massa para promover e estimular o desenvolvimento nacional. Considerando que alguns dos países menos desenvolvidos (principalmente os da América Latina) não tinham ainda entrado na era industrial, parques industriais completos foram transferidos dos países desenvolvidos (BELTRÁN, 1976; McANANY, 1980).

Então, segundo os estudiosos críticos, as corporações multinacionais, acompanhadas pelas agências multinacionais de publicidade que atendiam as suas contas, começaram a afetar os sistemas social e cultural dos países onde instalaram filiais. A influência das corporações estrangeiras era exercida através de campanhas publicitárias maciças e da introdução de novas tecnologias e produção de bens de consumo. É importante observar que Kochevar (1980: 19) constatou inexistir sólida evidência de que a publicidade transnacional contribui para engrandecer as condições monopolistas ou que as agências multinacionais de publicidade são capazes de dominar os meios de comunicação e o setor publicitário dos países onde têm se instalado. Kochevar reconhece, entretanto, que existe um potencial para esta dominação cultural e, exatamente por isso, clamou por estudos mais profundos sobre os temas que ainda não foram realizados com a profundidade necessária.

Contrários a esta posição, os publicitários afirmam que a publicidade transnacional tem desempenhado papel positivo e crucial na criação e manutenção da demanda consumidora de bens. A manutenção dessa vontade orientada para o consumo, segundo os integrantes deste grupo, favorece diretamente os produtores. De acordo com a opinião deles, quando o consumo cresce, o setor industrial é diretamente estimulado a produzir mais, aumentando consequentemente a oferta de empregos diretos e indiretos.

Os profissionais da publicidade, entre outras coisas, também alegam que a publicidade: a) promove a poupança e os investimentos, além de expor as pessoas ao sistema econômico monetário

(KOCHEVAR, 1980); b) estimula a compra de instrumentos e insumos agrícolas, tais quais: fertilizantes e sementes selecionadas, contribuindo, portanto, para o aumento da produtividade agrícola; c) contribui para o desenvolvimento econômico, através do engrandecimento dos mercados de massa, distribuição de mercadorias em larga escala; d) contribui, ainda, para a valorização dos veículos de comunicação de massa por todo o mundo (CATEORA & HESS, 1979: 444-445); e, finalmente, e) estimula o progresso tecnológico ao favorecer os inventores e inovadores.

Por outro lado, o grupo crítico não apenas questiona o mérito das funções econômicas desempenhadas pela publicidade internacional, como também afirma, por exemplo, que a publicidade: a) contribui para aumentar o preço das mercadorias de consumo, ao tempo em que estimula competições antiprodutivas entre produtos supérfluos, como o *shampoo* (TERRERO, 1979); b) cria e aumenta as diferenças entre ricos e pobres, ao introduzir e estimular o consumo de novos produtos (KUMAR, 1978: 39-40), agravando, consequentemente, as disparidades em lugar de promover desenvolvimento; c) não conduz ao progresso técnico que depende mais dos fatores estruturais e científicos do desenvolvimento do que da publicidade (DOYLE, 1968).

Das divergências existentes entre os dois grupos, as mais gritantes dizem respeito aos efeitos da publicidade nos meios de comunicação. Ao analisar as pesquisas existentes sobre o assunto, deparamo-nos com mais efeitos negativos do que positivos. Por muitos anos, a publicidade era tida como um dos mais fortes elementos na preservação da liberdade de imprensa e independência de que os veículos de comunicação de massa dos países do Terceiro Mundo necessitavam para cumprir suas funções sociais e educacionais. Um dos principais argumentos tem sido o de que as verbas publicitárias, provenientes de diferentes fontes, contribuem para o fortalecimento, expansão e independência econômica dos meios de comunicação de massa, livrando-os, portanto, dos perigos das pressões econômicas, políticas e ideológicas (especialmente daquelas advindas dos governos).

Os críticos da publicidade têm argumentado ao longo dos anos, entretanto, que essa "liberdade de imprensa", propiciada pela publicidade, é uma contradição. A publicidade tem sido identificada como um dos fatores que mais contribuem para aumentar a influência e mesmo o domínio que os países hegemônicos exercem sobre os veículos de comunicação de massa dos países periféricos (MATTOS 1982, 1996). Por conseguinte, concluem, se a publicidade contribui para o desenvolvimento dos meios de comunicação de massa, aumentando a liberdade e independência dos mesmos perante o controle governamental, ela também estabelece uma dependência econômica dos veículos em relação às agências de publicidade, muitas vezes, empresas multinacionais. As verbas podem ser utilizadas para influenciar os proprietários dos veículos bem como o posicionamento dos jornalistas perante certos fatos. Kochevar, por exemplo, já em 1980 denunciava que os planos de desenvolvimento dos meios de comunicação podiam estar sendo modificados devido à prática – que começou a ser intensificada no final dos anos de 1970 – de transferir verbas de mídia destinadas aos veículos impressos e rádio para a televisão, o que de fato se intensificou e pode ser constatado no Quadro III.

Em resumo, podemos dizer que os argumentos dos publicitários sobre os efeitos positivos da publicidade na economia são excessivamente fracos. Eles não apresentam argumentos fortes, baseados em dados científicos, ou, pelo menos, resultados de pesquisas que tenham sido realizadas em países em via de desenvolvimento. Podemos afirmar isto porque não existe substancial evidência de que a publicidade promova o desenvolvimento econômico em nações menos desenvolvidas, como tanto propagam os publicitários. Observe-se que praticamente toda a bibliografia sobre as funções positivas da publicidade na economia é baseada em dados dos países desenvolvidos do Hemisfério Norte.

Além disso, não existe nenhuma evidência concreta de que a publicidade alocada nos veículos de comunicação de massa dos países menos desenvolvidos venha a garantir aos mesmos a tão propalada liberdade de expressão e independência em relação aos poderes executivos. No Brasil, por exemplo, onde os veículos de comunicação de massa são empresas privadas e mantidos, principalmente, pelas verbas publicitárias, o governo tem exercido controle político e econômico sobre o desenvolvimento dos mesmos, o que de certa maneira invalida os argumentos dos publicitários.

Podemos ainda dizer que essa "liberdade de imprensa" que a publicidade torna possível é uma liberdade até certo ponto contraditória porque a publicidade também tem sido identificada como um dos meios através do qual, principalmente, os americanos têm exercido grande domínio sobre os veículos de comunicação de massa nos países em desenvolvimento. Portanto, se a publicidade contribui para desenvolver os veículos de comunicação, ou se garante a liberdade de expressão e independência de que os veículos tanto precisam, ela também gera dependência das agências de publicidade e dos seus respectivos clientes, a maioria composta por corporações multinacionais.

Alguns dos efeitos negativos da publicidade estrangeira na promoção do desenvolvimento nacional e nos meios de comunicação de massa que foram identificados pelo grupo de estudiosos críticos são baseados em dados provenientes de países menos desenvolvidos, principalmente da América Latina. Considerando que os países do Terceiro Mundo apresentam diferentes níveis de desenvolvimento socioeconômico e cultural, além de vários problemas internos, qualquer generalização deve ser cuidadosamente examinada. Isto pode ser dito porque o relacionamento existente entre os anunciantes e os proprietários de veículos de comunicação em alguns países latino-americanos não é necessariamente idêntico ao encontrado em outros países como tem sido salientado desde a década de 1980 por vários estudiosos do assunto.

Vale ainda salientar que, apesar de sua ênfase na estrutura global, generalizações, evidência científica limitada e tendência a excluir variáveis internas de cada país estudado, o grupo formado pelos estudiosos críticos tem se esforçado para criar formas alternativas de pesquisa, através das quais problemas anteriormente desconhecidos possam ser explicados. A mesma coisa não se pode dizer sobre o grupo formado pelos profissionais da publicidade, que continua a utilizar velhos conceitos adotados por prévios modelos teóricos de modernização e desenvolvimento muito em prática durante os anos de 1950, mas que continuam em evidência até hoje.

2 A influência da publicidade no Brasil

As influências da indústria da publicidade na televisão brasileira podem ser analisadas sob dois prismas:

1) Importação de produtos:

a) as agências de publicidade e os anunciantes, principalmente as corporações multinacionais, encorajaram e patrocinaram a importação de programas norte-americanos durante os primeiros vinte anos de nossa televisão;

b) as agências de publicidade continuam utilizando valores importados, como a música pop americana, na trilha sonora de suas peças publicitárias veiculadas na televisão.

2) Injunções comerciais:

a) tanto as agências como os anunciantes apoiam o desvio da produção de programas brasileiros orientados para a cultura de massa;

b) as receitas provenientes de anunciantes estrangeiros continuam a fortificar a natureza comercial do sistema brasileiro de televisão (MATTOS, 1984, 1990, 1996, 2005b).

Desde o seu início, a televisão brasileira se caracterizou como veículo publicitário, seguindo o modelo comercial norte-americano. Como prova, pode-se salientar a garantia do primeiro ano de faturamento publicitário da TV Tupi-Difusora por quatro grandes patrocinadores: a Seguradora Sul América, a Antártica, a Laminação Pignatari e o Moinho Santista.

Como no início a televisão não atingia um grande público, também não conseguia atrair os anunciantes. Mas, as agências de publicidade estrangeiras, instaladas no Brasil, e que já possuíam experiência com esse veículo em seus países de origem, logo começaram a utilizar a televisão brasileira como veículo publicitário, passando a decidir, também, o conteúdo dos programas. Nos primeiros anos, os patrocinadores determinavam os programas que deveriam ser produzidos e veiculados, além de contratar diretamente os artistas e produtores. "A novelista Glória Magadan, assim como o Boni (José Bonifácio de Oliveira Sobrinho), da Rede Globo, por exemplo, eram contratados da Colgate-Palmolive, através da Agência Lintas. O patrocinador decidia sobre todos os aspectos e à emissora restava a tarefa de ceder estúdios e equipamentos e pôr o programa no ar" (PRIOLLI, 1985).

Exatamente por isso, durante as duas primeiras décadas de nossa televisão, os programas eram identificados pelo nome do patrocinador. Em 1952, e por vários anos subsequentes, os telejornais tinham denominações como: *Telenotícias Panair*, *Repórter Esso*, *Telejornal Bendix*, *Reportagem Ducal* ou *Telejornal Pirelli*. Os demais programas também tinham nome do patrocinador: *Gincana Kibon*, *Sabatina Maizena* e *Teatrinho Trol*.

Em depoimento ao jornal *Gazeta Mercantil*, no ano de 1998, Georges Henry, um dos responsáveis pela implantação da TV Tupi de São Paulo, abordou a interferência dos patrocinadores nos programas de televisão no início dos anos de 1960. Ele explica que, como na época não havia um direcionamento da audiência pelos institutos de pesquisas, quem definia a programação eram os grandes comerciantes tais como as Casas Pirani, Isnar, Sears e Mappin. Dessa forma, diz ele, "empresários como Augusto Pirani eram donos de programas como *O Show Pirani*, uma espécie de *Fantástico* nos anos de 1960. A programação era o que vinha da cabeça dessas pessoas, que muitas vezes agiam como ditadores", principalmente no período em que Chateaubriand recuperava-se de um derrame (JÚNIOR, 1998).

Segundo a Revista *Veja*, no ano de 1969, ainda era possível se constatar que das 24 novelas produzidas e veiculadas no país, dezesseis tinham o patrocínio de empresas multinacionais: Gessy-Lever, Colgate-Palmolive, Kolynos-VanEss. Entretanto, em 1985, numa reportagem na revista *Status* sobre os vinte anos da Globo, o sucesso desta rede foi registrado da seguinte forma:

> Quarta maior rede de televisão comercial do mundo (só superada pelas norte-americanas BBS, ABC e NBC); primeira em volume de produção (80%), cobrindo 98% do território nacional (cinco estações e 51 afiliadas); 12 mil funcionários (1.500 vinculados à produção de 2h40min diárias de ficção; detendo 70% de audiência (82% no pique das oito) e quase a metade das verbas do nosso mercado publicitário, avaliado em US$ 550 milhões, a Rede

Globo chega às vésperas do seu 20º aniversário exportando programação para 128 países (BIZINOVER, 1985: 47).

Inúmeros são os estudos realizados sobre como o desenvolvimento da publicidade multinacional tem afetado o crescimento dos meios de comunicação dos países do Terceiro Mundo, especialmente a televisão, e o caso do Brasil é semelhante. Esses estudos (FEJES, 1979; JANUS & RONCAGLIOLO, 1979; JANUS, 1980, 1981; MATTOS, 1982, 1984) identificam e destacam a transnacionalização da indústria da publicidade e os meios pelos quais a publicidade multinacional modela a forma e o conteúdo dos veículos de massa do Terceiro Mundo, particularmente na América Latina. E argumentam que:

1) a publicidade está diretamente ligada à expansão do setor manufatureiro, não apenas nos Estados Unidos e outras nações do Primeiro Mundo, mas também nos países do Terceiro Mundo.

2) O crescimento das indústrias da publicidade locais nos países do Terceiro Mundo está associado diretamente à chegada a esses países das primeiras companhias estrangeiras e também das agências de publicidade multitransnacionais.

3) O desenvolvimento dos sistemas de meios de comunicação está relacionado com o desenvolvimento da publicidade multinacional em muitos países do Terceiro Mundo, principalmente na América Latina.

A influência exercida pela publicidade multinacional no desenvolvimento dos meios de comunicação de massa do Terceiro Mundo foi ignorada até fins da década de 1970, devido ao fato de que até então as pesquisas sobre a publicidade, no campo da comunicação, realizadas nos Estados Unidos, eram limitadas, em grande parte, ao estudo dos efeitos sobre os consumidores/compradores (principalmente crianças), um tipo de estudo valioso para a comunidade comercial (SCHULTZE, 1981: 371). A pesquisa da influência da publicidade a partir de perspectiva mais crítica demorou a se concretizar nos Estados Unidos, enquanto a desenvolvida nos países latino-americanos carecia ainda de rigor científico mais apurado.

A partir dos anos de 1980, as pesquisas e análises sobre a publicidade evoluíram da limitada perspectiva técnica, que considerava os anúncios publicitários como meras mensagens de venda e tratava de explicar suas influências apenas no que diz respeito à conduta do consumidor, para um enfoque mais amplo e de visão crítica, que considera a indústria publicitária como forte elo entre os interesses econômicos e os meios de comunicação de massa.

O impacto das corporações multinacionais, empresas e agências de publicidade, no desenvolvimento dos meios de comunicação dos países do Terceiro Mundo não pode ser estudado apenas sob uma perspectiva global, uma vez que esse enfoque omite fatores e variáveis que só são válidos em uma determinada nação, não se aplicando a todas simultaneamente. Por exemplo, as primeiras pesquisas poucas vezes consideravam que um país pode criar sua própria legislação, enfrentar e reduzir a influência externa. Tal é o caso do Brasil, cujos sistemas de meios de comunicação sofreram grande influência estrangeira. Mas, através de críticas, admoestações, recomendações, sugestões, regulamentações específicas e políticas protecionistas, o governo conseguiu, num determinado momento histórico, reduzir esses impactos sobre o conteúdo dos veículos e até mesmo sobre as agências de publicidade nacionais (MATTOS, 1982a, 1984).

Até a década de 1980, das dez maiores agências de publicidade do Brasil, sete eram nacionais, graças à política oficial do governo de só conceder suas verbas publicitárias a agências consideradas nacionais. Com o processo da abertura política, as agências de publicidade estrangeiras passaram a reivindicar também uma abertura na distribuição das contas oficiais, o que foram conseguindo de modo bem lento, mas ainda hoje as principais contas do governo são mantidas nas agências nacionais, apesar do processo de licitação adotado para a escolha de uma agência de publicidade.

Adotando políticas centradas na rápida industrialização baseada em tecnologias e capital estrangeiros, o Brasil alcançou importante desenvolvimento econômico durante os últimos anos. Essas políticas, principalmente durante o Regime Militar pós-1964, levaram o país a um notável aumento dos investimentos publicitários e ao desenvolvimento dos meios de comunicação.

Em 1982, o Brasil já se destacava como um dos dez países do mundo que gastavam mais de um bilhão de dólares por ano em publicidade. Os gastos publicitários através de agências publicitárias alcançaram a quantia de 105,353 milhões de cruzeiros (US$ 1,920 milhões) em 1980. Em 1999, já atingiam US$ 7,5 bilhões se considerados os preços máximos cobrados pelos veículos, sem considerar os descontos normalmente concedidos nas negociações. O Quadro III mostra a distribuição percentual dos gastos publicitários para cada veículo através das agências de publicidade no Brasil. Ao longo dos anos, a televisão tem sido o veículo que mais se beneficiou dos investimentos publicitários.

No Brasil, o governo se tornou o maior anunciante individual, nos níveis federal, estadual e municipal. O mais importante grupo de anunciantes é o formado pelas empresas multinacionais, que veiculam entre 60 a 95% de seus gastos publicitários na televisão (*Meio & Mensagem*, 1981; MATTOS, 1982b, 1984). Dos oito mais importantes anunciantes da televisão em 1980, seis eram empresas multinacionais como: Gessy Lever, Nestlé e Johnson & Johnson, um banco oficial e duas companhias privadas nacionais.

A televisão se transformou no meio favorito das agências de publicidade do Brasil, devido ao grande potencial de audiência, que atinge tanto a população alfabetizada como a analfabeta. A televisão começou a se transformar no meio publicitário mais poderoso do país só a partir dos anos de 1960, quando adaptou a programação para aumentar a magnitude da audiência, ao dirigir-se às classes mais baixas para satisfazer necessidades das agências de publicidade e seus clientes. A televisão brasileira recebe mais investimentos em publicidade, devido em parte, à sua organização em redes nacionais, o que facilita o trabalho das agências publicitárias.

Com a intensificação das inversões estrangeiras e maior produção local de bens, as empresas multinacionais se converteram na maior fonte de faturamento da televisão (MATTOS 1980, 1982, 1984, 1996, 2005b, 2009c). Entre 1976 e 1979 o Brasil chegou a ocupar o quarto lugar em gastos publicitários em televisão, atrás apenas dos Estados Unidos, Japão e Inglaterra. O aumento dos gastos publicitários na TV contribuiu para o desenvolvimento da indústria televisiva brasileira, mas aumentou ao mesmo tempo sua dependência em relação aos anunciantes e agências.

Straubhaar (1981) afirma que tanto os anunciantes multinacionais como as agências de publicidade multinacionais tiveram grande influência no desenvolvimento da televisão brasileira até o final dos anos de 1960. Os anunciantes multinacionais propiciaram e "também estimularam a importação de programas norte-americanos", por exemplo, a Colgate-Palmolive contratou escritores brasileiros para adaptar programas norte-americanos que desejavam patrocinar no Brasil, no início dos anos de 1960. Até o final dessa década, "os anunciantes, às vezes, pagavam técnicos e atores quando as emissoras de televisão não o faziam ou quando não podiam fazê-lo" (STRAUBHAAR, 1981: 264).

Desde então, a influência direta do anunciante na televisão brasileira tem sofrido uma grande diminuição. A influência do anunciante passou a ser de forma mais indireta (McANANY, 1982).

Meu estudo sobre o desenvolvimento da publicidade e dos meios de massa no Brasil sugere que, inclusive sem insinuar diretamente o que desejam, os anunciantes e agências de publicidade podem ter ainda considerável influência nas decisões sobre a programação da televisão. Por exemplo, as redes de TV convidam profissionais da publicidade para que vejam em sessão privada seus novos *shows* e programas. Elas utilizam esses *experts* como um barômetro, fazendo uso de suas reações e sugestões para decidir que programas vão transmitir, definir horários de veiculação e identificar tipos de programas mais facilmente vendidos a um patrocinador. Esse trabalho das forças de mercado é uma influência indireta dos anunciantes e das agências de publicidade nas decisões a respeito do conteúdo e dos programas.

É necessário destacar que o governo brasileiro sempre esteve entre os maiores anunciantes do país, em consequência, aumentando sua influência sobre os veículos. No ano de 1996, por exemplo, o governo federal se constituiu no maior anunciante do país. O orçamento para campanhas publicitárias foi, somente na administração direta, de R$ 112 milhões, sem contar com os programas educativos do Ministério da Educação, no total aproximado de R$ 23 milhões e mais R$ 5,5 milhões a cargo do Itamaraty para promoção do país no exterior. O total dos recursos destinados às agências de publicidade e veículos de comunicação, principalmente a televisão, foi de R$ 143 milhões. Dados de 1994 já davam uma noção de quanto as estatais gastavam em publicidade. Naquele ano, a Telebras investiu R$ 67 milhões em publicidade, ficando atrás apenas da Gessy Lever que alocou R$ 104 milhões, da Brahma, com R$ 75 milhões, e da Coca-Cola, que investiu R$ 74 milhões.

Além da influência que os anunciantes e as agências de publicidade exercem sobre os meios de massa, os produtos anunciados na televisão tendem a influir nos padrões de consumo. No Brasil, assim como em outros países terceiro-mundistas, a publicidade, principalmente a de origem transnacional, se concentra em comida, remédios e bens de consumo. Como exemplo, podemos citar que em 1999, segundo dados do Ibope Monitor, os dez maiores anunciantes no Brasil foram, por ordem de investimentos em milhões de dólares: Gessy Lever (US$ 104,415), Volkswagen (US$ 90,221), General Motors (US$ 79,496), Casas Bahia (US$ 73,229), Lopes Consultoria de Imóveis (US$ 72,734), Embratel (US$ 70,939), Liderança Capitalização (US$ 66,898), Procter & Gamble (US$ 64,614), Banco Itaú (US$ 62,699) e Ford (US$ 62,100) (cf. BRUIN, 2000).

Entretanto, a cada ano, destacam-se categorias diferentes de anunciantes. No ano de 1998, os que mais se destacaram foram o mercado financeiro e a indústria automobilística. Já em 1999, como fruto do processo das privatizações no setor da telefonia e da concorrência entre as empresas da nova economia, os destaques foram as telefônicas, que continuaram a ocupar espaços durante o ano 2000. De acordo com Ibope Monitor, a tendência se confirma: "Em 1999, a fabricante de cigarros Souza Cruz despencou do 17º lugar para o 25º no *ranking* dos trinta maiores anunciantes. A verba injetada pela empresa caiu de US$ 53,3 milhões para US$ 29,8 milhões. Em compensação, a Embratel disparou da 26ª posição para o sexto lugar, e o volume de dinheiro que aplicou no mercado publicitário passou de US$ 32,7 milhões para US$ 70,9 milhões" (MADUREIRA, 2000).

A televisão absorve a maior parte dos investimentos publicitários para os produtos mais anunciados no Brasil, que incluem (por ordem) artigos de perfumaria e beleza, financiamento e empréstimos, drogas e remédios, cigarros, bancos, indústria automotiva, bebidas, sapatos e produtos de limpeza. Somente a indústria do tabaco era responsável, até agosto de 2000, por 1,5% do bolo publicitário brasileiro, o equivalente, aproximadamente, a R$ 120 milhões, enquanto que nos anos de 1970 a sua participação representava 5% do mercado. Entretanto, em agosto de 2000 o Congresso Nacional aprovou projeto de lei que acabou com a propaganda de cigarros tanto na mídia impressa como na mídia eletrônica.

Segundo dados divulgados pela *Folha de S. Paulo*, o bolo publicitário decresceu de 9,8 bilhões de reais em 2000 para 9,6 bilhões em 2002. Segundo o Grupo de Mídia de São Paulo, em 2003 o Brasil conseguiu manter a 11ª posição no ranking mundial de investimentos em propaganda graças aos anúncios das operadoras de telefonia que disputavam o mercado. Em 2003 o investimento em publicidade no país foi de 5 bilhões de dólares (FRANCO, 2004).

A crise financeira que atingiu o país entre os anos de 2000 e 2002 acabou resvalando na mídia. No balanço publicado em 31 de março de 2002, por exemplo, ficou explícito o tamanho da dívida externa das Organizações Globo: 2,63 bilhões de dólares, dos quais 2,2 bilhões de dólares, 84% do total, em moeda estrangeira. O grupo teve um prejuízo de 547,5 milhões de dólares em 2001, atribuído a perdas financeiras e à forte retração do mercado publicitário (cf. MATTOS, 2005).

Como um resultado direto da crise a Rede Globo de Televisão, por exemplo, entre 2001 e 2004, segundo declarações de Roberto Irineu Marinho, procurou aumentar a eficiência e a eficácia de suas empresas, preservando as habilidades necessárias para manter a fatia de mercado e gerar lucros. Entre as metas da Globo definidas até 2008, além da reestruturação do débito, destacavam-se a renegociação da dívida, com uma forte tendência para a instalação de uma nova estrutura societária, abrindo espaço para o capital estrangeiro em empresas do grupo que até aquele momento eram mantidas como de propriedade exclusiva dos Marinho. As empresas de comunicação e principalmente as de rede de televisão do Brasil passaram a ser reestruturadas para refletir o modelo de negócio adaptado à nova realidade de mercado (CARUGATI, 2004; MATTOS, 2005).

Ainda nesse mesmo ano, além da Lei de Licitações, a publicidade feita pelos poderes públicos passou a ser submetida a uma maior transparência, devido às novas regras impostas pela Lei n. 101 de 04 de maio de 2000 (a Lei de Responsabilidade Fiscal - LRF) que criou entraves para o gasto continuado. Após a LRF, a publicidade oficial só pode ser praticada se obedecer aos seguintes critérios: primeiro, ser contratada junto a seus agentes via licitação pública; segundo, deve divulgar os atos oficiais, sejam eles relativos a finanças, a programas e ações governamentais; terceiro, as atividades financeiras devem ter um compromisso no tempo, ou seja, só podem ser criadas se houver condições efetivas para serem realizadas. Vale ressaltar que a Constituição de 1988 tratou também de exigir a publicidade periódica de todos os principais dados relativos aos dispêndios financeiros dos órgãos públicos, o que o Tribunal de Contas da União, bem como a Legislação Federal sobre divulgação de dados financeiros, fizeram questão de ressaltar como obrigatória.

Ao estimular o consumo massivo (e ao proporcionar o entretenimento), a televisão reflete as políticas nacionais de desenvolvimento econômico adotadas desde 1964. Essas políticas são em si uma contradição: a geração de consumo massivo e de bem-estar social simultaneamente.

3 As fases do desenvolvimento da TV no Brasil

Para efeito deste trabalho decidimos que a origem e o desenvolvimento histórico da televisão brasileira devem ser apresentados em seis fases, a fim de obter um perfil global de sua evolução. Cada fase corresponde a um período definido a partir de acontecimentos que servem como ponto de referência para o seu início. O estabelecimento de cada fase levou em conta o desenvolvimento da televisão dentro de nosso contexto sócio-econômico-político-cultural.

Assim, temos:

1) **A fase elitista (1950-1964)**, quando o televisor era considerado um luxo ao qual apenas a elite econômica tinha acesso.

2) **A fase populista (1964-1975)**, quando a televisão era considerada um exemplo de modernidade e programas de auditório e de baixo nível tomavam grande parte da programação.

3) **A fase do desenvolvimento tecnológico (1975-1985)**, quando as redes de TV se aperfeiçoaram e começaram a produzir, com maior intensidade e profissionalismo, os seus próprios programas com estímulo de órgãos oficiais, visando, inclusive, a exportação.

4) **A fase da transição e da expansão internacional (1985-1990)**, durante a Nova República, quando se intensificam as exportações de programas.

5) **A fase da globalização e da TV paga (1990-2000)**, quando o país busca a modernidade a qualquer custo e a televisão se adapta aos novos rumos da redemocratização.

6) **A fase da convergência e da qualidade digital (2000-2010)** começa no ano 2000, com a tecnologia apontando para uma interatividade cada vez maior dos veículos de comunicação, principalmente a televisão, com a internet e outras tecnologias da informação. Nessa fase é adotado o sistema de televisão digital do país e iniciada sua implantação até a substituição total do sistema analógico que deve ocorrer até o ano de 2016.

7) **A fase da portabilidade, mobilidade e interatividade digital (2010-)**, quando o mercado de comunicação e o modelo de negócio vão se reestruturar definitivamente, devido ao espaço ocupado pelas novas mídias, a exemplo do celular digital. Nessa fase a

produção e distribuição de conteúdo serão de fundamental importância para as redes de televisão.

3.1 A fase elitista (1950-1964)

As primeiras imagens da televisão brasileira foram transmitidas no dia 18 de setembro de 1950, em São Paulo, pela TV Tupi, canal 3, que se constitui na primeira estação de televisão da América do Sul. De acordo com o noticiário publicado na imprensa da época, a televisão foi considerada "um novo e poderoso instrumento".

A população, entretanto, a recebeu com ceticismo e logo descobriu meios de brincar e fazer piadas com a nova ferramenta de comunicação, tais como: "Não toque nesta máquina porque poderá causar uma explosão imediata", ou que os casais deviam evitar cenas mais íntimas quando na frente do televisor "porque o homem que estava dentro da máquina podia ver todas as pessoas dentro de suas respectivas casas" e assim por diante (cf. MATTOS, 1980: 11; *Veja*, 1970: 61).

De acordo com Georges Henry, pouco tempo antes da inauguração da TV Tupi, o técnico americano Walther Obermüller, responsável pela instalação dos equipamentos RCA Victor, descobriu que não havia um único televisor em São Paulo para captar as primeiras imagens a serem transmitidas. Informado das preocupações do americano e sabedor de que nem o presidente da República seria capaz de reduzir o prazo dos trâmites normais estabelecidos pela burocracia para que duzentos televisores fossem importados, Assis Chateaubriand ordenou que os mesmos fossem providenciados através de contrabando (JÚNIOR, 1998). E dessa forma a Tupi instalou televisores em lojas e bares da cidade, além do saguão dos Diários Associados, onde uma multidão ficou esperando para ver a novidade.

As improvisações e o famoso "jeitinho brasileiro" marcaram o início de nossa televisão. Georges Henry relata que uma confusão tomou conta da emissora no dia da estreia devido à queima de uma das três câmeras, o que provocou um atraso de noventa minutos para o início das transmissões. Tudo estava preparado para ser transmitido com três câmeras e, por isso, o técnico americano Walther Obermüller quis cancelar a inauguração. Cassiano Gabus Mendes não concordou e decidiu colocar a emissora no ar com apenas duas câmeras, enquanto Obermüller, indignado, se retirou para o hotel, onde, incrédulo, assistiu a uma transmissão correta do começo ao fim.

A primeira transmissão foi feita com a orquestra do maestro Georges Henry, também diretor da Tupi, executando *Cisne branco*, de Antônio Manoel do Espírito Santo e Benedito Macedo. Constava da programação inicial a transmissão da cerimônia de bênção e batismo dos estúdios, além de esquetes, até o encerramento, às 21 horas com um *show* de Hebe Camargo, que cantaria a *Canção da TV*, composta por Guilherme de Almeida. Hebe ficou repentinamente rouca, tendo sido substituída por Lolita Rodrigues e Vilma Bentivegna.

Os primeiros anos da televisão, tanto da Tupi de São Paulo como da Tupi do Rio, foram marcados pela falta de recursos e de pessoal e pelas improvisações. Em fins de 1951, já existiam mais de sete mil televisores entre Rio e São Paulo (cf. JÚNIOR, 1998).

Como já foi dito, a televisão brasileira foi iniciada com apenas duzentos televisores, que pertenciam a membros da elite econômica. O preço de um televisor era três vezes maior que o da mais sofisticada radiola da época, pouco menos que um carro (MATTOS, 1982). Além disso, não existia nenhuma indústria de componentes para os televisores no país, até mesmo válvulas eram importadas dos Estados Unidos (SODRÉ, 1977: 95). Pelo ano de 1965, um televisor portátil era vendido por aproximadamente US$ 200 (*Television Age*, julho, 1965: 31). Esses fatores limitaram a difusão da televisão durante os anos de 1960, tanto no Rio de Janeiro como em São Paulo. Entretanto, um fenomenal crescimento do número de televisores foi estabelecido desde a sua chegada, como mostra o Quadro IV.

A importância da televisão na vida do brasileiro pode ser considerada a partir do crescimento do número de aparelhos televisores encontrados nos domicílios. De acordo com dados de 2007 do IBGE, 94% dos domicílios brasileiros estavam equipados com televisores. Em 2007, havia mais televisores do que, por exemplo, geladeiras, nas residências dos brasileiros. Foram contabilizados pelo IBGE, em 2007, que nos 56,3 milhões de domicílios havia 53,2 milhões de televisores, 51,2 milhões de geladeiras e 49,6 milhões de aparelhos de rádio.

A indústria televisiva brasileira tem a publicidade como a sua principal fonte de renda, apesar de no início terem sido poucos os comerciais, além de estarem limitados a escassos recursos técnicos: o uso de *slides* e da chamada "garota-propaganda" ou "garota de reclame". A atriz Neide Aparecida foi uma das mais famosas garotas propaganda da televisão.

Muniz Sodré (1977: 95) argumenta que a ausência de uma estrutura comercial e a pequena audiência formada pela elite foram fatores determinantes que levaram a TV a enfatizar certos tipos de programas. Por exemplo: em 1954, quando o televisor ainda era considerado um item de luxo, o Ibope (Instituto Brasileiro de Opinião Pública) divulgou que 48% dos proprietários de aparelhos tinham assistido a uma apresentação de *ballet*. No ano de 1958, a fim de expandir o tamanho da audiência, as emissoras abandonaram os programas culturais (*Veja*, 1970: 63).

Quatro meses depois de inaugurar a primeira emissora de televisão do Brasil e da América do Sul – a TV Tupi-Difusora de São Paulo –, Assis Chateaubriand iniciou novo empreendimento na cidade do Rio de Janeiro. No dia 20 de janeiro de 1951, foi inaugurada a TV Tupi Rio, também instalada provisoriamente nas dependências da Rádio Tamoio, proximidades da Praça Mauá. Além da precariedade das instalações, a nova emissora enfrentou problemas com relação à localização da antena. O grupo dos Diários Associados pretendia colocá-la no Alto do Corcovado, junto à imagem do Cristo Redentor. A ideia encontrou forte oposição do clero local e a solução foi colocá-la no Pão de Açúcar.

Apesar de todas as deficiências e improvisações, a televisão foi saudada pela imprensa escrita como sendo o novo e poderoso instrumento com que "conta nossa terra". Nos dois primeiros anos, a televisão não passou de um brinquedo de luxo das elites do país, do mesmo modo como o videocassete foi considerado no final da década de 1980 e o computador, que na década de 1990 passou a ser o aparelho mais desejado das famílias.

Inimá Simões (1985) relata que, com o objetivo de aumentar o crescimento de telespectadores, uma verdadeira campanha publicitária começou a ser veiculada, estimulando a venda de televisores. O texto transmitido era o seguinte:

> Você quer ou não quer a televisão? Para tornar a televisão uma realidade no Brasil, um consórcio radiojornalístico investiu milhões de cruzeiros! Agora é a sua vez – qual será a sua contribuição para sustentar tão grandioso empreendimento? Do seu apoio dependerá o progresso, em nossa terra, dessa maravilha da ciência eletrônica. Bater palmas e aclamar admiravelmente, é louvável, mas não basta – seu apoio só será efetivo quando você adquirir um televisor!

No ano de 1951 foi iniciada no país a fabricação de televisores da marca Invictus, fato este que veio facilitar o acompanhamento, ainda no mesmo ano, dos capítulos da primeira telenovela brasileira. Com o título de *Sua vida me pertence*, essa novela foi escrita por Walter Foster e transmitida, no período de 21 de dezembro de 1951 a 15 de fevereiro de 1952, em dois capítulos semanais devido à falta de condições técnicas (o videoteipe só surgiu na década seguinte e foi um dos fatores decisivos para o desenvolvimento deste gênero de programa no Brasil).

Também em 1952, um dos mais famosos telejornais da televisão brasileira foi ao ar pela primeira vez, com o nome de seu patrocinador, a Esso. O *Repórter Esso* foi adaptado pela Tupi Rio de um rádio jornal de grande sucesso transmitido pela United Press International (UPI), sob a responsabilidade de uma agência de publicidade que entregava o programa pronto. "A TV Tupi limitava-se a colocá-lo no ar. A agência usava muito mais material internacional, filmes importados da UPI e da CBS (agências fornecedoras de serviços de filmes), do que material nacional" (NOGUEIRA, 1988: 86).

Acrescente-se que o *Repórter Esso* foi baseado em um programa que já era sucesso do rádio e tinha sido idealizado para a propaganda de guerra dos Aliados, no Brasil, no período da Segunda Guerra. Na televisão, o programa tinha características particulares: um apresentador exclusivo e o patrocínio de uma única empresa. O *Repórter Esso* ia ao ar com informações produzidas e controladas por uma agência de publicidade, a quem competia fazer todo tipo de observação em relação ao programa. Tido como um marco do telejornalismo brasileiro, sua experiência vitoriosa foi repetida em todas as emissoras inauguradas por Assis Chateaubriand. Vale ressaltar que o telejornalismo foi implantado na televisão brasileira dois dias após a inauguração da primeira emissora. Sobre esse primeiro telejornal, "profissionais da época dizem que o programa tinha uma particularidade: ele tinha horário para começar mais ou menos definido, mas só acabava quando não tinha mais nenhuma imagem para ser exibida" (SOUSA FILHO, 1997: 88).

O *Repórter Esso* foi veiculado pela primeira vez no dia 1º de abril de 1952, permanecendo no ar até o dia 31 de dezembro de 1970, época em que os anunciantes passaram a comprar espaços entre os programas em vez de patrocinar o programa como um todo.

QUADRO IV

Número de televisores p & b e a cores em uso no Brasil

ANO	Aparelhos
1950	200
1952	11.000
1954	34.000
1956	141.000
1958	344.000
1960	598.000
1962	1.056.000
1964	1.663.000
1966	2.334.000
1968	3.276.000
1970	4.584.000
1972	6.250.000
1974	8.781.000
1976	11.603.000
1978	14.818.000
1979	16.737.000
1980	18.300.000
1986	26.500.000
1989	28.000.000
1990	29.983.000
1991	30.308.000
1993	31.502.000
1994	34.555.000
1995	38.921.000
2002	42.800.000
2003	44.200.000
2004	46.700.000
2005	48.500.000
2006	50.800.000
2007	53.200.000
2009	60.000.000
2010*	65.000.000

Fontes: IBGE e Abinee – Associação Nacional de Fabricantes de Produtos Eletrônicos.

* Estimativa projetada.

Obs.: De acordo com dados da Abinee em 2007 foram realizadas 83.040 vendas industriais de aparelhos de TV (p & b e cores) e que em 2008 este total chegou a 82.198 unidades.

É verdadeiro o fato de que as primeiras emissoras de televisão do país começaram de maneira precária e com muitas improvisações. Muitos anos foram necessários para que um esquema empresarial como o da TV Globo fosse implantado, facilitando o desenvolvimento da indústria televisiva como hoje a conhecemos. Entretanto, a TV Excelsior, fundada em 1959 e cassada em 1970, foi considerada como a primeira emissora a ser administrada dentro dos padrões empresariais de hoje. A Excelsior foi responsável pela produção da primeira telenovela em capítulos diários e também da telenovela mais longa da história – *Redenção* –, com um total de 596 capítulos. Investindo na contratação dos mais talentosos profissionais da época, a Excelsior foi a emissora que primeiro criou vinhetas de passagem nos intervalos comerciais (FURTADO, 1988: 62).

Ao final da década de 1950 já existiam dez emissoras de televisão em funcionamento e, em 1962, o Código Brasileiro de Telecomunicações foi promulgado pela Lei 4.117, constituindo-se em grande avanço para o setor, pois, além de amenizar as sanções, dava maiores garantias às concessionárias. O Código inovou na conceituação jurídica das concessões de rádio e televisão, mas pecou em continuar atribuindo ao Executivo o poder de julgar e decidir, unilateralmente, a aplicação de sanções ou a renovação de concessões.

O Código Brasileiro de Telecomunicações, aprovado pelo Congresso Nacional em 27 de agosto de 1962, foi, na verdade, um projeto de "inspiração militar, plenamente identificado com as teses de integração nacional, segurança e desenvolvimento pregadas na ESG" (PRIOLLI, 1985: 31).

Nesse ano aconteceram as primeiras experiências de TV Educativa, quando a TV Continental do Rio e a TV Tupi-Difusora de São Paulo lançaram, simultaneamente, aulas básicas do *Curso de Madureza*. Dois anos antes, 1960, a TV Cultura de São Paulo já transmitira o primeiro *Telecurso*, destinado a preparar candidatos ao exame de admissão ao ginásio.

Também em 1962 foi ao ar o *Jornal de Vanguarda*, idealizado por Fernando Barbosa Lima, que se constitui em outro marco significativo na história do telejornalismo brasileiro. Ele foi inovador por ter instituído a participação de jornalistas, a exemplo de Vilas Boas Corrêa, Newton Carlos e Cid Moreira, em programas televisivos. Na época, Cid Moreira era chamado de *Sombrinha*, porque juntamente com Célio Moreira e Luís Jatobá fazia a leitura em *off* de notícias veiculadas no programa. O *Jornal de Vanguarda*, mesmo tendo sido premiado na Espanha como um dos melhores jornais de informação do mundo, não conseguiu sobreviver após o Golpe de 1964, quando foi retirado do ar. Seu modelo, contudo, foi copiado por várias outras emissoras.

No início da década de 1960, a televisão recebeu um grande impulso com a chegada do videoteipe. O uso do VT possibilitou não somente as novelas diárias como também a implantação de uma estratégia de programação horizontal. A veiculação de um mesmo programa em vários dias da semana criou o hábito de assistir televisão rotineiramente, prendendo a atenção do telespectador e substituindo o tipo de programação em voga até então, de caráter vertical, com programas diferentes todos os dias.

Foi nessa época que a TV Record, fundada em 1953, viveu o seu período de ouro com os programas musicais e o sucesso dos festivais de música, que revelaram os cantores e compositores que ainda hoje dominam a música popular brasileira: Roberto Carlos, Chico Buarque, Gilberto Gil, Caetano Veloso, Elis Regina, Gal Costa, Rita Lee e muitos, muitos outros. A TV Record chegou a ocupar o primeiro lugar entre as emissoras de maior audiência no país (cf. FURTADO, 1988: 62) até que, devido a uma série de incêndios ocorridos entre 1968 e 1969, entrou em decadência. Em meados da década de 1970, recuperou-se financeiramente e hoje está entre as cinco redes de televisão com maior número de emissoras afiliadas.

Ainda em 1963 foi promulgado decreto que regulamentou a programação ao vivo. No ano seguinte, 1964, que marca o início da segunda fase do desenvolvimento da televisão, o Brasil presenciou o Golpe Militar e acompanhou aquela que viria a ser a mais famosa de todas as novelas já transmitidas: *O direito de nascer*.

Em síntese, pode-se dizer que a televisão surgiu numa década marcada pela "reordenação do mercado brasileiro com a irrupção do capitalismo monopolista" (CAPARELLI, 1982). Nessa primeira fase, a televisão caracterizou-se, principalmente, pela formação do oligopólio dos Diários Associados e pelo fato de, até 1959, todos os programas veiculados serem produzidos, exclusivamente, nas regiões onde estavam instaladas as emissoras.

Caparelli (1982: 25) destaca três acontecimentos básicos ocorridos no período de transição entre a primeira e a segunda fase da televisão:

> Um deles é o acordo feito entre a televisão Globo e o Time/Life e, o segundo, a ascensão e queda da TV Excelsior de São Paulo. Um terceiro acontecimento pode ser destacado, mas de certa forma se inclui na primeira fase: o declínio dos Associados. Aliás, todas estas ocorrências têm muito a ver entre si. Declínio dos Associados, primazia da Excelsior e acordo Time/Life têm um elo comum, representado pela criação de um modelo brasileiro de desenvolvimento, apoiado no capital estrangeiro, aliado a grupos nacionais, no que se convencionou chamar escândalo Globo-Time/Life.

Concordamos plenamente com Gabriel Cohn, quando diz que, durante os anos de 1950, a televisão brasileira foi elitista enquanto a vida política foi marcada pelo populismo. Cohn diz também que, durante parte dos anos de 1960, a nossa televisão adotou programas considerados populares, enquanto, em total contraste, a vida política do país já havia se afastado da prática populista (cf. COHN, 1978: 188).

3.2 A fase populista (1964-1975)

A influência política mais poderosa sobre o desenvolvimento da televisão brasileira teve lugar em 1964, quando o Presidente João Goulart foi deposto por um golpe de estado. O Golpe de 1964 afetou diretamente os meios de comunicação de massa porque o sistema político e a situação socioeconômica do país foram totalmente modificados pela definição e adoção de um modelo econômico para o desenvolvimento nacional. O crescimento foi centrado na rápida industrialização, com tecnologia e capital externos, e baseado no tripé formado pelas empresas estatais, empresas privadas nacionais e corporações multinacionais. Os veículos de comunicação de massa, principalmente a televisão, passaram a exercer o papel de difusores não apenas da ideologia do regime como também da produção de bens duráveis e não duráveis.

Depois de 1964, as indústrias eletrônicas produziram um grande número de aparelhos de TV para atender ao crescente mercado interno. A venda de televisores preto e branco aumentou 24,1% entre 1967 e 1979 e a venda de televisores coloridos, 1.479% entre 1972 e 1979 (cf. MATTOS, 1982: 144). Em 1968, o governo introduziu uma política de crédito que permitia adquirir-se um televisor em 12, 24 ou 36 meses. O número de telespectadores aumentou, enquanto as emissoras se convertiam simultaneamente no veículo publicitário nacional através do qual as indústrias poderiam anunciar seus bens de consumo.

Em 1980, o governo possuía 82 das duzentas maiores empresas não financeiras do país. Sem falar que, desde o início dos anos de 1970, já era o maior anunciante individual do país. Promovendo reformas bancárias e estabelecendo leis e regulamentações específicas, o Estado aumentou sua participação na economia como investidor direto de uma série de empresas, e assim passou a ter à sua disposição, além do controle legal, todas as condições para influenciar os meios de comunicação através de pressões econômicas (cf. MATTOS, 1985).

Os esforços realizados pelo Brasil para atrair inversões privadas estrangeiras desde 1964 contribuíram para acelerar a produção industrial. Sem dúvida, essa política aumentou a dívida externa do país e sua dependência da tecnologia estrangeira. Também aumentou a dependência da televisão em relação aos anunciantes estrangeiros, pois as empresas multinacionais que passaram a investir no Brasil se transformaram nos mais importantes anunciantes, concentrando seus gastos publicitários no veículo televisão.

Ao estudar a televisão à luz das políticas governamentais de promoção da modernização nacional posteriores a 1964, chegamos à conclusão de que o crescimento da TV apresentou as mesmas características do desenvolvimento dependente do país em sua totalidade (cf. MATTOS, 1982a).

Durante os governos militares (1964-1985), o Estado exerceu papel decisivo no desenvolvimento e regulamentação dos meios de massa e em particular dos meios de transmissão, estabelecendo leis e agências reguladoras e adotando novas tecnologias no sistema nacional de telecomunicações. Foram instaladas as estações terrestres de satélites, ampliado o sistema telefônico e implantadas as linhas de micro-ondas, possibilitando ótima transmissão de TV em todo o território nacional (cf. MATTOS, 1982b).

A criação do Ministério das Comunicações, em 1967, contribuiu para a implantação de importantes mudanças estruturais no setor das telecomunicações, como também para a redução da interferência de organizações privadas sobre as agências reguladoras, reforçando a influência oficial no setor. Isso facilitou a ingerência política nos meios de comunicação, evidenciada até mesmo nos conteúdos veiculados e sempre sob a justificativa de um controle técnico (cf. MATTOS, 1985, 1996).

As decisões políticas e a censura ideológica adotadas pelos governantes pós-64 contribuíram para o baixo nível da produção local de programas de televisão durante os anos de 1960, cujo conteúdo era popularesco, chegando às raias do grotesco. Ironicamente, isso acontecia na mesma época em que o cinema nacional, com a experiência do Cinema Novo e Glauber Rocha, seu maior expoente, amadureciam. Não havia espaço na televisão para a indústria cinematográfica nacional devido aos temas dos filmes, censurados por motivos ideológicos. Mattos (1982a) evidencia que a exibição de programas "enlatados" atingiu seu mais alto índice, chegando a 50% da programação, nos primeiros seis anos do Golpe Militar, quando o governo adotou uma série de medidas econômicas para promover o desenvolvimento. Convenientemente, é bom que se diga, os "enlatados" estrangeiros eram mais baratos e não causavam transtornos com a censura vigente.

No Brasil, durante os 21 anos de Regime Militar (1964-1985), o financiamento dos meios de comunicação de massa foi uma forma poderosa de controle estatal, uma vez que todos os bancos são dirigidos ou supervisionados diretamente pelo governo. A concessão de licenças para importação de materiais e equipamentos e o provisionamento, por parte do governo, de subsídios para cada importação favorecem aos veículos que apoiam as políticas governamentais. Aqueles que conservam boas relações com o governo sempre foram e continuam sendo beneficiados com empréstimos, subsídios, isenção de impostos e publicidade oficial.

Exemplos de como o governo controla, política e economicamente, os meios de comunicação de massa podem ser encontrados tanto na mídia impressa como na eletrônica. No caso da mídia eletrônica, esse controle foi mais direto e evidente durante toda esta segunda fase, porque as estações de rádio e de televisão operam canais concedidos pela administração federal, os quais podem ser cassados, enquanto os veículos da mídia impressa necessitam apenas de um simples registro. De 1964 a 1988, a concessão de licenças para exploração de frequências reforçou o controle exercido pelo Estado, pelo simples fato de que tais permissões só eram concedidas a grupos que originalmente apoiaram as ações adotadas pelo regime (cf. MATTOS, 1996).

No ano de 1967, fundamentado no Ato Institucional n. 4, o governo militar, através do Decreto-lei 236, de 28 de fevereiro, promoveu modificações no Código Brasileiro de Telecomunicações (Lei 4.117/62), estabelecendo novas normas para o exercício das concessões de canais de rádio e de televisão. Estabeleceu que pessoas jurídicas e estrangeiras não podiam participar da sociedade ou dirigir empresas de radiodifusão. Determinou, ainda, que a origem e montante dos recursos financeiros dos interessados em desfrutar de concessões deveriam ser aprovados. E colocou sob a dependência de aprovação prévia do Contel, e depois do Ministério das Comunicações, todos os atos modificativos da sociedade e os contratos com empresas estrangeiras. Por esse decreto, cada entidade só poderia obter concessão ou permissão para executar serviços de televisão no país num máximo de dez emissoras em todo o território nacional, limitado a cinco o total em VHF. Vale ressaltar que, após o Decreto 236/67 nenhuma modificação substancial foi promovida no regime jurídico da radiodifusão até o ano de 1988, quando a nova Constituição estabeleceu normas e diretrizes que anularam os critérios casuísticos utilizados até então.

No período compreendido entre 1968 e 1979, os veículos de comunicação operaram sob as restrições do Ato Institucional n. 5, o qual concedia ao Poder Executivo federal o direito de censurar os veículos, além de estimular a prática da autocensura, evitando assim qualquer publicação ou transmissão que pudesse levá-los a ser enquadrados e processados na Lei de Segurança Nacional (cf. MAT-

TOS, 1985). Ironicamente, o desenvolvimento da televisão, principalmente da TV Globo, aconteceu durante esse período de maior restrição governamental. Além do controle através das concessões de licenças e da censura, o governo fazia recomendações diretas e indiretas a respeito do conteúdo dos programas. Os governos de Emílio Garrastazu Médici (1969-1974) e Ernesto Geisel (1974-1979) expressaram veementemente desaprovação à violência e à falta de padrões culturais na televisão. Mas não foram só os governos de exceção que procuraram interferir no conteúdo da televisão. Essa prática continua sendo uma máxima em todos os outros, inclusive no de Fernando Henrique Cardoso, no ano em que a televisão completou meio século de operação no país.

Durante o regime de exceção, as redes de televisão foram continuamente obrigadas a recordar suas responsabilidades para com o desenvolvimento e a cultura nacional. O resultado para a TV Globo e outras redes de televisão foi a redução da quantidade de programas estrangeiros importados, substituídos por programas localmente produzidos, em grande parte, com financiamento direto dos bancos oficiais.

Também foram factíveis neste período as represálias, tais como, por exemplo, a exercida contra a TV Excelsior, que foi uma rede poderosa durante o governo de Goulart (1961-1964). Ela perdeu sua licença em 1970, supostamente, segundo o Dentel, a agência reguladora da época, devido a insolvência financeira (cf. ALMEIDA, 1971: 58). A queda de importância da TV Excelsior (entre 1964 e 1970) coincidiu com o auge da TV Globo, que se beneficiou diretamente do Golpe de 1964 (cf. MATTOS, 1982b), constituindo-se em um novo oligopólio que passou a ocupar o lugar dos Diários Associados.

O período de 1964 a 1975, que corresponde à segunda etapa de desenvolvimento da televisão, caracteriza-se como sendo a fase em que esta, deixando de lado o clima de improvisação dos anos de

1950, adota os padrões de administração norte-americanos e torna-se cada vez mais profissional. A implantação, na primeira metade da década de 1970, de um esquema empresarial industrial melhor estruturado, facilitou o surgimento dos grandes ídolos, adorados por milhares de telespectadores.

> Esta segunda fase da televisão brasileira tem como característica mais importante a absorção dos padrões de administração, de produção de programação pela televisão nacional. As empresas de televisão do eixo Rio-São Paulo reforçaram seu papel de intermediárias entre a indústria cultural multinacional e o mercado brasileiro e, por outro lado, amealharam, através das redes, um mercado cativo para os seus produtos. Com uma estrutura administrativa e financeira mais sólida, adaptada à etapa da expansão do capitalismo brasileiro com uma concentração de capital, sem os percalços que o pioneirismo colocou no caminho da Rede Tupi, e com uma industrialização firmemente assentada no Brasil, voltada para o consumo, a Rede Globo começou a ganhar a guerra da audiência. Em relação à programação, baseou-se no sucesso de novelas radiofônicas para implantar igual linha de programação na televisão, a telenovela, junto com programas de auditório. Só que, a partir deste momento todas as ações perdiam a espontaneidade para se inserirem nos planos de marketing (CAPARELLI, 1982: 32).

A partir de 1964, quando o país tentava encontrar os caminhos do desenvolvimento, a televisão passou a ser considerada como um dos símbolos da modernidade pretendida. Nesse período, o país iniciou a execução das obras de ampliação e modernização do sistema de telecomunicações, criando a infraestrutura que permitiu o surgimento e expansão das redes de televisão, que passaram a ter influência de abrangência nacional na promoção e venda de bens de consumo em larga escala.

A Globo chegou ao ano 2000 como a maior rede de televisão do Brasil. E exatamente por isso alguns estudiosos da história da televisão que também adotaram a técnica da periodização preferem identificar o início desta segunda fase como sendo o ano de 1965, quando ela surgiu. Entretanto, como a Globo só foi se solidificar realmente anos depois e considerando que as mudanças políticas e estruturais implantadas após o Golpe de 1964 foram muito mais contundentes e importantes, afetando direta e indiretamente o desenvolvimento da televisão brasileira não apenas no que diz respeito à sua programação, mas também à sua infraestrutura técnica, econômica e financeira, preferimos manter o início desta fase como sendo o ano de 1964.

Inicialmente, a TV Globo teve o respaldo financeiro e técnico do grupo americano Time-Life. O envolvimento americano da TV Globo foi, subsequentemente, eliminado, embora isso só viesse a acontecer depois que ela usufruiu das vantagens dos dólares e da experiência gerencial estrangeira.

Sobre o assunto, Tunstall (1977: 182) disse que "a TV Globo foi criada com o dinheiro e o pessoal do Grupo Time-Life dos Estados Unidos. Posteriormente se prescindiu da participação direta dos Estados Unidos, mas só depois que a Globo se beneficiou do dinheiro e da experiência administrativa dos norte-americanos até alcançar uma extraordinária importância para uma única companhia comercial de televisão em um país como o Brasil. O convênio de empresa coletiva e de assistência técnica entre a TV Globo e o Grupo Time-Life foi assinado em 1961.

O contrato "permitia a participação da Time-Life com a proporção de 45% dos lucros e foi estabelecido em uma forma legal no estrito senso da palavra. Mas, o convênio contradizia o espírito do Artigo 160 da Constituição de 1964" (DULLES, 1980: 290). A lei brasileira, então em vigor (na seção que trata da quinta fase da televisão, abordamos as mudanças que estão sendo inseridas nessa lei), não permitia que companhias estrangeiras tivessem direito de propriedade sobre os meios de comunicação. João Calmon, presidente da Associação Brasileira de Empresas de Rádio e Televisão – Abert, na época, disse que, devido ao contrato com Time-Life, a TV Globo era a emissora de TV mais rica do Brasil.

No final dos anos de 1960, a Globo já possuía larga audiência, pois havia direcionado sua programação para as camadas socioeconômicas mais baixas da população. Manteve essa política até 1973, consistindo sua programação então em telenovelas, programas de concursos e filmes importados dos Estados Unidos, que eram mais baratos que os produzidos no Brasil. A consolidação da TV Globo como Rede Nacional começou em 1969, quando seus programas passaram a ser transmitidos simultaneamente em várias cidades através de micro-ondas.

Em 1971, a Rede Globo deu outro passo pioneiro e decisivo para o seu sucesso, criando um departamento de pesquisa e análise, através do qual planejou a publicidade e adaptou programas para diferentes gostos, adequando cada um deles aos resultados das pesquisas socioculturais. Em 1972, com o estabelecimento da televisão colorida no país, a Globo consolidou de vez sua liderança no mercado.

Um folheto promocional publicado pela Globo diz:

> Enquanto a Globo aprendia as técnicas essenciais e criava o estilo próprio da televisão brasileira, proporcionava a si mesma os mais modernos equipamentos existentes. A transição a 100 por cento de produção e transmissão a cores se produziu em um período de cinco anos, entre 1972 e 1977. Consciente da necessidade de manter estreitos laços com a cultura brasileira e de expressar esta cultura em vídeo, a rede Globo nacionalizou sua programa-

> ção a tal ponto que, na atualidade, dos 10 programas de maior audiência, apenas dois são produzidos no estrangeiro. Os outros oito foram criados e produzidos no Brasil pela Rede Globo (REDE GLOBO, 1979).

A Globo também importou novas estratégias de comercialização que foram de fundamental importância para seu sucesso. Ela evoluiu da comercialização "à moda do rádio" para técnicas bem mais avançadas, criando patrocínios, vinhetas de passagem, *breaks* e outras inovações (cf. FURTADO, 1988), que continuam sendo utilizadas até os dias de hoje.

Segundo Artur da Távola (1985: 45):

> Um dos fatores do crescimento da Rede Globo foi o de jamais haver desdenhado sua relação com o mercado real. Se a classe C constitui a base da audiência, nela se dá a decisão majoritária; também em sua função devem ser montados os padrões de produção e mercadológicos. Só depois de obtido esse amálgama poder-se-á cogitar do atingimento dos padrões artístico e cultural.

Foi durante esta fase que a redução do custo dos televisores, como resultado do aumento da escala de produção, exerceu grande influência sobre a televisão, contribuindo para ampliar o mercado, atraindo mais os investimentos publicitários. Para atender às exigências da nova audiência os conteúdos dos programas ficaram cada vez mais populares. Durante a segunda metade da década de 1960, a programação das televisões estava basicamente assentada na tríade: novelas, "enlatados" e *shows* de auditório.

Apesar de a indústria televisiva estar sob o controle oficial desde o seu início, até o General Garrastazu Médici assumir a Presidência, o governo se limitava a alocar frequências e a conceder licenças, além de exercer a censura de programas e de transmitir uma série de considerações e recomendações sobre o conteúdo. A maior preocupação do Estado era com os aspectos tecnológicos da televisão. A partir de Médici (1969-1974) o governo começou a se preocupar diretamente com o conteúdo dos veículos de comunicação, destacando-se aqui o da televisão (cf. PRADO, 1973: 68; MATTOS, 1996).

Em janeiro de 1970, o Presidente Médici assinou um decreto proibindo toda publicação e transmissão de matérias consideradas "ofensivas à moral e aos bons costumes" e, em setembro do mesmo ano, enviou uma mensagem aos participantes do VI Congresso Brasileiro de telerradiodifusão, realizado em Poços de Caldas, Minas Gerais, na qual afirmava acreditar na evolução da televisão brasileira porque ele sentia que "a televisão era indispensável" na aceleração e prestação dos serviços do bem-estar social (cf. WEIL, 1975: 265). Afirmou também que os empresários da área deveriam procurar um nobre objetivo para a televisão comercial brasileira porque o "governo não pode permanecer inativo e silencioso, enquanto cresce a competição e o tamanho da audiência, resultando numa perda para a população que é privada de programas educacionais na TV" (cf. MELO, 1975: 11).

A mensagem presidencial reverberou entre os empresários da televisão. A partir daquela data, o governo começou a se preocupar, oficialmente, com o nível de qualidade dos programas a fim de conter os efeitos e excessos daqueles que ofereciam mais e mais suspense, ação, fortes emoções e violência, os quais contribuíam para o crescimento do tamanho da audiência e dos lucros das emissoras de televisão. De acordo com pesquisa realizada pelo *Jornal do Brasil*, no período de 18 a 24 de março de 1969, a violência estava entre os apelos mais utilizados pela televisão no Rio de Janeiro.

A Globo só inicia a busca da qualidade técnica de seus programas com o chamado "Padrão Globo", a partir dos anos de 1970. Em fins de 1971, o baixo nível dos programas transmitidos levou o governo a nomear uma comissão composta por representantes dos ministérios das Comunicações, Educação, Justiça e Trabalho, para estudar o conteúdo da televisão (cf. no Quadro V a lista de programas de uma semana de programação em 1971). As conclusões da comunicação nunca foram divulgadas, mas, segundo Hygino Corsetti, ministro das Comunicações no Governo Médici, foram apresentadas e discutidas com os concessionários. O ministro reconhecia que a televisão era um fator de desenvolvimento e um instrumento de integração social e econômica. Corsetti justificava a interferência de seu ministério no conteúdo dizendo que a televisão não estava acompanhando os esforços do governo no setor eletrônico para construir um Brasil grande, economicamente forte e culturalmente moderno:

> Antes de mais nada, quero dizer que essa minha interferência é feita com o conhecimento e recomendação do Presidente Médici. Confesso que a qualidade do que se faz na TV brasileira já me preocupa tanto quanto a extensão das redes e a qualidade das imagens, que deveriam resumir a atenção do Ministro das Comunicações. [...] Temos que reconhecer o esforço que a TV brasileira fez para surgir espontaneamente. É muito importante fortalecer a nossa TV. Se houve muita improvisação nestes últimos vinte anos, devemos reconhecer que o trabalho de recuperação é muito grande. Se muitas estações, hoje, estão em dificuldades, é preciso orientá-las, ajudá-las, apoiá-las. Não podemos desprezar nem queremos perder a preciosa experiência já acumulada pelos homens de nossa televisão. Com a concordância de outros ministros, foi instituída uma comissão, composta por representantes dos ministérios da Educação, Justiça, Trabalho e Comunicações, para estudar o problema (cf. PRADO, 1973: 224-225).

QUADRO V
Conteúdo da Televisão, 1971

Conteúdo transmitido	Total de horas/Semana
Filmes	1.080.5
Publicidade	557.9
Novelas	416.7
Programas de auditório	307.6
Esporte	262.5
Notícias	241.2
Educação	218.2
Humor	152.0
Música popular	114.6
Arte, literatura e ciência	59.2
Religião	19.2
Teatro e poesia	15.3

Fonte: *Anuário Estatístico do Brasil*, 1972: 869.

O período de administração do Presidente Médici foi importante para o desenvolvimento da televisão brasileira porque nele foi estabelecido o Programa Nacional de Teleducação (Prontel), expandida a infraestrutura dos serviços de telecomunicações, introduzida a televisão a cor e facilitada a emergência e crescimento da nova fonte de recursos da televisão proveniente das campanhas produzidas pelo "milagre econômico". Apesar disso, foi também durante o Governo Médici que os veículos de comunicação de massa, principalmente o rádio e a televisão, foram cada vez mais submetidos à censura, que era praticada em nome do Conselho de Segurança Nacional a fim de manter a ordem, a paz social e o desenvolvimento nacional (cf. MATTOS, 1996).

A censura aos veículos de comunicação, principalmente na televisão, durante o Regime Militar, além de facilitar a manipulação da opinião pública limitou o crescimento da produção do próprio veículo, castrou a criatividade e incentivou a autocensura, que passou a ser adotada pelas próprias emissoras que constituíram seus departamentos de autocensura ou de controle de qualidade. Entretanto, nem sempre a censura era tão séria e um exemplo disto é o fato hilário de sua aplicação na novela *O bem amado*, a primeira novela colorida brasileira. Segundo Régis Cardoso, que dirigiu esta bem-sucedida produção da Globo, "um dia, no começo da novela, o Exército mandou que se cortasse o termo 'coronel', usado para denominar o Prefeito Odorico Paraguaçu. Tínhamos gravado uns dez ou doze episódios na frente. Então, Paulo Ubiratan se sentou à mesa de videoteipe e, quando alguém dizia 'coronel', ele apagava a voz. Ficou uma coisa estranhíssima no ar. A palavra aparecia 37 vezes: os atores mexiam a boca, não saía nenhum som e de repente se falava o nome de Odorico. No dia seguinte, a censura mandou um memorando dizendo que podia deixar como estava" (JÚNIOR, 1999).

No final da década de 1960, graças à inauguração da estação de rastreamento de Itaboraí, o país pôde assistir, via televisão, à descida do homem na Lua. No início da década de 1970, a construção da Rede Nacional de Televisão, da Embratel, forneceu o suporte necessário para que os programas chegassem a uma grande parte do território nacional e as redes passassem a ter características nacionais. Em 1972, a Festa da Uva, em Caxias do Sul, foi palco da primeira transmissão oficial a cores na televisão brasileira.

Nas administrações de Médici e Geisel, muitos ministros, professores e críticos fizeram palestras e deram declarações sobre as implicações e responsabilidades educacionais e culturais da televisão, sobre o conteúdo de seus programas e sobre os efeitos negativos dos mesmos. Como um resultado indireto disto, a televisão brasileira avançou e melhorou suas técnicas e os padrões culturais, bem como iniciou um processo de nacionalização da programação. Uma das preocupações do governo foi expressa na mensagem do ministro das Comunicações Euclides Quandt de Oliveira no VI

Encontro Nacional de Teleducação, realizado em Belo Horizonte, em outubro de 1974:

> A televisão comercial brasileira é baseada na filosofia de empresa privada, mas devido ao seu poder de penetração e persuasão, ela não pode ser tratada como os outros veículos de massa, por exemplo, a imprensa. Devido à sua natureza específica ela deve ser tratada com um alto grau de responsabilidade e no que diz respeito à cultura, educação e aos esforços para o desenvolvimento nacional. Isto só pode se transformar em verdade se a correta mensagem atingir a audiência certa. A experiência comercial e dados de pesquisas fornecem dados valiosos para estas empresas (CAMARGO & PINTO, 1975: 31).

Nesta segunda fase de seu desenvolvimento, a televisão consolidou o gênero da telenovela, começou a centralização das produções e assumiu o perfil de veículo de audiência nacional, capaz de atrair uma grande parcela do bolo publicitário. Ainda nesta fase o jornalismo passou a ocupar mais espaço na televisão. Avanços no processo de revelação de filmes e a mobilidade das câmeras sonoras deram mais agilidade ao telejornalismo. Até então, "a televisão tinha pouco noticiário porque na competição com o rádio ela perdia em relação à instantaneidade" (FURTADO, 1988: 60).

Por incrível que possa parecer, na década de 1990, a televisão brasileira voltou a lançar mão de programação destinada às classes C e D devido a uma acirrada briga por audiência. Segundo dados veiculados pela imprensa, em 1993 existiam cerca de 31 milhões de aparelhos televisores em uso no país. Entre 1994 e 1998, devido ao controle da inflação e à estabilização da economia, através do Plano Real, de Fernando Henrique Cardoso, foram vendidos cerca de 28 milhões de aparelhos, calculando-se que cerca de seis milhões foram comprados por famílias que estavam adquirindo o primeiro televisor, todas elas integrantes das camadas mais baixas da sociedade, contribuindo para o surgimento de um contingente de aproximadamente 24 milhões de novos telespectadores que representam cerca de 20% do antigo total da audiência (cf. Quadro VI). Segundo dados oficiais, publicados por Fernando Henrique Cardoso, entre 1993 e 1998 houve um aumento significativo de bens eletrodomésticos nos domicílios brasileiros, mas "o número mais expressivo é o de televisores em cores. Desde o Plano Real, foram vendidos mais de dez milhões de aparelhos, por causa do aumento do poder aquisitivo da população e da substancial redução do preço, em parte devido à concorrência externa" (CARDOSO, 1998).

Diante de tais dados, os programadores e diretores de televisão passaram a investir em programas mais populares. Reforçando essa visão, a agência de publicidade DPZ realizou um estudo de audiência analisando o programa *Ratinho Livre*, mostrando que apenas 35% de seus telespectadores estão nas classes D e E, contra 25% nas classes A e B e 40% na C. Tais dados levaram as emissoras a voltar a investir em programas e cultivar o popularesco (cf. PRIOLLI, 1999).

QUADRO VI
Eletrodomésticos em novos domicílios

Eletrodomésticos	Total de Domicílios atendidos		
	Antes do Plano Real (1993)	Depois do Plano Real (1996)	Novos domicílios atendidos
Rádio	85,1%	90,4%	4.472.470
Televisão	75,8%	84,3%	5.518.731
Televisão em cores	50,2%	69,2%	8.968.204
Fogão	95,2%	96,6%	3.125.443
Geladeira	71,7%	78,2%	4.591.321
Máquina de lavar roupa	24,3%	30,4%	3.114.936
Freezer	12,9%	18,0%	2.372.124

Fonte: IBGE/PNAD.

3.3 *A fase do desenvolvimento tecnológico (1975-1985)*

Na fase anterior, as telenovelas foram responsáveis pela arregimentação de grandes massas para a TV. A telenovela era uma espécie de compensação para a população, pois até 1975 a programação da televisão era extremamente castrada pela censura.

No governo de Emílio Médici (1969-1974) inúmeras pressões foram exercidas sobre as emissoras de televisão mediante punições com multas e até suspensão de alguns programas, como medida corretiva. Isso visando diminuir o que, oficialmente, foi justificado como uma "linha de agressão à sensibilidade e de grosseria". A partir de então, a televisão começou a exibir programas de alta sofisticação técnica, gerados em cores e que atendiam plenamente ao tipo que o governo queria: uma televisão bonita e colorida, nos moldes do *Fantástico – O show da vida.*

Nos telejornais era exercido um controle tão rígido, no sentido de aliviar o quadro real da situação vivida no país que, em março de 1973, o Presidente Médici fez a seguinte declaração: "Sinto-me feliz, todas as noites, quando ligo a televisão para assistir ao jornal. Enquanto as notícias dão conta de greves, agitações, atentados e conflitos em várias partes do mundo, o Brasil marcha em paz, rumo ao desenvolvimento. É como se tomasse um tranquilizante após um dia de trabalho".

Essa distorção era viabilizada pelos telejornais das emissoras estabelecidas em redes nacionais, o que, em 1974, com 43% dos domicílios existentes no país equipados com televisores, tornava a situação mais alienante.

Através do seu ministro das Comunicações, Quandt de Oliveira, o Governo Geisel dirigiu inúmeras recomendações às emissoras e concessionárias de televisão. No dia 19 de novembro de 1974, por exemplo, durante palestra na Faculdade de Comunicação Social de Anhembi, em São Paulo, Quandt de Oliveira falou sobre o material "enlatado":

> 57% da programação da televisão é importada e 43% é produzida por técnicos brasileiros. Destes 43%, 34% são de matéria estrangeira, editada pelas emissoras brasileiras. Isto significa que, para 109 horas de uma semana de programação, apenas 31 são genuinamente brasileiras; as outras 78 são importadas. [...] A televisão comercial impõe sobre as crianças e jovens uma espécie de cultura que não tem nada a ver com a cultura brasileira... Em vez de atuar como um fator de criação e difusão da cultura brasileira, a TV está realizando o papel de privilegiado veículo de importação cultural e está desnaturalizando a criatividade brasileira (CAMARGO & PINTO, 1975: 31).

Quandt de Oliveira também fez outros pronunciamentos. Ainda em 1974, durante o IV Congresso de telerradiodifusão do Sudeste, ele disse:

> O ministro [...] espera que as estações de rádio e de televisão vão preencher e cumprir plenamente seus contratos e obrigações legais, seus códigos de ética, bem como aumentar a cooperação para a realização dos objetivos compatíveis com os esforços do país para sair da posição de subdesenvolvido e ocupar a sua merecida posição no mundo (KATZ & WEDELL, 1977: 34).

No dia 18 de maio de 1977, o ministro proferiu palestra para diretores de emissoras, durante o IV Congresso de Telerradiodifusão do Centro-Oeste, quando criticou a excessiva violência na televisão e argumentou que esse era um problema a ser resolvido pelos próprios concessionários. Como argumento para sua crítica, Quandt de Oliveira disse que um grupo do seu ministério monitorou a violência em programas vespertinos durante um mês, ou duzentas horas, em dois canais de televisão de Brasília.

De acordo com noticiário veiculado no *Jornal do Brasil* do dia 20 de maio de 1977, o ministro anunciou que o Conselho Nacional de Comunicação fora reorganizado e poderia "dedicar grande parte de sua atenção para o conteúdo transmitido pelas emissoras de rádio e de televisão, a fim de estabelecer normas e orientações relacionadas com o tópico violência. Não é intenção intervir na liberdade de escolha dos programas pelos homens de televisão, mas todos estes problemas serão discutidos pelo próprio conselho".

Entre dezembro de 1968 e o dia 8 de junho de 1978, quando foi anunciado o fim da censura na imprensa, os veículos de comunicação de massa operaram sob censura. Nesse período era difícil transmitir qualquer coisa de importância (cf. MOURA, 1979: 10). Sendo este o caso, podemos inferir que as recomendações de Quandt de Oliveira exerceram influência no conteúdo das emissoras. Como resultado, a televisão nacionalizou seus programas, os quais hoje são tipicamente brasileiros no tratamento, tema e estilo.

Entretanto, embora os governos de Médici e Geisel tenham feito uma sólida contribuição para o melhoramento do "padrão cultural" e qualidade técnica dos programas de televisão, eles foram responsáveis pelo exercício da censura que mutilou e limitou a televisão brasileira em vários outros setores. De acordo com Gerald Thomas, "em 1974 [...] não menos do que 103 itens foram proibidos na televisão e no rádio. As proibições variavam de questões políticas a concursos de beleza. Em 1978, apenas sete itens foram proibidos, e isto pode parecer positivo quando comparado aos números de 1974. Mas as estatísticas podem confundir, uma vez que as recentes proibições cobrem um espectro muito maior" (THOMAS, 1979). Por exemplo:

> Em São Paulo 36 jornalistas da Rádio Tupi foram demitidos por se recusarem a alterar um programa que seria transmitido conjuntamente no rádio e na televisão. Ape-

> nas 15 minutos antes do programa ir ao ar, um telefonema do censor "aconselhava" no sentido de cortar por inteiro, do programa, a fala do arcebispo de São Paulo, Cardeal Arns, uma das mais representativas personalidades da história recente do Brasil. Os produtores solicitaram uma ordem por escrito. A impraticabilidade da solicitação era clara: o telefonema vinha de Brasília e a emissora é em São Paulo, então o programa foi mostrado como estava programado. Depois de duas semanas de pressão por parte do governo sobre os administradores da Tupi, os jornalistas foram demitidos (THOMAS, 1979: 45).

Alguns fatos determinaram os contornos desta fase: o fracasso eleitoral sofrido pelo partido político oficial nas eleições de 1974, quando o MDB elegeu dezesseis senadores contra seis da Arena; o fechamento do Congresso Nacional; a promulgação de reformas jurídicas e políticas, em 1977; o início do processo de distensão e abertura política. Essa etapa de transição política foi iniciada pelo Presidente Ernesto Geisel e o General Golbery do Couto e Silva. Coube ao Presidente João Baptista Figueiredo, sob pressões da sociedade e de suas entidades civis constituídas, assinar a anistia, promover eleições diretas para os governos estaduais e legalizar os partidos políticos clandestinos. A culminância de todo esse processo – a eleição indireta de seu sucessor, no Colégio Eleitoral, disputada por dois candidatos civis – foi transmitida ao vivo pelas redes de televisão para todo o país.

Durante a fase anterior, o governo criou condições para a expansão dos serviços de transmissão, mas estabeleceu as agências controladoras. Entretanto, somente a partir de 1970 o governo começou a expressar suas preocupações em relação à influência dos conteúdos dos programas veiculados sobre a população.

As recomendações governamentais exerceram influência muito forte nas redes de televisão. Lembrada continuamente das suas responsabilidades para com a cultura e o desenvolvimento nacional, a televisão começou a nacionalizar seus programas. Esse processo de nacionalização contou com o apoio do governo, que queria substituir a violência dos "enlatados" americanos por programas mais amenos. Tal apoio foi viabilizado através de créditos concedidos por bancos oficiais, isenções fiscais, coproduções de órgãos oficiais (TV Educativa e Embrafilme, entre outros) com emissoras comerciais, além da concentração da publicidade oficial em algumas empresas (cf. MATTOS, 1980, 1982b). Também como resultado das orientações governamentais, iniciadas no Governo Médici e continuadas no de Geisel, delineou-se o que seria a terceira fase de desenvolvimento da TV: as grandes redes, principalmente a Globo, começaram a competir no mercado internacional, exportando sua própria produção: novelas e musicais.

Em 1976, a TV Globo já produzia 75% de seus próprios programas. Em 1977, fez o seu *debut* em Cannes, na França, ao apresentar uma mostra de seus programas a pretensos compradores. Ao controlar o mercado interno, a Rede Globo começou a abrir caminho rumo ao mercado internacional. Em 1979, a Academia Nacional de Artes e Ciências da Televisão, dos Estados Unidos, outorgou o Prêmio Salute à TV Globo. Essa conquista serviu para marcar, definitivamente, a entrada da TV Globo no mercado internacional.

Analisando a programação da televisão brasileira dessa época, Straubhaar (1981: 375) constatou que o número de programas importados diminuiu consideravelmente, apesar de ainda terem participação significativa na programação total. Ele constatou também que os "enlatados", que são considerados de baixo custo para as emissoras, passaram a ser utilizados para o preenchimento da grade de programação nos horários da madrugada, quando a audiência é bem menor e o faturamento publicitário não justifica investimentos na produção de programas locais de alto custo.

É extremamente significativo o fato de em 1979 a Rede Globo de Televisão ter anunciado publicamente que a maioria dos programas, produzidos por ela, estava atingindo os mais altos níveis de audiência em todo o país, principalmente aqueles exibidos no horário nobre, então já preenchido com 95% de programas produzidos pela própria rede (TV Globo Network, 1979). Vale destacar que a presença de programas estrangeiros na televisão aberta vem sofrendo uma acentuada queda ao longo dos anos. Em 1965, por exemplo, os "enlatados" importados ocupavam 48% da programação exibida. Em 1977, essa participação caiu para 42%. No ano 2000, as atrações nacionais já ocupavam 85% do horário nobre das emissoras de televisão abertas (cf. PENHALVER, 2000). A meta atual dos canais é manter o índice de programas estrangeiros em torno de 30% da programação total, porcentagem que apresenta variações de uma rede para outra.

Em 1979, a Globo já estava exportando seus programas para mais de noventa países. Na época, de acordo com informações da Central Globo de Projetos Especiais, o faturamento com as exportações ainda era baixo, mas o mercado internacional era considerado como sendo "altamente promissor" (JAPIASSU, 1980: 61).

O primeiro programa da Rede Globo que obteve expressiva receptividade no exterior foi a novela *O bem amado*, que foi vendida, já dublada em espanhol, a vários países latino-americanos e a Portugal, no original. Em 1977, o faturamento da Globo com vendas externas não chegou a US$ 300 mil. Em 1980, depois de seis anos competindo no mercado internacional, a Globo anunciou que esse faturamento atingia a média anual entre US$ 1,5 a US$ 2 milhões (JAPIASSU, 1980: 61). Em 1992 a Globo Internacional registrou um lucro de US$ 6 milhões que foi revertido para o núcleo de produção de telenovelas, pois a empresa tinha certeza de que seus produtos seriam comercializados no exterior com facilidade. Antes de exportadas, as novelas da Globo são dubladas, sonorizadas e reeditadas para não ultrapassar 130 capítulos.

Observe-se que nessa época a TV Globo já não era a única rede brasileira a exportar programas. Embora em proporção menor, as outras também já estavam exportando, principalmente para países latino-americanos. Com isso, a televisão brasileira passou a diversificar suas fontes de faturamento, mas a exportação de programas estava vinculada à ajuda e aos incentivos oficiais. Essa diversificação, no futuro, pode vir a representar maior independência na produção de seus próprios programas ainda muito dependentes de recursos oficiais.

Referindo-se a esta situação, Joseph Straubhaar (1981: 378) comentou que, apesar de ainda ser dependente dos anúncios de empresas americanas e de outras multinacionais, a influência desses anunciantes diminuiu muito desde que a Rede Globo tornou-se suficientemente segura de que os estrangeiros já não teriam qualquer poder direto sobre as decisões relacionadas à sua programação, como costumava acontecer nos primeiros anos de funcionamento das emissoras brasileiras.

Desde seu advento, na década de 1950, a televisão brasileira tem sofrido a influência americana, tanto na estrutura comercial como na produção, importando dos Estados Unidos não apenas programas, mas ideias, temas, roteiros e técnicas administrativas. Analisando o desenvolvimento de nossa televisão, Straubhaar (1981) constatou, já na década de 1980, que essa influência havia diminuído, pois a TV brasileira desenvolveu a capacidade de produzir seus próprios programas, que substituíram os importados. Além disso, a indústria brasileira passou a empregar seu próprio formato e tecnologia de produção, diminuindo drasticamente a influência que os americanos exerciam sobre a produção televisiva. Entretanto, nos anos de 1990, visando ganhar o mercado internacional, a Globo voltou a adotar técnicas de produção semelhantes às dos americanos, além de passar a incluir cerca de 50% de música estrangeira nas trilhas sonoras das novelas. Aliás, o cinema nacional também seguiu a mesma tendência a fim de conseguir penetrar no mercado americano.

Nesta fase de seu desenvolvimento, a televisão brasileira começou a ficar menos dependente tanto nos aspectos econômico e tecnológico como também dos produtores americanos. Apesar disso, permanece dependente do suporte publicitário, principalmente daquele advindo de agências e de anunciantes estrangeiros.

Além de ser dependente da publicidade, a indústria televisiva brasileira "permanece dependente da importação da tecnologia para transmissão e de equipamentos de produção" (STRAUBHAAR, 1981: 360). Segundo José Marques de Melo, o resultado de uma pesquisa realizada em 1978 apresenta dados suficientes para confirmar a dependência da tecnologia estrangeira. Os equipamentos básicos usados pelas emissoras brasileiras, em sua maioria, eram importados dos Estados Unidos. Segundo Marques de Melo, três quartos das 81 emissoras pesquisadas tinham importado seus equipamentos dos Estados Unidos, enquanto um terço vinha do Japão (cf. Quadro VII). Explica ainda que o número de emissoras usando equipamentos *Made in Brazil* não pode ser considerado como indicador de que estaríamos reduzindo nossa dependência tecnológica nesse setor pelo simples fato de que são empresas multinacionais que controlam as indústrias eletrônicas implantadas no Brasil (cf. MARQUES, 1979: 169-170).

A expansão internacional da Rede Globo pode estar ligada também à Lei da Anistia, sancionada pelo então presidente da República João Baptista Figueiredo, no dia 28 de agosto de 1979, permitindo que as empresas pudessem respirar um pouco mais em relação às suas investidas tanto interna como externamente. Em

1981, o faturamento atingiu o total de US$ 3 milhões, o que seria triplicado em 1983 (US$ 9,5 milhões), chegando a US$ 14 milhões, em 1985.

QUADRO VII

Origem dos equipamentos usados pelas emissoras de televisão

País de origem	Número de emissoras com equipamentos de cada país	Percentagem de emissoras com equipamentos de cada país*
Estados Unidos	63	77,7
Japão	30	37,0
Brasil	25	30,9
Inglaterra	14	17,3
Alemanha (Ocidental)	12	14,8
Holanda	3	3,7
França	2	2,5
Canadá	1	1,2

Fontes: MELO, J.M. "A televisão como instrumento do Neocolonialismo: evidências do caso brasileiro". *Comunicação e Sociedade*, n. 1, jul./79: 171.

* O total desta coluna não fecha porque uma emissora pode ter adquirido equipamentos em mais de um dos países listados.

Depois de solidificada a expansão no mercado interno, a conquista do mercado internacional intensificou-se. Em agosto de 1980, a Rede Globo decidiu organizar uma Divisão Internacional, criando então a Globo Europa com o objetivo de penetrar no mercado europeu antes das restrições de propriedade serem introduzidas, culminando com a experiência desastrosa do controle total de uma emissora no exterior, a Telemontecarlo. A Globo, depois de algum tempo, vendeu 40% da Telemontecarlo para o grupo Ferruzi, da Itália. A partir daí, continuou fazendo novas alianças com emissoras de televisão no exterior para transmissão de seus programas via satélite, além de fechar acordos de coprodução. O fracasso da experiência com a Telemontecarlo foi reconhecido anos depois por Roberto Irineu Marinho: "A Telemontecarlo foi um retumbante fracasso e nós aprendemos a lição. Tínhamos talentos, mas não uma boa gestão: não fizemos as coisas bem feitas. Agora, já sabemos como fazer", declarou ao jornal *O Estado de S. Paulo* (cf. APOLINÁRIO, 2000). Outra investida da Rede Globo junto ao mercado externo só veio a ocorrer quando o grupo anunciou oficialmente, em agosto de 1999, a criação da TV Globo Internacional (cf. detalhes na seção que trata da quinta fase de desenvolvimento de nossa televisão).

O crescimento da televisão brasileira nesta terceira fase pode ser medido através do número de residências equipadas com receptores de televisão. O censo nacional de 1980 constatou que 55% de um total de 26,4 milhões de residências já estavam equipadas com aparelhos de TV, um crescimento de 1.272% entre 1960 e 1980. Em 1989, segundo dados da Abinee, existiam cerca de vinte milhões de televisores no país. Esses dados tornam-se ainda mais expressivos quando se sabe que 68,3% da população da época viviam em áreas urbanas, e que 73,1% das residências urbanas tinham televisores (cf. MATTOS, 1982a, 1984, 1985).

A importância e a influência da televisão brasileira foi, de certa forma, aferida através de uma pesquisa realizada pelo Ibope, em 1980. Ouvidos três mil telespectadores, homens e mulheres, os resultados fortaleceram a visão predominante de que o telejornalismo era e continua sendo a mais importante e ampla fonte de informação da população. O primeiro dado era de que 73% do público pesquisado tinham acesso à televisão. Os telejornais foram identificados como os preferidos por 87,4% dos homens pesquisados e como sendo o segundo programa preferido de 71,3% das mulheres. O programa preferido das mulheres eram as telenovelas e o segundo preferido dos homens, os programas esportivos. No período entre 1987 a 1992, o espaço das emissoras para a exibição de novelas, que era de 9h10min, diminuiu para 7h10min, enquanto o tempo dos programas de informação passaram a ter o equivalente a 3h40min em relação à carga diária (cf. SOUSA FILHO, 1997: 86).

Ressalte-se que, de acordo com o Instituto Brasileiro de Administração Municipal (Ibam), a população brasileira vem se concentrando cada vez mais. Tomando por base as estimativas de população elaboradas para o ano de 1989 pelo Departamento de População do IBGE, em documento produzido pelo Banco de Dados do Ibam, intitulado "Os municípios brasileiros mais populosos", chega-se à conclusão que a própria característica de concentração urbana do mercado brasileiro vai continuar, por muito tempo, a facilitar o crescimento da nossa televisão.

Nesse documento, o Ibam faz uma análise de municípios com mais de 50 mil habitantes, chegando às seguintes constatações: o número desses municípios era de 243 em 1970, passando a 382 em 1980 e atingindo a 470 em 1989. Segundo o coordenador do Banco de Dados Municipais do Ibam, François de Bremaeker, a população concentrada nesses pontos do território chegava a 42,5 milhões de habitantes em 1970. Aumentou para 69,1 milhões em 1980 e atingiu 92,5 milhões em 1989. Acople-se aos dados do Ibam os da McCann-Erickson em relação ao número de residências com televisão no ano de 1989: dos 34.860.700 domicílios, 64,5% estavam equipados com o aparelho.

Com base em sua audiência potencial, a mídia televisão tem absorvido 60% do total dos investimentos publicitários. E devido à sua capacidade de atingir quase toda a população brasileira e à fragilidade do cinema e teatro brasileiros, a televisão detém a capacidade de definir "quem é quem" no mundo das estrelas, constituindo-se como polo central desse processo (cf. ORTIZ & RAMOS, 1989: 181).

A terceira fase caracteriza-se, pois, pela padronização da programação televisiva em todo o país e pela solidificação do conceito de rede de televisão. No dia 16 de outubro de 1977, o então diretor do Dentel, Coronel Idalécio Nogueira, afirmou que "o governo é contra o monopólio em televisão, pois resulta em queda de qualidade e, por isso, vai incentivar ainda mais a concessão de novos canais para ampliar o número de redes nacionais de TV" (SILVA & MONTEIRO, apud *Comunicação*, 31). Nesta fase foram outorgadas 83 concessões de canais de televisão, sendo 47 no Governo Geisel e 36 no de Figueiredo.

Em 1980, o governo cassou a concessão de todos os canais da Rede Tupi (Diários Associados), dividindo-os entre os grupos Sílvio Santos e Adolfo Bloch. Na concorrência pelo espólio da Tupi, que havia sido embargado como forma de ressarcimento das dívidas com a Previdência Social, fortes grupos empresariais acabaram sendo preteridos. Na oportunidade, o governo não escondeu sua preferência por empresários "mais confiáveis e amistosos". Entre os preteridos estavam Henry Maksoud, o Grupo Abril, o Grupo Jornal do Brasil (cf. CAPARELLI, 1982: 57).

Em agosto de 1981, a rede de emissoras de televisão de Sílvio Santos, o SBT – Sistema Brasileiro de Televisão, iniciou suas transmissões. Em 1982, começa um verdadeiro "boom" do videocassete doméstico e a expansão da produção independente de vídeo. Em 1983, entra no ar a Rede Manchete, ao mesmo tempo em que os produtores independentes, como a Abril Vídeo, solidificam-se e começam a preencher um espaço no mercado.

Esta fase caracteriza-se, também, pelo fim da censura prévia aos noticiários e à programação da televisão, com a revogação do Ato Institucional n. 5 pelo Presidente Ernesto Geisel em 1978. Durante os governos militares, os atos institucionais permitiram ampliar o controle dos veículos de comunicação pelo Estado. O Artigo

16 do Ato Institucional n. 2, de 27 de outubro de 1965, baixado pelo General Castello Branco, facultava ao presidente, além de outros poderes, o de violar a liberdade de imprensa. No período de 1968 a 1979, o crescimento da televisão ocorreu com os veículos operando sob as restrições impostas pelo Ato Institucional n. 5, de 13 de dezembro de 1968, o qual concedia ao Poder Executivo Federal o direito de censurá-los. O AI-5 foi revogado pelo Presidente Ernesto Geisel em 1978 (cf. MATTOS, 1996: 13).

Durante as três primeiras fases do desenvolvimento da televisão, tanto a publicidade como o governo tiveram uma participação efetiva, influenciando direta e indiretamente o desenvolvimento deste veículo. A televisão transformou-se também no maior e mais importante veículo publicitário do país e as corporações multinacionais se tornaram os seus maiores anunciantes. Um dos resultados desta dependência da televisão do apoio publicitário multinacional foi que o seu desenvolvimento e o conteúdo transmitido neste período sofreram influências tanto do governo como dos anunciantes através das agências de publicidade.

Sem dúvida, o governo foi a mais importante força motriz por trás do desenvolvimento da indústria televisiva brasileira, especialmente da TV Globo (criada depois do Golpe de 1964). Ao criar facilidades nas telecomunicações, tais como as redes de micro-ondas, o cabo coaxial, os satélites e a televisão a cor, o Regime Militar brasileiro contribuiu para o desenvolvimento técnico da televisão, utilizando-a para promover os ideais do regime. Os governos do período 1964-1985, com suas políticas protecionistas, afetaram o desenvolvimento da indústria publicitária no país e, em consequência, também o da televisão.

Em síntese, pode-se concluir que as condições internas favoreceram muito mais o desenvolvimento da televisão do que os fatores externos. A televisão brasileira e a indústria publicitária nessas fases refletiram não apenas a forma particular de desenvolvimento dependente do país, como também os interesses políticos do Regime Militar. O caso Brasil nos leva a sugerir que os estudiosos repensem suas hipóteses e suposições teóricas sobre o desenvolvimento das indústrias publicitária e televisiva nos países do Terceiro Mundo. Sugerimos que o meio de investigação mais frutífero para melhor compreendermos esse desenvolvimento pode ser o estudo de casos nacionais e não os enfoques que seguem uma perspectiva global.

No final desta terceira fase constata-se a existência de quatro redes comerciais operando em escala nacional (Bandeirantes, Globo, Manchete e SBT), duas regionais (Record, em São Paulo, e Brasil Sul, no Rio Grande do Sul) e uma rede estatal (Educativa).

O fim desta etapa coincide com o movimento das Diretas-Já, em 1984, quando no mês de abril mais de um milhão de pessoas foram às ruas de São Paulo e do Rio de Janeiro com o objetivo de pressionar o governo pelo fim do regime de exceção e a realização de eleições. Posteriormente, em 1985, a conjuntura política e a eleição de Tancredo Neves, presidente, e José Sarney, vice-presidente, ainda por via indireta, começavam a sinalizar o fim do regime. A transição política iniciada no Governo Ernesto Geisel, com sua política de abertura "lenta, gradual e segura", alcança, pois, seu ponto máximo. A população brasileira assistiu consternada a transmissão direta, via televisão, da agonia de Tancredo Neves, que morreu, por problemas de saúde, às vésperas de sua posse. Então, o vice José Ribamar Sarney assumiu a presidência, dando início à Nova República. Aí se inicia também a quarta fase do desenvolvimento da televisão.

3.4 *A fase da transição e da expansão internacional (1985-1990)*

Assim como o Regime Militar, o governo da Nova República também utilizou a mídia eletrônica para obter respaldo popular. Tanto a Rede Globo como as demais redes de televisão continuaram a servir ao novo governo da mesma forma que serviram ao Regime Militar.

Nesta fase, que se caracteriza pela transição do regime militar para o regime civil, as principais mudanças no setor das comunicações decorreram da promulgação, em 5 de outubro de 1988, da nova Constituição, que apresenta texto específico sobre comunicação social (capítulo V). No Artigo 220, a Carta afirma que a manifestação do pensamento não sofrerá qualquer restrição e, nos parágrafos 1º e 2º, veda, totalmente, a censura, impedindo, inclusive, a existência de qualquer dispositivo legal que "possa constituir embaraço à plena liberdade de informação jornalística, em qualquer veículo de comunicação social". No parágrafo 5º desse artigo está a proibição de formação de monopólio ou oligopólio nos meios de comunicação social.

A Carta de 1988 também fixou normas para a produção e a programação das emissoras de rádio e televisão. De acordo com o Artigo 221, as emissoras devem promover programas com finalidades educativas, artísticas, culturais e informativas, procurando estimular a produção independente, visando a promoção da cultura nacional e regional.

Outra inovação importante foi o texto do Artigo 222, que trata da propriedade dos veículos de comunicação, revogando as restrições da Constituição anterior, que limitavam a propriedade de empresas de comunicação a brasileiros natos. Com a Constituição de 1988, qualquer pessoa, "brasileiros natos ou naturalizados há mais de 10 anos", passou a ter o direito de poder assumir "a responsabilidade por sua administração e orientação intelectual".

Desde 1999 debate-se a adaptação desse artigo à nova política de abertura econômica que o Governo Fernando Henrique Cardoso adotou. Um dos projetos que o governo submeteu ao Congresso Nacional em junho de 2000 afeta a propriedade de empresas de comunicação. As regras em vigor têm origem no pensamento que predominou no período entre guerras, quando era evidente a preocupação de evitar que o controle dos meios de comunicação se transformasse em instrumento de propaganda política de estados inimigos. Esse anacronismo, da época do governo de Getúlio Vargas (Constituição de 1934), sobreviveu à de 1937, foi repetido na de 1946 e mantido na de 1967, baixada sob a égide do governo militar. A Constituição de 1988 abriu pequena brecha na legislação, permitindo que pessoas jurídicas brasileiras assumissem até 30% do capital de empresas de comunicação sem direito a voto.

O Artigo 223 fala sobre a outorga e renovação de concessões, permissões e autorizações para utilização de canais de rádio ou televisão, estabelecendo normas e diretrizes que anularam o critério casuístico utilizado até então, efetivado a partir do favoritismo político. A proliferação de estações de TV começou durante a administração do Presidente Juscelino Kubitschek, passou pelos governos militares e prolongou-se até o governo da Nova República, de José Sarney. A partir da promulgação da Constituição de 1988, o ato de outorga ou renovação da concessão de uma emissora passou a depender da aprovação do Congresso Nacional e não apenas da decisão pessoal do presidente ou do ministro das comunicações. O cancelamento da concessão ou permissão, antes de vencido o prazo de dez anos para emissora de rádio e de quinze para emissoras de televisão, passou a depender de decisão judicial.

Porém, antes da promulgação da Constituição houve um verdadeiro festival de concessões de canais de rádio e de televisão. No período de 1985 a 1988 foram outorgadas exatamente 90 concessões de canais de televisão, assim distribuídas: 22 em 1985; 14 em 1986; 12 em 1987 e 47 em 1988 (o Quadro VIII apresenta o número de concessões de canais de TV, por presidente).

Apesar da competência das concessões continuar sendo do Poder Executivo, o Governo Collor de Mello, por exemplo, não concedeu nenhuma em seu primeiro ano de governo, porque a exigência da Constituição (no Artigo 175, parágrafo único) estabelecendo a realização de licitação pública para todas as concessões de serviços públicos, não havia sido regulamentada, mas ele tentou usar a distribuição de canais para se manter no cargo.

O jornal *Folha de S. Paulo*, de 11 de agosto de 1992, anunciou que "O Ministério dos Transportes e Comunicações divulga esta semana cinco editais para concessões de rádio e TV no Maranhão e Santa Catarina. São as primeiras concessões que serão negociadas em troca do voto de políticos para barrar o pedido de *impeachment* na Câmara dos Deputados". O jornal paulista acrescentou ainda que novos editais estavam sendo preparados para concessões de emissoras em Pernambuco e que o Secretário Nacional de Comunicações, Nelson Marchezan, estava encarregado das articulações (cf. CRUZ, 1992). No dia seguinte, um despacho da Agência Estado, publicado no jornal *A Tarde*, de Salvador, dava conta de declarações de Marchezan, de que em menos de um mês mais de duzentas concessões tinham sido renovadas e os parlamentares estavam pedindo novos editais. Complementando, um assessor do Planalto, não identificado na notícia, afirmava que "todo mundo quer canal" e que ele já havia registrado 1.700 pedidos que, na avaliação de Marchezan, "funcionam como as emendas no orçamento: a base fica satisfeita ao ver autorização para construir uma ponte, mesmo que ela demore a sair". Entretanto, ele negou que a distribuição de canais de rádio e TV estivesse sendo usada com "o poder de barrar o pedido de *impeachment* do Presidente Fernando Collor", mas o fato não deixou dúvidas dos objetivos de Collor, uma vez que esta prática já havia dado certo na época de Sarney, que ganhou um ano a mais de seu governo distribuindo concessões.

Nesta fase de desenvolvimento da televisão, o que se observa é a maior competitividade entre as grandes redes, um contínuo avanço em direção ao mercado internacional, com a Rede Globo implementando, desde 1985, sua expansão sistemática no exterior. Essa determinação da Globo se justifica até em função dos altos lucros que obteve naquele período com suas exportações. A edição da revista *Business Week*, de 16 de dezembro de 1986, revela que, em 1984 a TV Globo obteve lucros operacionais de US$ 120 milhões sobre uma renda de US$ 500 milhões (cf. Quadro IX sobre a receita da TV Globo).

O faturamento positivo da Globo ocorre em todos os setores de sua produção. Em 1998, por exemplo, segundo Gabriel Priolli (1999), as novelas por ela produzidas faturaram, somadas, cerca de US$ 2 milhões por dia e não custam mais do que US$ 80 mil por capítulo, concluindo que "ao cabo de 150 capítulos, portanto, custaram US$ 12 milhões e renderam US$ 300 milhões, um lucro 25 vezes sobre o capital investido".

QUADRO VIII

Número de emissoras de TV outorgadas por ano (1956-1990)

Ano/período de governo	Presidente	Número. de concessões outorgadas
1956-1964	J. Kubitschek (1956-1961) Jânio Quadros (1961) João Goulart (1961-1964)	14
1964-1969	Castello Branco (1964-1967) Costa e Silva (1967-1969)	23
1969-1974	Emílio G. Médici (1969-1974)	20
1974-1979	Ernesto Geisel	47

Ano/período de governo	Presidente	Número. de concessões outorgadas
1979-1985	João B. Figueiredo	
1979		07
1980		04
1981		11
1982		08
1983		04
1984		12
1985-1990	José Sarney	
1985		22
1986		14
1987		12
1988		42
1989		-
1990-1994	Fernando Collor de Mello/Itamar Franco*	

Fonte: MATTOS, 1982; Ministério das Comunicações/Ministério da infraestrutura.

* O governo de Collor de Mello não concedeu nenhuma licença, no período de 1990-1991 por falta de regulamentação específica, mas em 1992 distribuiu algumas concessões de rádio e TV; licenças, no final de sua gestão numa tentativa de trocar canais por votos contra o *impeachment*. Seu sucessor, Itamar Franco (1992-1994), em seu último ano de mandato também promoveu festival de concessões de canais de rádio e televisão.

QUADRO IX

Receita da TV Globo

Período	Faturamento em US$ milhão
Jan/Jun. 1998	939.4*
Jul./Dez. 1998	867.3*
Jan./Jun. 1999	589.8
Jul./Dez. 1999	855.4
Jan./Jun. 2000	806.0

Fonte: Relatórios financeiros da Globopar, publicados pela *TelaViva*, 99, nov./00.

* Valores não ajustados quanto à desvalorização cambial de 1999.

Ainda nesta fase, a televisão brasileira alcançou uma maior maturidade técnica e empresarial e tem lançado mão de sua própria produção anterior, reprisando sucessos para preencher horários, antes ocupados por "enlatados" estrangeiros. O potencial da influência da televisão brasileira pôde ser comprovado durante a campanha da primeira eleição presidencial pelo voto popular, que resultou na eleição de Fernando Collor de Mello e Itamar Franco. Durante a campanha eleitoral, os partidos políticos usaram o horário gratuito na televisão para divulgar suas propostas em peças muito bem produzidas por agências de publicidade. Os debates entre os candidatos na televisão atingiram os mais altos índices de audiência, influindo decisivamente nos resultados. Pela primeira vez na história brasileira, foi possível acompanhar todo o processo eleitoral e os debates entre os candidatos, transmitidos ao vivo pela televisão. A manipulação das peças publicitárias e da edição dos debates na TV foram também objeto de inúmeros estudos acadêmicos ao longo de toda a década de 1990. Vencido o pleito, Fernando Collor de Mello deu início ao seu governo com uma série de medidas liberais e outras autoritárias, que ele denominava de necessárias para a modernidade do país.

Dentro da reforma administrativa empreendida pelo Governo Collor de Mello, os 23 ministérios existentes foram reduzidos a doze, sendo que alguns foram extintos e outros transformados em secretarias. Este foi o caso do Ministério das Comunicações, transformado em Secretaria Nacional das Comunicações, integrada ao Ministério da Infraestrutura. As primeiras medidas adotadas pelo ministério Collor de Mello no setor da radiodifusão foram, de certo modo, liberalizantes, uma vez que eliminaram os últimos resquícios da censura, apesar de meses depois uma portaria do Ministro Jarbas Passarinho, regulamentando a classificação de idades e horários para transmissão de certos programas pela televisão, ter sido erroneamente interpretada pela imprensa como sendo um ato de censura. Em agosto de 1990, o então Ministro Ozires Silva, da Infraestrutura, revogou portaria do extinto Ministério das Comunicações que atribuía ao Departamento Nacional de Telecomunicações (Dentel) poder para manter "redobrada vigilância quanto ao conteúdo da programação de radiodifusão, especialmente no que se refere a ofensa à moral familiar e pública, incitamento à desobediência às leis ou decisões judiciais e colaboração na prática de rebeldia, desordem ou manifestações proibidas".

Em agosto de 1990, o Governo Collor modificou também o Decreto 52.795, de 1963, permitindo que as emissoras de rádio e televisão pudessem transmitir programas em idiomas estrangeiros. Essas mudanças ainda não foram devidamente pesquisadas e analisadas para que se possa avaliar que tipo de influência exerceram nos meios de comunicação de massa.

Observe-se que, depois de empossados, Fernando Collor de Mello, Itamar Franco e Fernando Henrique Cardoso, Luiz Inácio Lula da Silva, da mesma maneira que os presidentes militares e o presidente da Nova República, também fizeram uso da mídia eletrônica buscando respaldo para as medidas que adotaram, bem como distribuíram concessões de canais de TV e rádio. Entre 1995 e 1996 Fernando Henrique Cardoso concedeu 1.848 licenças de repetidoras de TVs, das quais mais de 260 pertenciam ou eram controladas por políticos. Nos últimos três meses de seu segundo governo, em 2002, FHC aprovou 291 concessões, licenças e permissões de emissoras de rádio e TV. Exemplo de como o Presidente FHC também usou a mídia eletrônica em busca de apoio para suas ações foi publicado na revista *Veja*, de 28 de julho de 1993: "Depois de ir para o governo, Fernando Henrique recebeu um conselho de seu amigo Domingo Cavallo, ministro da economia da Argentina: 'Fale sempre para rádio e TV', acrescentando: 'A população precisa saber o que você está querendo'", conselho que foi seguido à risca em seus dois mandatos.

3.5 A fase da globalização e da TV paga (1990-2000)

Com o afastamento de Fernando Collor de Mello, que renunciou para não sofrer um processo de *impeachment*, seu vice, Itamar Augusto Cautiero Franco, assumiu a Presidência da República no dia 29 de dezembro de 1992. Em sua posse criticou a política de modernidade adotada pelo antecessor:

> Falou-se muito em modernidade nestes meses, como se alguém, em sã consciência, pretendesse retornar ao passado, ou manter o país no atraso. Nos quase três anos em que se proclamou a falsa modernidade como programa de governo, o resultado representou alguns passos atrás na economia do país. As previsões estatísticas anunciam que o Produto Interno Bruto do Brasil será, amanhã, dia 31 de dezembro de 1992, 3,7% menor do que o PIB que registrávamos em 31 de dezembro de 1989. Em suma: o lema da modernidade, tão proclamada, empobreceu o país 10% em apenas 30 meses (FRANCO, 1992).

Em seu discurso, Itamar também se referiu ao mercado global e ao envolvimento do país no processo: "Abrir as fronteiras à competição internacional não significa renunciar à soberania. O princípio que orientará as relações com os outros povos deve ser o da estrita reciprocidade. [...] A nossa participação na sociedade mundial, prometida pelo novo milênio, pressupõe a nossa própria integração" (FRANCO, 1992).

Com a tendência de desenvolvimento global, na década de 1990 começou-se a estabelecer as bases para o surgimento estruturado da televisão por assinatura, via cabo ou via satélite, estruturada nos moldes americanos, e a se debater a televisão de alta definição. Também foi iniciada a busca de programas interativos, a exemplo de *Você decide*, da Rede Globo.

Você decide estreou em 1992, tornando-se um sucesso imediato, pois o público participava, interferindo, através de votação por telefone ou em praça púbica ao microfone da emissora, na escolha do desfecho das polêmicas histórias encenadas. O sucesso foi tanto que a emissora passou a exportar o formato do programa e não o produto acabado. Em março de 1993, a Globo já tinha vendido o *Você decide* para onze países, entre eles a Alemanha, Espanha e Suécia, mantendo negociações com mais sete. Ao comprar o pacote, o cliente ganha o direito de copiar a concepção do programa, gravando sua própria versão com atores locais, e leva os *scripts* dos episódios já veiculados no Brasil, que podem ser aproveitados integralmente ou modificados. Segundo reportagem publicada na revista *Veja*, em março de 1993,

> os preços dos programas são fixados de acordo com o número de televisores de cada país. Assim, a Alemanha paga 12.000 dólares por uma utilização do formato de *Você decide*, contra 2.600 pagos pelo Peru. A Globo estima que até o final deste ano (1993) o programa irá faturar 3 milhões de dólares em outros países, 12% da receita de 25 milhões esperada pela Globo Internacional, divisão de vendas da emissora para o exterior.

Na década de 1990 registrou-se um crescimento, ainda maior, do setor de videocassetes, o que estimulou o aumento das produtoras de televisão independentes, apesar de até o momento o setor não ter se estabelecido definitivamente, principalmente por causa das inseguranças do sistema econômico. Foi também nesta fase que se estabeleceram várias emissoras regionais, ampliando as possibilidades de uma maior regionalização e utilização de canais de televisão alternativos.

Esta década registrou também os investimentos das redes nacionais no que diz respeito às suas respectivas infraestruturas, visando aumentar cada vez mais a produção e exportação de programas. No dia 2 de outubro de 1995, a Rede Globo de Televisão inaugurou oficialmente o Projac, maior centro de produção da América Latina, construído em Jacarepaguá, no Rio de Janeiro. Idealizado ainda nos anos de 1980, o Projac passou a abrigar todas as produções da Globo. Um ano depois, em agosto de 1996, o SBT, de Sílvio Santos, inaugurou sua nova sede em São Paulo, o Complexo Anhanguera, numa área construída de 210 mil metros quadrados, praticamente o dobro do estúdio da Rede Globo.

A última década do século XX foi positiva para a mídia nacional de um modo geral, uma vez que jornais, revistas, emissoras de rádio e televisão se modernizaram, tanto no aspecto tecnológico como no editorial. No final do século XX, entretanto, as empresas de comunicação já amargavam alguns prejuízos, e o novo século começou com uma retração no bolo publicitário e com as empresas do setor acumulando dívidas de 10 bilhões de reais, dos quais 60% eram das Organizações Globo (cf. MATTOS, 2005).

Nesta fase do desenvolvimento da televisão, duas novas leis foram aprovadas, interferindo no segmento da comunicação: a Lei 8.389, de 30 de dezembro de 1991, que regulamenta o Conselho de Comunicação Social, e a Lei 8.977, de 6 de janeiro de 1995, que regulamenta o serviço de TV a cabo.

Já em seu discurso de posse, em janeiro de 1995, o Ministro das Comunicações, Sérgio Motta, baseando-se nas propostas de Fernando Henrique Cardoso na campanha eleitoral de 1994, expressas no documento intitulado "Mãos à obra, Brasil", destacou as principais diretrizes da primeira gestão de FHC:

> 1) Formulação de um amplo programa de investimentos para o período 1995/1999, com enlace até 2003, a ser exe-

> cutado pelas empresas do setor de comunicações – públicas e privadas –, condizente com o elenco de diretrizes e metas traçadas para os serviços de telecomunicações postais; 2) Reprofissionalização dos quadros técnicos e gerenciais das empresas operadoras; 3) Regulamentação dos serviços de telecomunicações; 4) Implementação de novo modelo institucional para o setor, incentivando a competição na exploração dos serviços, com intensa participação de capitais privados e implantação do cenário de transição para privatização integral da operação do setor; 5) Adoção de um pacto ético para o setor.

Devido à aprovação da Lei 8.977, que trata da regulamentação da TV a cabo, esperava-se que até o final da década de 1990 a importância e influência hegemônica da TV convencional (TV aberta), tal como a conhecemos hoje, diminuiria. Isto porque a TV a cabo forçosamente diluiria a audiência, atingindo diretamente os índices quase absolutos como os da Rede Globo. A lei da TV a cabo surgiu como uma das mais democráticas e avançadas do mundo, abrindo perspectivas inéditas para o exercício da cidadania, além de gerar a expansão de mercado para profissionais da área de comunicação social (cf. MATTOS, 1996: 14). Lamentavelmente, 15 anos depois de aprovada, vários itens previstos na lei jamais saíram do papel, tal como a prometida regionalização de parte da programação das TVs.

Entre 1995 e 1996, o Ministério das Comunicações colocou em prática uma série de medidas visando dotar o país de uma infraestrutura e de serviços de comunicação condizentes com as necessidades. Houve uma reprofissionalização dos quadros técnicos e gerenciais das empresas estatais (Telebras, Embratel e ECT). No que tange à legislação, houve mudanças na regulamentação vigente, datada ainda do início da década de 1960, adotando-se critérios concorrenciais na outorga de concessões de serviços de telecomunicações e de radiodifusão. Diversos regulamentos e normas foram editados, tais como a Política Nacional de Satélites, que orienta as ações do governo, estimulando a participação do setor privado na oferta e no uso dos sistemas de telecomunicações por satélite. Em abril de 1996, o Ministério das Comunicações propôs e o Presidente Fernando Henrique enviou ao Congresso Nacional um projeto de lei criando e regulamentando a operação das rádios comunitárias.

Outro aspecto positivo da infraestrutura montada no primeiro governo de Fernando Henrique foi em relação ao espectro radioelétrico, pois uma portaria do Ministério das Comunicações definiu os princípios gerais para o aproveitamento do espectro pelos serviços de radiocomunicações. Com base nestes princípios ocorrerá gradativamente a introdução da tecnologia digital de transmissão, que possibilitará ao Brasil, ao final do processo, multiplicar o potencial de seu espectro por seis, permitindo disponibilizar para cada município pelo menos dois canais de rádio em ondas médias. No que diz respeito à televisão, de janeiro de 1995 a dezembro de 1996, o Ministério das Comunicações outorgou 1.808 permissões para o serviço de retransmissão de TV em todo o país.

Durante seu primeiro governo, Fernando Henrique priorizou a privatização das empresas de telecomunicações. Em seu segundo mandato, o Presidente FHC procura aumentar o controle do governo sobre as televisões educativas, com o Ministério das Comunicações aperfeiçoando o sistema de concessão e de fiscalização de geradoras de TV. Como o secretário nacional de radiodifusão, Paulo Minicucci, declarou ao jornal *Folha de S. Paulo*, de 11 de julho de 2000, "o setor já estava largado e foi desmontado pelo Governo Collor. Agora, o ministro Pimenta da Veiga [das Comunicações] está reestruturando a secretaria e priorizando a televisão".

De acordo com informações da Anatel, em 1998 existiam em funcionamento no país 263 emissoras geradores e 3.747 retransmissoras. Em julho de 2000, estes números cresceram para 286 geradoras e 8.484 retransmissoras. As grandes redes de televisão, formadas pela Rede Globo, SBT, Bandeirantes, Manchete, Record e Central Nacional de Televisão (CNT), atendem a mais de 97% da audiência total, ficando o restante distribuído entre as emissoras educativas, e as segmentadas tais como a MTV, Rede Mulher, Rede Vida etc. Até agosto de 2001, de acordo com os dados do Ministério das Comunicações, já haviam sido outorgadas 292 canais de TV e mais 27 estavam em tramitação. Do total do espectro brasileiro, na mesma data, existiam ainda 275 canais vagos no país. Até agosto, 48 solicitações de outorgas encontravam-se sob a análise do Congresso Nacional.

Em 1998, já estavam também em funcionamento no Brasil seis operadoras de televisão por assinatura. Nos sistemas a cabo e MMDS atuam a Net, das Organizações Globo, e a TVA, do Grupo Abril. Na Banda KU, desde 1996, estão em operação a Sky Net, das Organizações Globo, e a DirecTV, do Grupo Abril. Em 1998, entraram em operação a Tecsat e a KTV.

Em países como os Estados Unidos, a TV por assinatura já detém mais mercado do que a televisão aberta. No Brasil, entretanto, o número de assinantes estabilizou-se, de acordo com dados de 1999, em torno de 2,9 milhões, o que os empresários do setor acham pouco (o Quadro X mostra a evolução do número de assinantes da televisão paga no Brasil; o Quadro XI, a composição do número de assinantes de acordo com a tecnologia escolhida, e o Quadro XII mostra a evolução do serviço de TV por assinatura). Em fevereiro de 2000, Milton Torres, presidente da Galaxy Brasil, controladora da DirecTV, adquirida do Grupo Abril em 1999, afirmou à imprensa que o Brasil já possuía três milhões de assinantes de TV paga. Em 2001, de acordo com estimativas, já haviam 3,6 milhões de assinantes, ou seja, cerca de 9% de todos os domicílios brasileiros equipados com aparelhos televisores já tem acesso a TV paga (cf. BRITTOS, 2001).

Vale destacar o interesse do país em conquistar capital estrangeiro para o desenvolvimento da televisão paga. Em junho de 2000, em Nova York, cerca de cem representantes de administradoras de fundos voltados para os setores das telecomunicações e mídia participaram do "Brazil Pay TV Conference". Nesse seminário, organizado pela Associação Brasileira de TV por Assinatura (Abta) com apoio dos grupos financeiros americanos Goldman Sachs e Chase Securities, o ministro das Comunicações, Pimenta da Veiga, fez uma apresentação do potencial brasileiro para investimentos na área. Também participaram do evento o vice-presidente da Anatel, Luis Francisco Perrone, e o presidente do BNDES, Francisco Gros.

O mercado de TV paga no Brasil ainda é pequeno, com faturamento de apenas R$ 1,2 bilhão ao ano, mas, segundo declarações de Steve Levine, diretor do Brazil – Meia & Telecom, empresa do grupo Chase, publicadas na *Tribuna da Bahia* de 23 de junho de 2000, "não há nenhum outro país no mundo que tenha passado mais rapidamente que o Brasil da estrutura estatal para a livre competição e criando condições estratégicas e financeiras para investidores de todos os tipos".

Apesar do mercado ainda ser pequeno, em 2001 a infraestrutura da Globo Cabo já permitia atender a seis milhões de domicílios, mas só possuía, até novembro, 1,5 milhão de clientes. Nesse mesmo ano, o prejuízo da empresa girava em torno de R$ 389 milhões no primeiro semestre (cf. MAGALHÃES & SCHUFFNER, 2001: B-4).

O fato é que os grupos brasileiros que exploram a TV por assinatura estão sem recursos para novos investimentos e esperam a aprovação da emenda constitucional que permita a entrada de capital estrangeiro na mídia nacional, para poderem crescer. Em dezembro de 2001, a emenda foi aprovada na Câmara Federal. A proposta e aprovação da emenda constitucional contava também com o apoio e a simpatia do presidente da República. Enquanto isso, o mercado de

TV por assinatura brasileiro permanecia estável, devendo modificar essa situação com a entrada de recursos estrangeiros.

QUADRO X
Evolução do número de assinantes de TV a cabo

Ano	Número de assinantes
1993	250.000
1994	400.000
1995	1.000.000
1996	1.800.000
1997	2.571.000
1998	2.692.539
1999	2.973.568
2000	3.302.000
2001	3.600.000
2002*	3.600.000
2004	3.900.000
2005	4.200.000
2006	4.600.000
2007	5.300.000
2008	6.300.000

Fonte: Abta/MTA-Emci.

* *Fonte*: Anatel, Abinee.

QUADRO XI
Composição do mercado de TV por assinatura por tipo de tecnologia

Tecnologia	Número de assinantes	% do total
Cabo	1.772.642	61
MMDS	295.578	10
Satélite banda C	69.348	2
Satélite banda KU	836.000	27
Total	2.973.568	100

Fonte: Pay TV Survey – base mar./00.

QUADRO XII
Evolução do serviço de TV por assinatura

Ano	2001	2004	2005	2006	2007	2008
Serviço de TV por assinatura (em milhões de unidade)	3,6	3,9	4,2	4,6	5,3	6,3
Densidade da TV por assinatura (por 100 domicílios)	8,0	7,9	8,3	8,9	10,2	11,7

Fonte: Anatel, Abinee.

Em 1998, a perspectiva de queda da audiência na televisão aberta já podia ser observada, acompanhada de um rebaixamento do nível de qualidade da programação, preocupando certos setores oficiais, que começaram a se pronunciar. Em novembro de 1998, por exemplo, o Secretário Nacional dos Direitos Humanos, José Gregori, tentou implantar o que ele chamou de "manual de qualidade contra o baixo nível da programação da nossa televisão". Em reunião com representantes das emissoras, o ganhador do prêmio de direitos humanos da ONU propôs que cada rede elaborasse seu próprio código de ética, que funcionaria mais ou menos como os manuais de redação dos jornais impressos. A ideia, inspirada na experiência italiana, onde algo semelhante já vigorava desde 1997 (*Tribuna da Bahia*, 1998: 5), era de que cada emissora estabelecesse em documento público seus próprios limites sobre a qualidade da informação, sexo e violência. Entretanto, como até agosto de 2000 o código de ética feito pelas emissoras e discutido desde 1998 ainda não havia sido implantado, José Gregori, já ocupando o Ministério da Justiça, anunciou que iria impor limites à programação por meio de portaria. No dia 8 de setembro de 2000, uma sexta-feira, o ministro fez publicar a Portaria 796, contendo dezoito artigos, determinando que a mesma entraria em vigor a partir do dia 12, uma terça-feira, obrigando as televisões a respeitar e informar os limites classificatórios, por faixa etária adaptada ao horário.

De acordo com a Portaria 796, é dever do poder público informar sobre a natureza das diversões e espetáculos públicos, as faixas etárias às quais não se recomendem e os locais e horários em que sua apresentação se mostre inadequada. A partir da publicação da portaria, a responsabilidade de zelar pelo cumprimento da classificação atribuída a cada produto a ser exibido passou a ser da Coordenação Geral de Justiça, da Secretaria Nacional de Justiça.

Sobre o conteúdo dos programas da televisão, o Senado Federal fez publicar, no ano de 1998, o "Relatório Rádio & TV no Brasil – Diagnósticos e Perspectivas", de 610 páginas, resultado de uma Comissão Especial criada no ano de 1995, sob a presidência de Hugo Napoleão, a vice-presidência de Artur da Távola e a relatoria de Pedro Simon, que assina a publicação. Ao longo de três anos a Comissão ouviu depoimentos de personalidades da TV, professores de comunicação, juristas e parlamentares, além de compilar tudo o que saiu publicado na imprensa sobre a televisão. A legislação americana e a brasileira foram analisadas sob todos os aspectos, gerando uma lista de recomendações que, se adotadas, resolveriam parte dos problemas de conteúdo que são denunciados e que envolvem questões de baixo nível da programação.

O relatório recomendou que o Conselho de Comunicação fosse instalado e operacionalizado imediatamente, conforme previsto no Artigo 224 da Constituição de 1988, a fim de que o mesmo venha ser o órgão auxiliar do Congresso no exame e direcionamento da programação da mídia eletrônica. Recomendou ainda a elaboração de uma legislação específica para a TV infantil, nos moldes da americana, e que a oferta de programas educativos pelas emissoras seja um dos critérios para a renovação das concessões de canais.

O relatório não deixa dúvidas de que a Comissão considera a televisão pública como uma alternativa para contrabalançar o poder da televisão comercial. A Comissão sugere também a criação de uma lei para controlar o conteúdo dos programas, através do "condicionamento das verbas publicitárias governamentais a padrões e critérios de verificação objetiva e quantificável".

Na época, as redes de televisão estavam cheias de programas de baixo nível, o que motivou, inclusive, uma representação feita à Associação Brasileira das Emissoras de Rádio e Televisão (Abert) pelo Procurador-Geral de Justiça de São Paulo, Luiz Antônio Marrey Filho, contra o SBT que exibia o programa do apresentador Carlos Massa, o Ratinho. Entretanto, o mau gosto não estava restrito a esse programa, uma vez que, no mesmo horário, na Rede Record, do Bispo Edir Macedo, da Igreja Universal, era exibido o programa de Gilberto Barros, o Leão, que também explorava aberrações. Além do *Domingão do Faustão*, da Globo, e do *Domingo legal*, de Gugu Liberato, do SBT (cf. FRANCO, 1998).

Em 1997, a baixaria nos programas de televisão foi apresentada com requintes que escandalizaram o país, forçando o governo a tomar uma posição. O requinte foi tanto que, por exemplo, o Faustão apresentou o *Sushi erótico*, quando uma bela mulher, completamente nua, coberta por sushis e sashimis (iguarias da culinária japonesa), foi usada como se fosse uma travessa, enquanto atores globais se serviam dos petiscos e a nudez da modelo era aos poucos revelada. Isto sem falarmos sobre o exagero da erotização da programação infantil da TV, mostrada não apenas nas roupas colantes e na dança sensual das apresentadoras e acompanhantes, tipo *Xou da Xuxa* e suas paquitas. A erotização também estava presente nos programas de Angélica, Carla Perez e Tiazinha.

Uma pesquisa inédita encomendada pelo Ministério da Justiça e patrocinada pela Unesco, em 1997, sobre o baixo nível dos programas que buscam apenas aumentar a audiência, revelou que "75% dos brasileiros gostariam que houvesse algum tipo de controle sobre o que vai ao ar. Entre estes, 64% defenderam a classificação por faixa etária e horário e uma minoria, apenas 32%, pediu a volta de alguma forma de censura" na programação de nossa televisão (cf. VALLADARES, 2000).

Durante toda a década os programas televisivos foram questionados por vários segmentos da sociedade, inclusive pela Igreja Católica. Em janeiro de 1993, por exemplo, o então cardeal arcebispo da Bahia e primaz do Brasil, Dom Lucas Moreira Neves, publicou um artigo no jornal *A Tarde*, de Salvador, reproduzido por vários jornais em todo o país, intitulado "J'accuse!", no qual acusa a televisão de:

> [...] estar utilizando aparelhagens e equipamentos sofisticados com o objetivo de imbecilizar faixas inteiras da população. [...] Acuso a TV brasileira de ser demolidora dos mais autênticos e inalienáveis valores morais, sejam eles pessoais ou sociais, familiares, éticos, religiosos e espirituais. Demolidora porque não somente zomba deles, mas os dissolve na consciência do telespectador e propõe, em seu lugar, os piores contravalores. [...] Acuso a TV brasileira de ser corruptora de menores, em virtude de programas da mais baixa categoria moral, pelas cenas e pelo palavreado, em horários em que crianças estão diante da caixa mágica. [...] Acuso a TV brasileira de destilar em sua programação e instilar nos telespectadores uma concepção totalmente aética da vida: triunfo da esperteza, do furto, do ganho fácil, do estelionato. [...] Acuso, enfim, a televisão brasileira de instigar a violência (NEVES, 1993).

Na ocasião, a Abert refutou as críticas de Dom Lucas, argumentando que o código de ética da instituição havia sido aprovado pela sociedade e, inclusive, pela Igreja. Segundo Joaquim Mendonça, presidente da Abert, a aplicação correta do código impede a ocorrência de problemas com a programação da televisão, até porque "ninguém vai querer ser acusado de retorno da censura". Por sua vez, Dom Antônio Celso de Queiroz, secretário-geral da Conferência Nacional dos Bispos do Brasil (CNBB), comentou no jornal *A Tarde*, de 18 de fevereiro de 1994, "que a Igreja não defende a censura. Não somos favoráveis à terrível forma de censura política ou ideológica, mas a televisão brasileira tem um nível de permissividade muito grande, onde é constante o sexo e a violência".

Na busca de aumentar a audiência, a televisão promoveu comoção nacional na transmissão de várias reportagens, tais como o caso do assassinato da atriz de TV Daniela Pérez, em 1992, quando se deu mais destaque ao crime do que à decisão do *impeachment* do Presidente Collor. Em 1994, nova comoção nacional foi comandada pelas emissoras de TV com o acidente e enterro de Ayrton Senna. A carnavalização da tragédia foi repetida em 1998, quando o acompanhamento e transmissões do drama do cantor Leandro (da dupla sertaneja Leandro & Leonardo) ganhou da Copa do Mundo e das eleições, no noticiário da TV. Segundo registro de Leila Reis, a divulgação da notícia da doença do cantor através de entrevista coletiva contribuiu para "a armação do circo na porta do hospital. Um circo estrelado por repórteres, cinegrafistas, amigos famosos de Leandro e fãs. Tal movimentação pode ser comparada com a provocada pela doença do Presidente Tancredo Neves, em 1985, ocasião em que a imprensa acampou na frente do Incor por mais de quarenta dias à espera de notícias" (REIS, 1998).

Um verdadeiro movimento começou a crescer não apenas com a publicação de artigos na imprensa, criticando as emissoras, como também pelo posicionamento de instituições que resolveram sair da inércia, tomando atitudes no sentido de sugerir a correção das distorções. Representantes de quatro entidades em defesa da criança – (Fundação Abrinq pelos Direitos da Criança, Fundo das Nações Unidas para a Infância (Unicef), Agência de Notícias dos Direitos da Infância (Andi) e Grupo de Institutos, Fundações e Empresas (Gife) – redigiram um resumido código de ética a ser seguido pelas emissoras de TV. Este código foi entregue, na última semana de janeiro de 1999, ao presidente da Abert, Joaquim Mendonça, a quem foi solicitado que repassasse cópias aos donos das principais emissoras, porque, como disse na oportunidade Sérgio Mindlin, diretor-presidente da Fundação Abrinq, "a busca da audiência pelo mundo cão precisa mudar" (GAMA, 1999).

O código apresenta dez sugestões, entre as quais: que a programação destinada ao público infanto-juvenil tenha caráter educativo e formador de valores éticos; que não sejam veiculados programas, anúncios ou *merchandising* para a venda de produtos que possam causar dependência física; que as emissoras evitem expor as crianças a situações de constrangimento físico, psicológico, humilhação e a situações vexatórias, mesmo quando no interesse de obtenção de ajuda humanitária (cf. GAMA, 1999).

A vulgaridade continuou sendo usada, na tentativa de manter os mesmos índices de audiência, para compensar a perda da audiência das classes A e B, que estavam migrando para a TV por assinatura. As redes passaram a desenvolver programas de baixo nível, cultivando o popularesco, tais como o *Programa do Ratinho*, que se identifica como sendo o Robin Hood dos tempos modernos, que rouba a televisão dos ricos para dar aos pobres: "O meu programa é uma tribuna livre onde apresento problemas sérios de pessoas humildes que ninguém ajuda a resolver, histórias engraçadas, novos cantores e grupos musicais".

O *Programa do Ratinho*, apontado como expoente da degradação da TV brasileira, foi defendido por Flávio Cavalcanti Filho, diretor do SBT, no programa *Roda Viva*, em agosto de 1999, quando foram discutidos os rumos da TV no Brasil. Cavalcanti Filho justificou a existência desses programas como alternativa de sobrevivência da televisão aberta.

Entretanto, um estudo de audiência realizado em 1999, pela agência de publicidade DPZ, constatou que apenas 35% dos telespectadores do *Programa do Ratinho* estão nas classes D e E, contra 25% nas classes A e B, e 40% na C, ou seja, "a audiência é a mesma que faz das novelas globais o principal produto da TV brasileira e elas não 'apelam' com tanta frequência, salvo por excessiva liberalidade no tratamento do sexo" (PRIOLLI, 1999b).

Traçando um paralelo entre os programas de baixaria apresentados no final da década de 1990 com os de décadas anteriores, Gabriel Priolli (1999b) faz o seguinte comentário:

> Ao Ratinho, ao Leão e ao *Cadeia* dos anos 90, portanto, correspondem o Wilton Franco de *O povo na TV*, nos anos 80, o Wagner Montes dos anos 70 e o Jacinto Figueira Jr. (*Homem do sapato branco*) dos anos 60, entre outros nomes que a poeira do tempo já cobriu. Todos ostentaram o duvidoso cetro de "reis da baixaria", mas não devem ser tomados como sinônimo de televisão popular, a despeito do vasto público que conquistaram. Isso porque, enquanto desconheciam limites para o que é razoável e sensato pôr no ar, outros animadores, de mesma origem social e voltados para os mesmos telespectadores, contiveram-se em padrões aceitáveis. O próprio Chacrinha é, talvez, o melhor exemplo disso, posto que ninguém levou o circo tão longe como ele na TV e ele nunca colocou gente deformada em cena, nem fez crianças dançar na boquinha da garrafa, nem se apresentou como paladino dos pobres carentes de ajuda.

Convocadas pela Secretaria Nacional dos Direitos Humanos a responder um questionário sobre a programação, as emissoras de TV defenderam cada uma o conteúdo de suas atrações. O SBT afirmou que faz uma programação popular com credibilidade e conteúdo social, informando ainda que está reformulando alguns de seus programas que buscam a audiência popular. A Rede Globo respondeu salientando que faz a melhor TV do Brasil e uma das melhores do mundo, buscando a qualidade e o conteúdo de suas produções. Reafirmou a preocupação e o compromisso para com o papel social da empresa, que detém uma concessão pública. Lembrou ainda as campanhas comunitárias que promove e os vários prêmios recebidos no Brasil e no exterior ao longo de mais de trinta anos de existência da emissora. Por sua vez, a Record disse desaprovar os excessos, tanto de cenas de sexo quanto de violência fora de contexto, afirmando que mantém uma programação popular, sem perder de vista o fato de ser uma concessão pública. Concluindo disse que a emissora está preocupada em fazer um jornalismo sério, atuante e atual.

Além de lacônicas, as respostas dos representantes das emissoras, encaminhadas a José Gregori, em janeiro de 1999, não reconheciam que os programas populares são de baixo nível. Na avaliação da Secretaria Nacional dos Direitos Humanos, no entanto, foi cumprida com sucesso a primeira etapa dessa tentativa do governo de promover a melhoria da programação das emissoras (*A Tarde*, 1999).

Atendendo às sugestões do governo, em fevereiro de 1999, a Associação Brasileira de Emissoras de Rádio e Televisão - Abert, aprovou a criação de um comitê "independente" para julgar e multar emissoras de TV. O comitê será independente, a fim de evitar que uma emissora julgue a outra. Como queria José Gregori que, desde 1998, vinha mantendo negociações com as emissoras com vista ao estabelecimento de uma autorregulamentação no setor, para conter excessos como os exibidos no *Programa do Ratinho*, do SBT, no *Leão livre*, da Record, ou ainda, por exemplo, numa reportagem exibida pela Globo no *Fantástico* sobre o "maníaco do parque".

Poucos meses se passaram e a Globo lançou um novo programa: *Linha direta*, quase que no mesmo estilo do *Programa do Ratinho*, sem, no entanto, apresentar brigas de casais e pessoas deformadas.

Analisando essa tendência de retorno ao grotesco, podemos afirmar que, na verdade, esses programas têm o objetivo de atrair a nova massa de telespectadores das classes D e E, agregados a partir da década de 1990. Isto porque, segundo dados divulgados por Gabriel Priolli (1999b):

> Em 1993 existiam cerca de 31 milhões de aparelhos de TV em uso no país. Entre 1994 e 1998, graças ao controle da inflação e à estabilização da economia, foram vendidos 28 milhões de aparelhos, quase dobrando, portanto, a base instalada na primeira metade da década. Calcula-se que, desse total, cerca de 6 milhões foram comprados por famílias que adquiriam o primeiro televisor, todas elas localizadas na base da pirâmide social. Pode-se projetar, portanto, o surgimento de um contingente aproximado de 24 milhões de novos telespectadores, que representa cerca de 20% do antigo total de audiência.

Com o aquecimento do consumo, em 1996, a comercialização de televisores atingiu o pico, chegando a 8,5 milhões de aparelhos. Em 1997, houve uma queda para 6,5 milhões. No ano de 1998, nova redução foi constatada, sendo comercializados seis milhões de aparelhos. Em 1999, houve um decréscimo nas vendas em torno de 25%, com a produção não ultrapassando a 4,5 milhões de televisores, devido aos altos índices de inadimplência, ao grande número de concordatas no varejo, à redução dos financiamentos e às elevadas taxas de juros praticadas devido ao ajuste fiscal adotado por Fernando Henrique Cardoso cumprindo recomendações do FMI.

Por falar da concorrência em busca de audiência, cabe destacar a declaração de Octávio Florisbal, superintendente comercial da

Rede Globo, para quem a concorrência não deve ser subestimada, pois cada ponto de audiência perdida representa, para a Globo, cerca de R$ 45 milhões a menos no faturamento. Segundo ele, em 1999, a Globo aumentou sua receita em 17%. No ano 2000, o crescimento foi de 15%, que corresponde ao que o mercado publicitário também esperava atingir. Embora a Rede Globo não revele, fontes do setor avaliaram o seu faturamento de 1999 em torno de R$ 3,3 bilhões (BRUIN, 2000).

O resultado positivo da Globo ocorre em todos os setores de sua produção. Em 1998, por exemplo, segundo Gabriel Priolli (1999a), as novelas por ela produzidas faturaram, somadas, cerca de US$ 2 milhões por dia e não custam mais do que US$ 80 mil por capítulo, concluindo que "ao cabo de 150 capítulos, portanto, custaram US$ 12 milhões e renderam US$ 300 milhões, um lucro de 25 vezes sobre o capital investido".

Contribui também para o crescimento do faturamento da Globo a exportação de suas telenovelas. Até 1999, a Globo exportava suas novelas para 123 países, assegurando uma receita média de US$ 35 milhões por ano. Para serem exportadas, as novelas ganham uma versão compactada, reduzindo a quantidade de capítulos em cerca de 30%. A maioria das novelas requer também dublagem, mas a situações, como no caso da Rússia, onde é usado o sistema de "*voice over*", através do qual um locutor em *off* vai descrevendo a trama e o som original é mantido mais baixo, ao fundo.

No ano 2000, o preço da hora comercial da novela, um capítulo de 45 minutos variava de US$ 250,00 a US$ 1,5 mil, dependendo do mercado publicitário de cada país, do horário em que será exibida e a posição da emissora no *ranking* de audiência local.

O lucro das vendas internacionais da Globo é garantido nos grandes mercados. Na Itália, por exemplo, a Globo faturava, em 1993, US$ 9 mil por capítulo de novela. Na Alemanha o mesmo capítulo lhe rendia, no mesmo ano, US$ 7 mil, o que de certa forma compensava exportar também para países mais pobres, como Nicarágua e Honduras, que pagavam apenas US$ 150 por capítulo, garantindo a presença da Globo e a exibição de seus produtos em maior número de países. Se os países importadores fossem produzir a mesma novela gastariam cerca de US$ 200 mil por capítulo.

Portugal continua sendo o maior comprador das novelas da Globo, que tem 15% no capital da SIC, principal canal de televisão português. A SIC compra e exibe 100% da dramaturgia da Globo, sem que seja necessário fazer qualquer dublagem. A exibição é feita como no original com o sotaque e o português falado no Brasil. A América Latina é o segundo maior cliente das novelas da Globo. "As novelas da Vênus Platinada são tão bem aceitas no exterior que dizia-se que até Fidel Castro parava para assistir as novelas da TV Globo em Cuba". As exportações são feitas ainda para países do Leste Europeu, da Ásia e da África (GÓES, 1999).

Paralelo à regressão no que diz respeito à qualidade de alguns programas popularescos e apelativos, o processo de expansão internacional, iniciado na fase anterior, só se consolida no ano de 1999, quase quinze anos depois de iniciado. No dia 24 de agosto de 1999, a Rede Globo, dando partida à estratégia voltada para aumentar sua presença no exterior, anunciou a criação da TV Globo Internacional, com canal em português, visando os brasileiros no estrangeiro.

Além do posicionamento estratégico, o Grupo Globo quer abocanhar uma fatia do mercado publicitário de língua hispânica, avaliado em US$ 1 bilhão anuais, segundo Ricardo Scalamandré, diretor da Rede Globo. O executivo lembrou que duas empresas, a Univision e a Telemundo, praticamente dominam esse segmento. "Está ocorrendo uma série de aquisições e fusões no setor de entretenimento, em todo o mundo, e estamos analisando como participar desse processo."

Para os executivos da Rede, a TV Globo Internacional é uma espécie de embrião para exportar os programas da emissora para os países de língua hispânica das Américas. Segundo eles, a iniciativa não esbarra em qualquer obstáculo, uma vez que a Rede dispõe de um acervo de treze mil horas de programas dublados em espanhol. O estoque é tão grande que existe a possibilidade de se criar um canal hispânico pela Rede Globo. A única dúvida está relacionada à forma de transmissão a ser usada pelo canal, devido ao rápido processo de convergência das mídias (televisão e internet) e aos avanços tecnológicos (GÓES, 1999).

Na solenidade de lançamento da TV Globo Internacional, realizada no Palácio do Itamaraty, João Roberto Marinho, vice-presidente das Organizações Globo, lembrou que o grupo sempre teve consciência da necessidade de estar presente no mercado externo: "Primeiro tentamos montar um canal na Itália, mas não tivemos sucesso. Nosso segundo passo foi chegar ao exterior por Portugal, onde temos participação na SIC. E lá somos líder de audiência. Agora, iniciamos uma nova etapa que está apenas começando".

O canal internacional da Globo tem como público-alvo os cerca de 5,6 milhões de brasileiros que moram no exterior. Busca também atrair os mais de 800 mil portugueses que vivem na França. A previsão é de que até 2007, entre 70 a 80% deles assinariam o canal, que seria transmitido exclusivamente pela TV paga, 24 horas por dia. Nos Estados Unidos, a TV Globo Internacional será distribuída via satélite, pela Kelly Broadcasting Systems, por meio de plataforma DISH Network. Na América Latina, a distribuição será por meio da Sky Latin America e distribuidores a cabo. Até agosto de 1999, negociações ainda não haviam sido feitas na Europa, Ásia e África (MAGALHÃES, 1999).

Ao lado dos investimentos internacionais, por ironia, começaram também a surgir as pressões no sentido de modificar a legislação a fim de permitir a entrada do capital estrangeiro nos veículos de comunicação.

No ano 2000, foi iniciada a discussão, no Congresso Nacional, da Proposta de Emenda Constitucional (PEC), visando permitir a participação de empresas estrangeiras em até 30% do capital de empresas brasileiras de rádio e televisão. De acordo com o deputado Henrique Eduardo Alves (PMDB-RN), relator do projeto na Comissão Especial da Câmara dos Deputados, em declarações à *Folha de S. Paulo*, do dia 15 de junho de 2000, "a limitação de 30% no caso de rádio e TVs é uma forma de permitir a identificação clara dos controladores dos negócios e dos responsáveis pela orientação intelectual da programação". Pela Constituição de 1988, somente pessoas físicas, brasileiros natos ou naturalizados há mais de dez anos, podem ter a propriedade de empresas jornalísticas e de radiodifusão. O governo defendeu que a participação do capital externo nessas empresas fosse limitada a 20%. A proposta do deputado Henrique Alves, no entanto, estabelece ainda que até 100% do capital dos jornais e revistas poderão pertencer a pessoas jurídicas (*A Tarde*, 1999).

Por sua vez, o deputado federal Ayrton Xerez (PSDB-RJ), presidente da Comissão Especial da Câmara, em artigo publicado na imprensa em agosto de 1999, afirmou que:

> [...] defenderei intransigentemente que o direito ao controle de empresas de radiodifusão permaneça limitado a brasileiros natos ou naturalizados há no mínimo dez anos, admitindo-se a participação de empresas de capital nacional ou estrangeiro até o equivalente a 30% do capital total. As mudanças constitucionais que a Câmara dos Deputados vem debatendo extrapolam, em muito, uma mera questão de aporte de capital, pois percebeu-se, desde logo, que a matéria envolve a preservação de um sistema de comunicação fundamental e que se confunde com a própria essência do país.

Ao mesmo tempo em que reconhece a importância de que a propriedade dos meios de comunicação permaneça nas mãos de brasileiros natos ou naturalizados para a preservação "da nossa língua e tradições, num país amplo e de influências tão diversas", Ayrton Xerez admite a participação de capital estrangeiro nas empresas de comunicação nacionais em até 30% do total do capital, mas sem direito a voto:

> Admitamos o ingresso saudável de capitais estrangeiros, mas há que se impor salvaguardas que mantenham o controle do setor de radiodifusão em mãos de nacionais. E que não chame de xenófobos, pois estaremos em muito boa companhia, seguindo o exemplo de países como os Estados Unidos e o Canadá, cujas legislações só admitem o máximo de 20% de capital votante estrangeiro; a França 25%; a Itália, menos de 50%; e o Japão, menos de 20% (XEREZ, 1999).

No dia 20 de setembro de 1999, na abertura do 9º Maxi-Mídia – o maior evento sobre comunicação e mídia do país –, em São Paulo, os executivos dos principais veículos brasileiros (entre eles o vice-presidente das Organizações Globo, João Roberto Marinho, o vice-presidente do Grupo Folha, Luís Frias, o vice-presidente do Grupo RBS, Pedro Sirotsky, e mais os presidentes de agências de publicidade Nizan Guanaes e Flávio Corrêa) passaram a expor um posicionamento de consenso sobre a abertura das empresas jornalísticas ao capital estrangeiro, defendendo um modelo de abertura limitada no setor.

João Roberto Marinho, por exemplo, manifestou a posição da Globo em relação à mudança da lei, argumentando que sua empresa sempre foi favorável à abertura ao capital estrangeiro, "desde que os meios de comunicação preservem o controle do negócio e a condução de suas políticas editoriais" (PFEIFER, 1999). João Roberto

Marinho acredita que o teto de 30% sobre o capital de empresas jornalísticas preserva a liberdade e a identidade da comunicação brasileira. Luís Frias concorda com Marinho, acrescentando que a proposta é liberal, enquanto Sirotsky acredita que a abertura ao capital estrangeiro "será fundamental como instrumento de expansão para muitas empresas".

A revista *Veja* registrou na edição de 14 de junho de 2000:

> Não há resistência aos termos da emenda da parte das empresas ligadas à imprensa escrita. A única preocupação dos donos de jornais e revistas é assegurar que o controle das empresas permaneça com o capital nacional – não mais restrito a pessoas físicas. "Comparada com o Primeiro Mundo, a abertura para a participação de até 30% do capital estrangeiro é ultraliberal. Seria um desastre desnacionalizar um setor que mexe com a opinião pública", diz Luís Frias, presidente da empresa *Folha da Manhã*, dona do jornal *Folha de S. Paulo*. Na área eletrônica a emenda estabelece que as emissoras de TV e rádio continuarão com o capital controlado em 70% por pessoas físicas e brasileiras – ou seja, as pessoas jurídicas, mesmo que brasileiras, poderão ter apenas 30%. Essa restrição reduz a possibilidade de que companhias internacionais venham a controlar alguma emissora indiretamente, por meio de participações acionárias em outras empresas.

Na mesma reportagem de *Veja*, o Ministro Aloysio Nunes Ferreira, secretário-geral da Presidência da República e pai da ideia de emendar o Artigo 222 da Constituição, afirmou que "a reserva de mercado é um anacronismo. A emenda pretende permitir que o setor de comunicação se capitalize, se reorganize e atinja a maioridade".

Em julho de 2000, o vice-presidente das Organizações Globo, Roberto Irineu Marinho, comentando a emenda, declarou que a Globo não quer sócios, mas pretende abrir o capital da empresa a investidores: "Estudamos a abertura de capital na bolsa, com venda de ações diluídas" (APOLINÁRIO, 2000).

O Presidente Fernando Henrique Cardoso assumiu compromisso público, diante da plateia que participou do 53º Congresso Mundial de Jornais, realizado no Rio de Janeiro, de que não vetaria o projeto se o mesmo fosse aprovado pelo Congresso, apesar de tal opção não ser de sua competência, pois como se trata de uma emenda constitucional, não cabe veto ao presidente da República, sendo a emenda aprovada e promulgada pelo próprio Congresso. Sua declaração, entretanto, reforçava seu apoio à aprovação da mesma, que coincide também com sua política de abertura econômica e de desestatização.

Apesar da grande expectativa dos empresários do setor, a emenda, que deveria ter sido votada no mês de julho de 2000, foi adiada sucessivamente até o dia 11 de dezembro de 2001 quando, depois de uma reunião de quase três horas, os partidos de oposição, à exceção do PDT, fecharam um acordo aprovando a Proposta de Emenda Constitucional do Deputado Henrique Alves que permite a participação de até 30% de capital estrangeiro nas empresas de comunicação. Na votação em plenário, o projeto foi aprovado por 406 votos favoráveis, 23 contra e duas abstenções.

A aprovação da PEC (203-B/95) pela Câmara Federal foi precedida de muitas negociações e pressões por parte dos empresários do setor, que tinham pressa em sua aprovação devido a situação de "penúria da maior parte das empresas de comunicação, afundadas em dívidas estratosféricas, sem dinheiro para novos investimentos e às voltas com uma queda de publicidade de 16% no primeiro semestre de 2001. [...] Uma pesquisa do Ibope Inteligência estima que as receitas publicitárias, com a abertura, subiriam de 1,7% para

2,5% do Produto Interno Bruto" (SOUSA & LÍRIO, 2001). Dessa forma a aprovação foi bem recebida pela imprensa. A revista *Veja*, de 19 de dezembro de 2001, por exemplo destacou o fato como tendo sido "um grande avanço que vai fortalecer os meios de comunicação". A concretização da participação acionária do capital estrangeiro na mídia impressa começou logo depois. Em julho de 2004, por exemplo, a Editora Abril vendeu uma parcela de 13,8% para o grupo americano Capital Group, num acordo estimado em 50 milhões de dólares, abrindo perspectiva para outros grupos. Esse foi o primeiro aporte de capital estrangeiro na mídia impressa após a modificação da lei (cf. MATTOS, 2005).

Pelo acordo, a decisão sobre o conteúdo das empresas de comunicação será de responsabilidade dos sócios brasileiros. A produção e realização desta programação também ficará sob a decisão dos profissionais brasileiros. Além disso, a entrada do capital estrangeiro só aconteceria após a aprovação de uma Lei Ordinária, que iria regulamentar a produção e programação da chamada mídia eletrônica (TV aberta, TV a cabo e internet). Foi decidida também a instalação do Conselho de Comunicação, previsto na Constituição de 1988, mas que jamais funcionou.

Com a aprovação da emenda pelo Senado, mudando as regras sobre a propriedade dos meios de comunicação no Brasil, a medida poderá resolver de imediato o problema de liquidez das empresas de comunicação, além de beneficiar e legalizar a propriedade de muitos veículos em todo o país, desde a enxurrada de concessões do Governo José Sarney. A Igreja Universal do Reino de Deus, por exemplo, assumirá de imediato 30% do capital da Rede Record (dezoito emissoras), da Rede Família (duas emissoras) e da Rede Mulher (uma emissora), apesar de ser o desejo da Universal assumir a totalidade do capital de suas emissoras. (O Quadro XIII mostra a quantidade de geradoras das principais redes de TV aberta do país.)

Devemos salientar que a ideia inicial da proposta dessa emenda constitucional partiu da Igreja Universal. Foi o então deputado federal e membro fundador da Igreja, Odenir Laprovita Vieira quem, em 1995, propôs liberar a participação de partidos políticos e entidades sem fins lucrativos, como igrejas, no capital das empresas de radiodifusão. Em 1997, o deputado Aloysio Nunes Ferreira apresentou adendo à emenda de Laprovita, visando limitar a participação minoritária de capital estrangeiro na radiodifusão. Vale lembrar que desde 1990, quando Edir Macedo adquiriu a TV Record de São Paulo, a Universal enfrenta problemas com o Ministério Público, a Receita Federal e a Polícia Federal. Observe-se que não é só a Universal que espera legalizar sua situação como proprietária de veículos, isto porque a Igreja Católica é a maior proprietária de rádios do país: das 170 emissoras que compõem a Rede Católica de Rádio, pelo menos 120 pertencem a fundações ou a pessoas físicas ligadas à Igreja (cf. LOBATO, 2000).

Segundo a reportagem publicada no jornal *Folha de S. Paulo*, de acordo com informações extraoficiais, a Igreja Católica investiu, nos últimos anos, cerca de US$ 500 milhões na instalação de emissoras repetidoras de TV da Rede Vida que, legalmente, está registrada em nome do empresário João Monteiro de Barros Filho, que se declarava contra a aprovação da emenda e afirmava que, mesmo com a aprovação da emenda, a Rede Vida não será transferida para a Igreja. O Padre César Moreira, diretor da Rede Católica de Rádios, confirma as palavras de Monteiro, pois segundo ele a orientação da Igreja é no sentido de que as emissoras sejam vinculadas a fundações (cf. LOBATO, 2000).

QUADRO XIII
Principais redes de TV aberta do Brasil no ano de 2001

Rede	Número de geradoras	Controle Acionário
Globo	113	Roberto Marinho
SBT	91	Sílvio Santos
Record	63	Edir Macedo
Bandeirantes	37	João Carlos Saad
CNT	23	José Carlos Martinez
Rede TV!	21	Amilcare Dalevo Jr.
Total	348	–

Fonte: BRITTOS, V.C. Capitalismo contemporâneo, mercado brasileiro de televisão por assinatura e expansão transnacional, 2001 [Tese de doutorado].

Em paralelo ao que está acontecendo com o setor da radiodifusão, muitas agências nacionais de publicidade também foram vendidas ou se associaram a agências multinacionais. Essas associações começaram a se intensificar no início da década de 1990 e, em 1999, apenas cinco (DPZ, Propeg, W/Brasil, Talent e Fischer América) entre as vinte maiores agências ainda permaneciam nacionais. Sobre o setor publicitário, também durante o debate realizado no Maxi-Mídia, Flávio Corrêa, presidente da Associação Brasileira das Agências de Publicidade (Abap), defendeu a imposição de limites, como o das normas padrão, autorregulamentada pelo mercado publicitário no fim do ano de 1998. Segundo ele, as regras acordadas entre veículos, agências e anunciantes contribuíram para fechar o país aos birôs de mídia, uma espécie de atacadistas do setor, que são muito comuns em mercados europeus e já se estabeleceram em países como Argentina e México (PFFEIFER, 1999).

Com o objetivo de participar ainda mais do mercado, auferindo todo e possível lucro publicitário na segmentação de programas, a Rede Globo criou, em fevereiro de 2000, duas divisões específicas só para comercializar direitos de transmissão esportivas e promover eventos: A Globo Esportes e a Diretoria Internacional de Esportes a Motor.

A Globo Esportes negociará os direitos de transmissão adquiridos pela emissora, além de produzir também eventos. De início, o principal produto será o Campeonato Paulista de Futebol, através de uma parceria já firmada com a Federação Paulista de Futebol, que inclui a distribuição e venda de ingressos e uma reformulação nos métodos de comercialização de publicidade nos estádios. Também os jogos do Campeonato Carioca, que, pelo segundo ano consecutivo, tiveram seus direitos adquiridos pela Rede Globo.

A Diretoria Internacional de Esportes a Motor, por sua vez, vai desenvolver parcerias para a promoção de corridas, principalmente com a International Promotions, empresa que organiza o Grande Prêmio Brasil de Fórmula Um, transmitindo com exclusividade pela emissora (cf. BRUIN & GURGEL, 2000).

Em resumo pode-se afirmar que na última década do século passado a nossa televisão sofreu novas transformações, com a TV por assinatura exercendo um papel decisivo na mudança do perfil deste veículo. Com o sucesso do Plano Real, as camadas mais pobres da população aumentaram o poder aquisitivo, podendo adquirir inúmeros novos televisores, o que fez crescer a audiência das classes C, D e E. Essa nova audiência acirrou a briga entre as redes de TV aberta, principalmente pelo fato de terem perdido grande parte da audiência das classes A e B, que passaram a compor a audiência dos canais por assinatura. Na disputa pela audiência CDE que, apesar de menos qualificada, é quantitativamente maior, as emissoras apelaram para os programas popularescos, sensacionalistas, e também passaram a lançar mão de sexo e violência, como o *Aqui agora*, *Cidade alerta*, *190 urgente*, *No Limite* e, entre outros, o *Casa dos artistas*, lançado pelo SBT, no final de 2001, sob protesto da Rede Globo que acusou o concorrente de ter plagiado um programa que iria lançar.

Com atitudes e posições definidas, não importando aqui se certas ou erradas, o governo brasileiro mais uma vez, apesar de não estarmos vivendo em regime de exceção, mostrou que pode decidir o futuro no que diz respeito às telecomunicações para o país, adaptando-se às novas regras do mercado internacional, precavendo-se quanto aos interesses nacionais em jogo, articulando politicamente a limitação da participação do capital estrangeiro no setor e não se descuidando do conteúdo transmitido pelas emissoras de rádio e televisão. Com isso, apesar da atuação das forças do processo de globalização, pode-se identificar em vários itens a maneira como, no Brasil, o Estado ainda exerce um papel fundamental na escolha do caminho a seguir, facilitando inclusive as etapas para que a televisão do futuro, com a convergência das mídias, aconteça simultaneamente aqui.

3.6 A fase da convergência e da qualidade digital (2000-2010)

De acordo com a tendência do desenvolvimento tecnológico que começou a modificar a vida das pessoas, ao longo desta primeira década do terceiro milênio, tudo aponta para a convergência entre a televisão e a internet. A indústria especializada na produção de televisores começou o século anunciando a criação da Web TV, que nada mais é que um processador acoplado a um televisor dotando-o de razoável inteligência. Esse televisor contará com dispositivos de teclado e controle remoto, permitindo que o usuário grave em arquivo digital programas inteiros, associando imagens de TV e internet em uma mesma tela. O avanço previsto é tão grande que permitirá, por exemplo, a quem o deseje, comprar um produto exatamente no momento em que estiver sendo anunciado ou acessar dados referentes ao programa que estiver assistindo.

A convergência entre internet e televisão está aos poucos se tornando uma realidade. Ao longo dessa primeira década, a telinha que estávamos acostumados a ver todas as noites passou a ter um formato diferente: ela passou a ter tela de plasma e os aparelhos podem ser colocados sobre uma mesa ou pendurados na parede como se fossem um quadro. Em breve, será totalmente digital, sujeita à nossa edição de transmissões e ângulos de filmagem. A televisão será cada vez mais segmentada, com programações voltadas a grupos étnicos, associações, jovens, velhos.

A ideia de que a televisão do futuro chegará aos lares via internet, através de diversos canais de acesso ao sistema, por cabo de fibra óptica ou através de sinal enviado diretamente por satélite, foi apresentada pela primeira vez em agosto de 1999, por Robert Herbold, vice-presidente executivo da Microsoft Corporation, em depoimento durante um congresso mundial organizado pela Iafei – The International Association of Financial Executives Institutes, em Vancouver, Canadá, cujo tema central foi "Sucesso Global: desafios e oportunidades". Segundo suas previsões, num futuro não muito distante, o cidadão, ao ligar o aparelho de TV estará automaticamente conectado a todo tipo de informação, como televisão e arquivos de imagens gravadas, podendo acessar, através do telefone, com ou sem imagem, mensagens que hoje chegam em sua maior parte via internet.

As previsões de Herbold sobre as tendências mundiais da comunicação indicam que o desenvolvimento tecnológico deverá causar pouco impacto sobre as mídias tradicionais, com exceção da televisão. Segundo ele, não se cogita ainda que a mídia impressa passe por transformações tão radicais, pois o receptor-usuário não gosta de ter grandes textos no monitor (VIEIRA, 1999).

Com a internet por cabo de fibra óptica, o usuário está começando a ficar livre do tormento da conexão telefônica, tudo será como no aparelho televisor. Quem vai pagar a conta serão os anunciantes e todas as atrações poderão ser captadas e escolhidas no momento em que se ligar o aparelho. Assim, os programas de televisão, como os jornais e revistas, terão de oferecer algo mais que serviços, um conteúdo qualificado. Os telespectadores do futuro, a audiência desses veículos, só serão mantidos ou capturados por quem tiver o que dizer ou oferecer.

O Brasil deu os primeiros passos em direção à modernização de sua infraestrutura televisiva durante o governo de Fernando Henrique Cardoso, no ano de 1999, quando os estudos e testes para a mudança do sistema analógico para digital foram iniciados com mais afinco. A falta de definição do padrão digital – o Brasil foi um dos últimos grandes mercados a decidir o padrão digital – acabou por atrair a atenção de fabricantes e organizações reguladoras internacionais, deixando também preocupados os estudiosos, os fabricantes de eletrônicos e as operadoras de televisão, uma vez que, quando da escolha do sistema a cores, o Pal-M, acabamos dando vários "foras", que não seriam mais admitidos agora, em pleno terceiro milênio.

Os testes para a escolha do sistema começaram em 1999 e o cronograma estabelecido pela Agência Nacional das Telecomunicações (Anatel) previa que a decisão final seria anunciada até fins de 2000, o que não ocorreu. Em outubro de 2001, a Anatel resolveu anunciar que a decisão sobre o padrão a ser adotado só ocorreria no primeiro semestre de 2002 e que os brasileiros só teriam acesso à nova tecnologia a partir de 2003 (PRATES, 2001). Segundo estimativas da época, o processo de migração deveria demorar de dez a quinze anos e movimentaria recursos da ordem de US$ 80 a 100 bilhões, incluindo investimentos das emissoras em infraestrutura para reformular os sistemas de transmissão e renovação do parque de televisores nos lares brasileiros.

Os primeiros testes, visando a implantação da imagem de alta definição no Brasil, foram realizados entre setembro de 1999 e março de 2000 em laboratório montado na Universidade Mackenzie, em São Paulo, com equipamentos no valor de R$ 2,5 milhões, doados pela NEC. Em outubro de 1999, a Anatel, em parceria com a TV Cultura e outras entidades, realizou transmissões experimentais do padrão americano ATSC. Em novembro de 1999 foi testado o padrão europeu DVB-T, e em dezembro foi a vez do padrão japonês ISDB-T. De acordo com a imprensa paulista, dos sistemas testados, o europeu e o japonês foram os mais bem aceitos.

Segundo Marcos Coronato, na revista *Exame* de agosto de 2000, a mudança do sistema analógico para o digital pode ser resumida da seguinte maneira: "imagem, som e dados serão gerados, transmitidos, captados e reproduzidos na forma de código binário, interpretado a cada passo por um processador. Além de evitar as interferências sofridas pela transmissão analógica, eletromagnética, o sistema permite o tráfego de uma quantidade muito maior de informação". No sistema de transmissão analógico, os sinais elétricos representam a variação da intensidade de luz em cada linha; o princípio da TV digital é a medida da intensidade luminosa de cada ponto da imagem.

Os primeiros testes de alocação de espectro de frequência enfrentaram problemas quanto à capacidade de encaixar todos os canais brasileiros de TV. Em agosto de 1999 existiam 11.811 deles, entre concessionárias e retransmissoras, segundo informações do diretor da Abert-Set e da Rede Globo de Televisão, Fernando Bittencourt, publicadas pela *Gazeta Mercantil* de 24 de agosto de 1999. Segundo Bittencourt, em São Paulo, onde há 60 canais, 54 ficaram fora do espectro nos primeiros testes de transmissão digital. Na segunda tentativa, 48 ficaram de fora e, em consequência, foi acatada pela Anatel sugestão para congelar a concessão de canais tanto para a TV aberta como cabo e MMDS e telefonia celular até que se encontre uma solução.

Para se ter ideia da importância da escolha, o padrão digital pode facilitar ou emperrar o desenvolvimento internacional da TV brasileira. Em 1999, o padrão japonês foi testado em onze cidades daquele país; o modelo norte-americano já foi adotado no Canadá e no país de origem e foi escolhido pela Argentina. O sistema Europeu também conquistou os mercados da Austrália, Índia, Singapura e Nova Zelândia.

Os japoneses adotaram padrão próprio, o ISDB-T, ou sistema integrado de transmissão digital. Querem criar televisores digitais bem pequenos, interativos e com acesso à internet, para que o consumidor possa assistir os programas no metrô ou na rua, como se fosse um telefone celular.

Para os norte-americanos, a televisão deste milênio deve usar o padrão ATSC, criado pelo Comitê de Sistemas Avançados de Televisão. O padrão garante imagens de qualidade por incorporar a tecnologia da televisão em alta definição. "A Thompson lançou, em setembro de 1999, o primeiro televisor de alta definição nos Estados Unidos. O preço inicial do televisor foi de US$ 650 dólares, enquanto os europeus optaram por uma solução mais econômica. Uma pequena caixa conversora recebe os sinais digitais e os transcodifica para o aparelho convencional." O sistema já apresentava, em 1999, um total de quinze milhões de lares com conversores, de acordo com a DVD-Europa, órgão regulador do padrão.

Segundo Jarbas Valente, da Anatel, o Brasil vai testar todos os sistemas. "Pode ser até que não fiquemos com nenhum dos três. Não iremos inventar nem buscar padrão próprio, mas quem sabe teremos condições de adotar evoluções dos padrões atuais" (MAGALHÃES, 1999). "A Anatel não vai decidir nada sob pressão. Vamos avaliar todos os pontos e escolher o melhor modelo para a população", afirmou Jarbas Valente, na *Gazeta Mercantil* de 3 de julho de 2000 (FRANÇA, 2000), no mesmo dia em que recebeu o relatório com as conclusões dos testes realizados pelo grupo formado pela Abert e a Sociedade Brasileira de Engenharia de Televisão (SET).

No documento foram apontadas vantagens e desvantagens dos três padrões: o padrão americano ATSC (Advanced Television Systems Committee), o europeu DVB (Digital Video Broadcasting System) e o japonês ISDB (Terrestrial Integrated Services Digital Broadcasting). O trabalho concluiu que o sistema "norte-americano ATSC não atende tecnicamente às necessidades mínimas para preservação do serviço de radiodifusão de sons e imagens no Brasil, devido aos problemas de manutenção da qualidade de sinais em áreas densamente povoadas ou em movimento. Tanto o europeu DVB como o japonês ISDB demonstraram que atendem às exigências de manutenção dos sinais, sendo que o oriental demonstrou superioridade no que diz respeito à mobilidade. O único empecilho nos dois últimos é não possuir o recurso da TV de alta definição (HDTV), presente apenas no modelo norte-americano" (FRANÇA, 2000). Vale dizer que, em 2001, a ATSC encaminhou à Anatel uma extensa documentação argumentando que as falhas verificadas nos testes já haviam sido corrigidas (PRATES, 2001).

Desde o início dos testes que os americanos pressionaram a decisão do governo brasileiro pelo sistema deles. No dia 3 de agosto de 2000, Robert Graves, chairman do Comitê de Sistemas Avançados de Televisão (Advanced Television Systems Committee – ATSC), organização internacional responsável pelo desenvolvimento do padrão digital americano, participando do seminário "Os múltiplos negócios da TV digital", disse que "O Brasil é uma peça-chave, porque pode garantir que haja um padrão de TV digital único para todas as Américas". Presente também no seminário, Jarbas Valente, da Anatel, concordou com a importância de se estabelecer um padrão único para as Américas, afirmando que a agência está empenhada na questão: "A unificação pode garantir escala de produções de programas em conjunto, por isso já estamos com negociações adiantadas com a Argentina e outros países" (FRANÇA, 2000).

Apesar do padrão ATSC ter sido classificado nos testes do grupo Abert/Set como o menos indicado para o país, as pressões continuaram e, em outubro de 2001, a Anatel começou a dar esperanças aos americanos. Segundo o superintendente de serviços de comunicação de massa da Anatel, Ara Apkar Minassian, os testes realizados não excluem a possibilidade do padrão americano ser o escolhido. Para ele tudo "depende de contrapartida e das evoluções (do padrão)" (PRATES, 2001).

Por conta disso, durante o seminário "Modelo de Negócios para TV Digital", patrocinado pela ATSC e realizado em Brasília, em outubro de 2001, Wayne Luplow, vice-presidente da Zenith Eletronics Corporation, acenou com "facilidades que poderiam ser oferecidas em contrapartida ao país, caso o padrão americano seja o escolhido. Entre outras, "a empresa – que detém patente da tecnologia de transmissão 8VSB – oferecerá royalties menores e destinará parte da arrecadação para a criação de um fundo de pesquisa para assistir empresas de radiodifusão" (PRATES, 2001).

Tudo indicava, portanto, que a decisão final passaria também pelos aspectos econômicos, tendo em vista que o Presidente Fernando Henrique Cardoso se comprometeu, num encontro com executivos de TV, em julho de 2000, que se empenharia na adoção de um sistema comum pelo Mercosul e que trataria do assunto pessoalmente com a Argentina, Uruguai e Paraguai, além de outros países latinos. FHC se comprometeu também a estudar linhas de financiamento e a exigir a nacionalização dos televisores digitais. Observe-se que a adoção de um sistema único pelo Mercosul é uma reivindicação tanto das emissoras como dos fabricantes de televisores, pois se isto ocorrer "a produção nacional de programas e de televisores terá um mercado até 30% maior do que o do Brasil, estimado em 50 milhões de aparelhos" (CASTRO, 2000).

Segundo o presidente da Associação Nacional de Fabricantes de Produtos Eletroeletrônicos (Eletros), Paulo Saab, o sistema digital iria desencadear uma verdadeira revolução na forma de transmissão e recepção de sinais de televisão, causando impacto igual ou superior àquele provocado com as transmissões a cores, na década de 1970. As mudanças referem-se basicamente à evolução na qualidade da imagem e do som e às possibilidades de interatividade, incluindo-se os novos recursos e serviços a serem oferecidos. Segundo suas previsões o processo de introdução da televisão digital no país deveria levar pelo menos cinco anos e o tempo total para a substituição do sistema analógico pelo digital deverá durar uns quinze anos. Ele acrescenta que os atuais televisores poderão receber as transmissões digitais, através de conversores (CARVALHO, 2000). Apesar disso, ainda vai levar algum tempo até que a utilização da imagem de alta definição no Brasil atinja grandes camadas da sociedade.

Em 1999, um televisor digital custava o equivalente a R$ 8 mil, nos Estados Unidos, e em julho de 2000 o preço do aparelho já havia caído para cerca de R$ 3,6 mil. A Motorola lançou ainda, em 1999, um dispositivo que converte o televisor analógico em digital, cujo custo gira em torno de R$ 400,00.

Em maio de 2000, o governo brasileiro inaugurou a primeira etapa da internet de alta velocidade no país, com capacidade para ser 77 vezes mais rápida do que a atual. O lançamento foi feito pelo ministro da Ciência e Tecnologia, Ronaldo Sardenberg, durante o 18º Simpósio de Redes de Computação, em Belo Horizonte. Com o aumento de velocidade e qualidade na transmissão de dados, a nova rede pode vir a ser marcada pelo uso de aplicativos de multimídia interativa, abrindo perspectiva para uma convergência cada vez maior de todos os meios de transmissão de informações, incluindo-se aqui também os veículos de comunicação de massa.

Em junho de 2000, por exemplo, a Technostores Daewoo lançou o Easybox, um console de acesso à Web pela TV, participando do processo de introdução no Brasil do conceito de navegar sem o auxílio de um PC. O Easybox é formado por dois componentes: um pequeno módulo semelhante a um decodificador de TV a cabo e um teclado sem fio - já em português - com *mouse* do tipo *trackball* integrado. O console é autossuficiente em recursos, permitindo seu uso com qualquer provedor internet, de modo mais fácil e rápido do que usando um PC nas mesmas condições. Segundo a empresa, a instalação é tão simples quanto a de um videogame e as instruções estão descritas no topo do console. O Easybox não permitirá, entretanto, copiar arquivos, pois não possui um sistema de armazenamento de grande capacidade, mas poderá copiar o conteúdo das páginas em impressoras compatíveis acopladas ao sistema. O preço de lançamento do Easybox foi de R$ 599,00.

No mesmo mês, a America Online confirmou, em Nova York, o lançamento de um aparelho para o seu serviço de televisão interativa AOL-TV, ao preço de US$ 250, que permite ao usuário entrar em *chats*, navegar na Web e enviar mensagens enquanto assiste a seu programa favorito na televisão. Observe-se que durante os últimos cinco anos do século passado várias foram as tentativas de se criar uma televisão interativa, o que estava começando a acontecer.

Todos esses avanços tecnológicos, somados à decisão do governo de dotar o país da infraestrutura capaz de acompanhar o desenvolvimento do segmento mundial e a tendência das redes de televisão de seguir os rumos e as exigências da globalização, deixavam antever que durante a primeira década do terceiro milênio o Brasil teria uma televisão de alta qualidade quanto ao som e à imagem. Já a qualidade do conteúdo dependerá do comprometimento societário que vier a ser assumido por cada uma das redes e das normas que o governo venha a baixar, visando a elevação do nível dos programas e a manutenção da produção e da cultura nacional.

As redes de televisão brasileira viraram objeto do desejo de possíveis sócios internacionais. A empresa espanhola Telefônica que, no período de 1998 a 2000, investiu mais de US$ 14 bilhões na América Latina, dos quais US$ 8 bilhões no Brasil, tem mantido contatos com o SBT, Rede TV! e com a Bandeirantes, formulando propostas. O SBT está receptivo a ofertas, tendo Sílvio Santos declarado, ao jornal *O Estado de S. Paulo*, que "se um deles – Disney, Televisa, Telefe ou Sony – oferecer US$ 1 bilhão, eu vendo, desde que a lei seja aprovada", disse, naturalmente, referindo-se à emenda constitucional, já aprovada na Câmara Federal, que permite a participação de investidores estrangeiros até 30% do capital da empresa. Preocupado com o conteúdo das emissoras que se associarem a grupos estrangeiros, Roberto Irineu Marinho, vice-presidente das Organizações Globo, disse que "a questão societária com grupos estrangeiros ainda é alvo de dúvidas na Globo, pois, segundo ele, há "um perigo" das empresas brasileiras se transformarem em testas-de-ferro de conglomerados estrangeiros: "O Brasil não pode virar apenas um consumidor de programas, já que tem uma cultura tão rica" (APOLINÁRIO, 2000).

O ano de 2001 foi muito rico em debates e estudos envolvendo as telecomunicações, TV a cabo, sistemas de TV digital entre outros. Não passaram despercebidas também as discussões em torno das propostas regulatórias, tais como a nova Lei de Radiodifusão, a Lei de Comunicação Eletrônica de Massa e a Lei Geral de Telecomunicações, com a Agência Nacional de Telecomunicações (Anatel) assumindo a responsabilidade sobre o setor de radiodifusão. A Lei de Radiodifusão do país vinha sendo debatida desde o final de

1998, quando um anteprojeto de lei, elaborado pela equipe do ex-ministro das comunicações Sérgio Motta, foi objeto de consulta pública. A proposta da Lei de Comunicação Eletrônica de Massa seria integrada à Lei Geral de Telecomunicações (LGT), com a Agência Nacional de Telecomunicações (Anatel) assumindo a responsabilidade sobre o setor de radiodifusão e sendo transformada em Agência Nacional de Comunicação (Anacom). Essa proposta, entretanto, foi descartada em 2001 pelo ministro das Comunicações Pimenta da Veiga na elaboração de seu anteprojeto de Lei de Radiodifusão. Diferentemente da proposta de Sérgio Motta, a de Pimenta da Veiga não inclui dispositivos para promover a competição, a diversidade das fontes de informação e da propriedade dos meios.

Para debater a concentração da propriedade dos meios de comunicação e conhecer a experiência de outros países, em outubro de 2001 o Ministério das Comunicações organizou o Seminário Internacional sobre Radiodifusão. Segundo o jornal *O Estado de S. Paulo*, os depoimentos do chefe da Divisão de Comunicação de Massa da Federal Communications Commission (FCC), dos Estados Unidos, Peter Doyle, e do comissário da Autoridade Italiana de Comunicações, Silvio Travessa, "demonstraram que o anteprojeto da Lei de Radiodifusão elaborado pelo Ministério das Comunicações está na contramão das políticas que os países desenvolvidos – preocupados tanto com os aspectos da concentração econômica como com os da influência dos grandes conglomerados de mídia sobre a opinião pública – estão seguindo" (CRUZ, 2001).

Isto porque o anteprojeto de Pimenta da Veiga, em vez de limitar a concentração da mídia, propõe o fim do limite de dez emissoras de TV por acionista controlador, e não estabelecia outras formas de controle.

Durante o seminário, no qual as medidas impostas em vários países para impedir a concentração foram a tônica principal dos debates, o Ministro Pimenta da Veiga reconheceu que, apesar de não existirem tais limites no texto do seu anteprojeto, "não está descartada a possibilidade de o projeto vir a incorporá-las" (CRUZ & CORDEIRO, 2001).

Em síntese, o Ministro Pimenta da Veiga explica que a Lei de Radiodifusão não representa uma volta ao sistema que transformou as concessões de emissoras em um balcão de barganha política, como insinuam alguns, pois "no nosso anteprojeto a questão das concessões continua como está. Ou seja, através de licitação pública, com ampla participação e por critério técnico financeiro".

Ainda sobre o critério de concessão, em entrevista à revista *Imprensa* de agosto de 2001, o ministro das Comunicações fez o seguinte esclarecimento:

> A situação na qual um ministro das comunicações, num ato seu, arbitrário ou subjetivo, determinava quem deveria receber esse ou aquele canal de televisão, foi modificado no primeiro ano do governo do Presidente Fernando Henrique. A lei aprovada naquele momento, em 1995, determinou que nenhuma concessão pode ser dada por decisão de um ministro de Estado. Todas elas devem ser em primeiro lugar, objeto de licitação. Não há hipótese de alguém receber um canal comercial, AM ou FM, de rádio ou de TV, sem que isso seja motivo de licitação. Depois de resolvida, a licitação vai, como manda a Constituição, para um exame do Congresso. Aquele modelo anterior já está afastado há seis anos. Não há mais barganha (LEÃO & PINTO, 2001: 14).

Esse período coincide também com os investimentos estrangeiros no Brasil na área das telecomunicações, a exemplo da empresa espanhola Telefônica que, no período de 1998 a 2000, investiu mais de US$ 14 bilhões na América Latina, dos quais US$ 8 bilhões no Brasil. Foi durante o mesmo período que o aparelho celular começou a se transformar no objeto de desejo dos brasileiros, evoluindo do sistema analógico para o digital. O celular, primeiro, transformou-se em provedor de música e, em seguida, passou a ocupar o patamar em que se encontra hoje, como uma nova central de mídia, que além de garantir a portabilidade e receber o sinal de TV, permitirá o armazenamento de conteúdos. O modelo de negócios está baseado em parcerias entre provedores de conteúdos e fabricantes ou operadoras de celular.

Só a partir do dia 26 de novembro de 2003, quando o Presidente Luiz Inácio Lula da Silva assinou o Decreto 4.901 foi que as bases para a definição do Sistema Brasileiro de Televisão Digital (SBTVD) foram estabelecidas. De acordo com o decreto, as principais finalidades da TV digital no Brasil são, entre outras: promover a inclusão social, a diversidade cultural do país e a língua pátria por meio do acesso à tecnologia; propiciar a criação da rede universidade de educação a distância; estimular a pesquisa e o desenvolvimento e propiciar a expansão de tecnologias brasileiras e da indústria nacional relacionadas à tecnologia de informação e comunicação; planejar o processo de transição da TV analógica para a digital, de modo a garantir a gradual adesão de usuários a custos compatíveis com sua renda (MATTOS, 2009b).

Entre a publicação desse decreto e a escolha do sistema, muitas experiências foram feitas e debates promovidos. A escolha da tecnologia japonesa como base do sistema brasileiro foi definida por meio do Decreto 5.820/06, que estabeleceu inclusive as diretrizes do processo de transição, privilegiando, além da interatividade e da alta definição "a transmissão digital simultânea para recepção fixa, móvel e portátil". No dia 2 de dezembro de 2007, o padrão de TV digital terrestre adotado foi finalmente implantado inicialmente em São Paulo e posteriormente nas principais cidades do país. A partir de então, os grupos de mídia passaram a produzir seus programas em HDTV. De acordo com a estratégia e cronograma estabelecidos para a transição tecnológica, o desligamento do sistema analógico está previsto para acontecer no ano de 2016 (CABRAL, 2008; CASTRO, 2009).

Segundo o ministro das Comunicações, Hélio Costa, as emissoras de TV de todo o país têm até o ano de 2016 para trocar o sistema. Até lá, continuarão funcionando com os dois sistemas, analógico e digital, ao mesmo tempo, por meio de canais consignados (emprestados), pelo Ministério. O termo de consignação é um contrato com o governo federal, que cede, temporariamente, um canal digital com o compromisso de devolução do canal analógico para o período de transição da tecnologia analógica para a digital, que devem ser transmitidas simultaneamente até o dia 29 de junho de 2016 (MATTOS, 2009a, 2009b).

O padrão de transmissão digital adotado pelo Brasil é o SBTVD-T (Sistema Brasileiro de TV Digital Terrestre) com base no padrão de transmissão ISDB-T, utilizado no Japão. Este sistema de transmissão digital foi escolhido porque segundo o governo oferecia custos mais baixos e maior facilidade na transferência de tecnologia e mobilidade. A TV digital, de acordo com informações oficiais referentes a setembro de 2009, já havia sido implantada em 23 cidades brasileiras, onde vivem 95 milhões de pessoas, ou seja, 50% da população cujos domicílios estão equipados com televisores.

Desde então, a televisão digital aberta vem convergindo com outras áreas digitais. O sinal digital pode ser recebido e editado num terminal de computador (PC) ou em notebooks, em minitelevisores móveis, instalados em aviões, automóveis e ônibus, ou em aparelhos de telefone celular. Enquanto a transmissão e recepção digital se desenvolvem com grande rapidez, só mais recentemente a Televisão Digital Brasileira passou a despertar as atenções da academia. Datam de 2004 os primeiros estudos produzidos pela academia sobre a TV digital. O primeiro livro lançado sobre o tema no país intitulado *TV digital interativa: conceitos, desafios e perspectivas para o Brasil*, é de autoria de Valdecir Becker e Carlos Montez. Em 2007, Valério Brittos e César Bolaño organizaram o livro *A televisão brasileira na era digital: exclusão, esfera pública e movimentos estruturantes*, no qual discutem os problemas da TV digital brasileira e tecem comentários sobre os erros cometidos pelo governo na introdução dessa nova tecnologia no país. Como afirma Cosette Castro,

> a TV digital brasileira entra na pauta social como uma oferta diferenciada de transmissão e de produção de conteúdos audiovisuais para os canais abertos e, em pouco tempo, se tornará realidade em todo o país. Isso porque exige transformações profundas tanto na área tecnológica (compra de equipamentos) quanto na produção de conteúdos digitais interativos que incluam a população na nova cultura digital (CASTRO, 2009).

A perspectiva é que a TV digital acabe atraindo cada vez mais a atenção da academia, tendo em vista que com sua implantação começou automaticamente o movimento de reestruturação do mercado como um todo, modificando as relações entre radiodifusores, operadoras de telecomunicações e consumidores, além de influenciar no modelo de negócios que se efetivará a partir daí. O avanço da convergência entre as mídias, com TV, internet e telefonia determinará ajustes em todos os setores inclusive no da legislação específica, porque os setores de radiodifusão e telecomunicações ainda são regidos por legislações distintas.

3.7 A fase da portabilidade, mobilidade e interatividade (2010-)

Nos últimos dez anos, primeira década do terceiro milênio, o cenário das comunicações sofreu significativa mudança estrutural devido ao desenvolvimento tecnológico que contribuiu para o surgimento de um ambiente de convergência midiática e para a produção de conteúdos multimídia. Isto foi possível graças ao desenvolvimento da internet e da digitalização dos conteúdos de áudio, vídeo e texto. Por meio da internet pode-se transportar, armazenar e redistribuir produtos audiovisuais, dados e voz (Voip – voz sobre protocolo de internet). A convergência permitiu uma mudança na relação entre as redes de produtores e transmissores de conteúdos com os prestadores de serviços. Antes, uma rede atuava como suporte para a prestação de um único serviço. Agora, com o avanço da tecnologia, constata-se a tendência de uma mesma rede oferecer mais de um serviço (MATTOS, 2009b).

Com a convergência digital o telefone celular poderá ser usado para transmissão e recepção da voz, acessar a internet, verificar e-mails, fazer download de músicas, vídeos e filmes, fotografar, assistir programa de televisão, ouvir emissora de rádio, além de armazenar conteúdos e dados. Acrescente-se a isso o fato de que, usando o celular, o usuário pode assumir o papel de receptor, transmissor e fonte de informações, rompendo assim alguns paradigmas da comunicação.

De acordo com a classificação feita pelo Idec – Instituto Brasileiro de Defesa do Consumidor – existem quatro tipos de convergência, como a seguir:

1) A convergência setorial ou genérica, com a fusão empresarial entre os setores de telecomunicações, informática (TI), audiovisual (TV por assinatura) e radiodifusão (TV aberta).

2) A convergência entre serviços, com as mesmas aplicações e conteúdos sendo oferecidos por diferentes redes (telefonia fixa, banda larga e TV por assinatura oferecidos como um serviço único – chamada tripleplay – ou, ainda, todos esses mais a telefonia celular – conhecido como quadrupleplay.

3) A convergência entre redes, com uma mesma rede oferencendo diferentes serviços, como as redes das concessionárias de telefonia fixa ou as operadoras de TV a cabo, que conseguem oferecer ao consumidor serviços de telefonia fixa, TV por assinatura e banda larga.

4) A convergência entre terminais, com o mesmo terminal (fixo ou móvel) suportando diversos serviços, como no caso do aparelho celular, hoje capaz de acessar a internet ou mesmo a programação das redes de TV aberta (analógica ou digital) (IDEC, 2009).

A convergência da TV digital com o mundo do celular passa pela evolução deste último. Em uma conferência, promovida pelo Conselho Empresarial de Telecomunicações da Associação Comercial do Rio de Janeiro sobre "O futuro convergente da TV digital", Mário Baumgarten, da Corporate Affairs Latin America, da Nokia Siemens Networks, revelou que a integração da TV digital com a rede celular passa pela integração de padrões entre essas áreas e o modelo de negócio do audiovisual e da televisão digital. O representante da Nokia defende que "o padrão que vai convergir com a televisão digital é o GSM e sua evolução" e que "não há dúvida sobre o sucesso da integração entre o padrão DVB-H (televisão no celular) e o padrão 3GSM". Segundo Baumgarten, tecnicamente

> o padrão DVB-T se harmoniza com o padrão celular de banda larga 3GSM. O audiovisual podendo ser transmitido pela TV aberta (DBV-T/H), paga (DBV-T/H) e pela rede celular (3GSM e DVB-H). Integram o universo da recepção do audiovisual, o *home theater*, o televisor standard, o automóvel, o portátil e o celular. O modelo de negócio da radiodifusão e das telecomunicações difere quanto à televisão digital e ao audiovisual e precisam convergir para o benefício do usuário e do mercado. A radiodifusão difunde um conteúdo para uma grande au-

> diência ilimitada (em tese). É o *broadcasting* (de cast, lançar; e broad, largamente). Já as telecomunicações identificam seu usuário e enviam um sinal para cada um valendo-se das técnicas de *streaming* (transferência continuada da informação) e de *download* (transferência da informação em bloco). Em resumo, a radiodifusão utiliza o *broadcasting* com um sinal para um grande número de usuários e as telecomunicações, o *streaming* com um sinal para cada usuário identificado. A radiodifusão pode difundir sinais de televisão aberta e gratuita (FTA - free to air) pelo ar com a opção de poucos canais para o usuário. Também pode difundir sinais de forma não gratuita (TV paga) - via satélite, cabo ou micro-ondas - com uma opção maior de canais. Já as telecomunicações - incluindo a internet - são o apanágio do conteúdo *on demmand*. Ou seja, o usuário pede e recebe o programa desejado dentro de uma grande opção de conteúdos. Tanto a radiodifusão quanto as telecomunicações admitem a mobilidade na recepção. O sinal da radiodifusão aberta pelo ar pode ser recebido num receptor portátil (no rádio de pilha AM/FM e/ou no televisor portátil). A recepção será gratuita e as opções de conteúdo, limitadas aos canais abertos. A rede de telecomunicações celulares permite que o usuário de celular, dotado de um terminal apropriado, receba internet e programação de televisão com mobilidade, com ampla opção de programação (FONSECA, 2008).

A escolha definitiva do padrão digital implantado no Brasil passou por debates e, principalmente, disputas entre as empresas de radiodifusores e de telecomunicações. A disputa de interesse desses dois grupos acabou polarizando o debate em torno da questão da mobilidade e na demanda por conteúdos originais para cada mídia, permitindo interatividade. Como o padrão de TV digital brasileiro permite a transmissão de programação para celulares, o aparelho celular passa a integrar o grupo de dispositivos portáteis de recepção de TV digital. Em princípio, o celular dotado de receptor apropriado permitirá ao usuário receber o sinal de TV digital direto das emissoras de canais abertos, sem ter que pagar por isso. Mas, o usuário terá que assumir um custo maior para adquirir o celular capaz de receber o sinal de TV. O crescimento do número de usuários de celulares no Brasil indica que, num futuro próximo, o celular venha a ser não apenas um provedor de música, como já acontece, mas também um dos principais receptores de programas televisivos, além de ter a capacidade de armazenar conteúdos ampliada, pois este será um diferencial a estimular a concorrência entre os fabricantes (MATTOS, 2009b).

Segundo dados estimados pela Abinee, a produção de telefones celulares deverá totalizar 52 milhões de unidades em 2009, 29% abaixo de 2008 (73 milhões de unidades). Em 2008, o Brasil adicionou 30 milhões de novos usuários de celular e, segundo dados da Anatel referentes a julho de 2009, o Brasil alcançou 161,92 milhões de assinantes, ou seja, o número de celulares no país é quase o dobro do número de televisores. De acordo com dados postados no Portal da Anatel, em julho de 2009, três estados brasileiros, Rio de Janeiro, Mato Grosso do Sul e São Paulo, superaram a barreira de um celular por habitante, após registrarem índices de teledensidade de 100,62; 100,61; e 100,09 respectivamente. Entretanto, desde maio de 2005, o Distrito Federal já registrava uma teledensidade de 103,83.

Para se ter uma ideia da participação do celular como um novo canal de mídia capaz de revolucionar a transmissão de conteúdos televisivos, basta considerarmos o que vem acontecendo no setor musical.

> De acordo com a Associação Brasileira de Produtores de Discos (ABPD), as vendas de CDs e DVDs físicos caíram 31,2% em 2007, na comparação com o ano anterior, para

> R$ 312,5 milhões. O faturamento proveniente dos telefones móveis cresceu 127% para R$ 18,5 milhões e ficou bem acima dos R$ 5,7 milhões gerados pela venda de músicas na internet. A Sony Music já vendeu mais de 10 milhões de faixas via celular desde que começou a operar nesse formato, em 2006 (RAHAL & MOREIRA, 2009).

O celular passou a ser uma nova forma de se vender música digital, possibilitando às gravadoras, por exemplo, driblar os sites de download gratuito, apontando, assim, para uma perspectiva de que o celular poderá se transformar não apenas na maior fonte de receita das gravadoras de música como também dos produtores de conteúdos audiovisuais. Isto porque já começam a ser disponibilizados, via celular, filmes na íntegra, jogos, videoclipes e audiolivro, programas televisivos previamente embarcados e a recepção livre do sinal de emissoras de canais abertos de televisão.

Em reportagem de capa, a *Revista da Semana*, publicada em 28 de maio de 2009, destacava que a popularização do celular capaz de captar o sinal da TV aberta tende a crescer. Esta tendência pode ser estimada pela aposta que a Rede Globo vem fazendo com relação a esta tecnologia. Considerando a realização da Copa do Mundo de 2010, a emissora pretende transmitir imagens dos jogos já adaptadas às pequeníssimas telas dos celulares. Observe-se que a Fifa, desde 2009, já havia anunciado a intenção de cadastrar ao menos dez emissoras para produção de vídeos especiais para o formatinho e a Globo é uma das empresas que pretende se qualificar para tanto, porque dentro de "cinco anos haverá 50 milhões de usuários assistindo à TV aberta pelo celular", disse Octavio Florisbaldo, diretor-geral da Rede Globo, ao colunista Daniel Castro, da *Folha de S. Paulo*. Para Florisbaldo, "o celular tende a ser a segunda maior audiência da Globo, maior do que a internet, que já atrai muita gente por meio do portal Globo.com, mas que naturalmente exige uma assinatura".

Desta forma, TV digital no celular não é mais novidade no país. Saliente-se que em maio de 2008 a Vivo lançou uma campanha publicitária estrelada por Luciano Huck para comemorar a chegada do aparelho compatível com o sinal da TV digital. O filmete publicitário de 30 segundos foi veiculado nacionalmente em TV a cabo. Os aparelhos da Vivo permitem o livre acesso à programação normal das emissoras de televisão onde o sinal estiver disponível.

As principais indústrias do setor, a exemplo da Samsung, Sony Ericsson e LG, já disponibilizam no mercado aparelhos capazes de receber o sinal de TV. A novidade é a chegada ao mercado, desde abril de 2009, do primeiro celular capaz de captar os canais de TV aberta gratuitamente. Trata-se do aparelho Cefon 880T, apresentado em São Paulo pela

> EUTV, empresa especializada em sistemas, serviços, produção e distribuição de conteúdo multiplataforma (TV aberta analógica e digital, OneSeg, IPTV etc.), que também inaugura suas atividades no país. É distribuidora exclusiva para a América Latina da Etechco, indústria de tecnologia sediada em Shenzhen, China. O equipamento é o primeiro celular com dois SIM Cards homologados pela Anatel para o mercado brasileiro. Oferece a funcionalidade de captação de TV móvel aberta graças ao chip de alto desempenho, que vem embarcado nele, desenvolvido pela empresa de TV Móvel Telegent Systems (SCALIONE, 2009).

O portal do Ministério das Comunicações exibe ainda uma notícia, veiculada no ano de 2008, com o seguinte título: "Hélio Costa defende incentivos fiscais para celulares com TV digital". Para o ministro das Comunicações a empresa que fabricar aparelhos celulares com o sinal de TV digital aberta e gratuita deve ser contemplada com incentivos fiscais. Segundo o ministro, "se um aparelho tem tudo – agenda, GPS, rádio, MP3; porque não ter o chip para a

TV digital? São mais de 100 milhões de linhas no Brasil e a TV no celular já está funcionando perfeitamente em São Paulo, assim como vai acontecer em todo o Brasil de acordo com o cronograma. Todo mundo tem direito de ter a sua TV no celular."

O jogo de interesses e a disputa entre as operadoras de telefonia móvel e as empresas de radiodifusão começaram muito antes da definição do sistema de TV digital ser definido para o país. A disputa passa pela convergência digital que rompe com todos os paradigmas de transmissão e produção de conteúdos. As operadoras defendiam o modelo europeu, tendo em vista o ganho (tarifação, publicidade e serviços) que teriam com a comercialização de conteúdos embarcados. Os radiodifusores defendiam o padrão baseado na tecnologia japonesa (ISDB), que acabou sendo o adotado, porque esse padrão permite às emissoras de televisão

> segmentar seu sinal de forma a fazer diferentes transmissões, inclusive para receptores móveis, e sem custo. Assim, uma emissora poderá transmitir a mesma programação em definição standard (que tem resolução de imagem média), em alta definição e em baixa definição (esta última, especificamente para recepção móvel). [...] O temor dos radiodifusores é a concorrência das operadoras no mercado de transporte e de distribuição de conteúdo. Contra essa possibilidade o principal argumento é que, para entrarem nesse mercado, as operadoras móveis teriam de se submeter às regras constitucionais sobre o limite para a participação do capital estrangeiro (em até 30%), além de obrigações e responsabilidades editoriais (FRANÇA, 2006).

A Agência Nacional de Telecomunicações (Anatel) privilegiou as empresas de telefonia móvel ao destinar mais frequência para elas prestarem o serviço de internet, contra as empresas de TV por assinatura que utilizam o MMDS (micro-ondas). Atualmente, a maior parte da faixa de 2,5 gigahertz (GHz) é ocupada pelas operadoras de MMDS. Segundo a Anatel, em 2015 existirão no país milhões de acessos de telefonia móvel, incluindo banda larga via celular. Haverá uma fase de transição durante o qual o MMDS vai perder espaço gradualmente entre 2012 até 2015. A proposta da Anatel ficou à disposição para consulta até 16 de setembro de 2009. De acordo com a proposta, a faixa que ficará com o MMDS permitirá que seis operadoras prestem serviço de TV por assinatura (TAVARES, 2009).

As operadoras de TV por assinatura, por meio de micro-ondas terrestres, criticaram a proposta da Anatel de conceder mais espaço para expansão do serviço de banda larga móvel, pois isto significa que as operadoras que utilizam o MMDS terão que dividir com as empresas de telefonia celular a faixa de frequência de 2,5 gigahertz (GHz). De acordo com dados da Neotec, associação que reúne operadoras de TV paga que usam o sistema MMDS, referentes a agosto de 2009, estão funcionando no país o total de 71 operadoras de MMDS, que juntas atendem a 320 municípios (MATTOS, 2009b).

Por outro lado, de acordo com o depoimento de Alexandre Borin, diretor do Ericsson Mobility World no Brasil,

> as operadoras de telefonia, que antes concorriam com empresas de TV a cabo para prover acesso de banda larga à internet, hoje estão se associando para oferecer uma oferta convergente *quadruple play* (telefonia, TV, internet e celular). Para o usuário, a principal oferta deste serviço convergente é a TV móvel, que une o celular com a TV e a IPTV, que junta a internet banda larga à TV. Com a IPTV, que é muito superior à TV tradicional transmitida pela internet, o usuário tem uma experiência mais rica, personalizada e interativa, na qual uma grande diversidade de conteúdos está disponível para seleção imediata, além da tradicional TV ao vivo, que ganha no-

> vas facilidades de pausa, replay e gravação. Tudo disponível em seu controle remoto. Com a TV móvel, a mesma convergência e facilidades da IPTV ganham a conveniência extra da mobilidade. A TV se torna então interativa e disponível na palma da mão (BORIN, 2008).

Enquanto isso, a Associação Brasileira das Empresas de Rádio e Televisão (Abert) defende que o novo marco regulatório do setor preserve o papel da radiodifusão na TV digital. A Abert teme que a conversão entre os setores de radiodifusão e de telecomunicações implique em um domínio por parte do capital estrangeiro na comunicação brasileira. Isto porque a legislação atual permite às empresas de telecomunicações terem capital estrangeiro integral e serem gerenciadas por estrangeiros, enquanto as empresas de radiodifusão não podem ser nem de propriedade nem gerida por estrangeiros. Além deste aspecto da disputa por espaço e proteção específica, destaca-se a briga pelo direito de transmitir conteúdo em múltiplos canais, que tem sido acirrada. Vale salientar que, em agosto de 2009, a Justiça negou liminar movida pelas emissoras Band e Rede TV! para ter o direito de usar a multiprogramação na TV digital.

Esta disputa por ocupação de espaço no mercado, que está se estruturando com a tecnologia digital, deve-se, principalmente, ao interesse econômico devido à perspectiva dos altos lucros que as empresas podem auferir a partir dos investimentos feitos no setor. Segundo as "projeções feitas por fabricantes de celulares e operadoras, em todo o mundo, apontam para um mercado que deve girar em torno de US$ 10 bilhões (cerca de R$ 20 bilhões) em 2013, três vezes mais do que movimentou em 2008, de acordo com pesquisas da MultiMedia Inteligence" (*Revista da Semana*, maio 2009).

Em síntese, como explica Ethevaldo Siqueira, especialista no setor de telecomunicações, citado por Paulo França (2006), "as emissoras querem fazer a transmissão diretamente para aumentarem a audiência, enquanto as operadoras de telefone celular vislumbram a possibilidade de agregar um novo serviço". Diante disso, a produção e distribuição de conteúdo televisivo para todas as mídias passou a ser de fundamental importância para o futuro da televisão aberta.

Em julho de 2004, a Telefônica lançou, na Espanha, a primeira novela criada exclusivamente para ser transmitida para aparelho celular. Fruto de um acordo entre a Telefônica e a produtora holandesa Endemol, a história da novela gira em torno das aventuras de um DJ, permitindo que os usuários possam interagir com os personagens, opinando sobre as decisões deles. Em 2004, o brasileiro ainda não podia assistir à novela predileta via celular, mas as operadoras já ofereciam alguns serviços de imagens de TV pelo telefone. A Vivo oferecia a seus assinantes a possibilidade de acessar noticiários e programas de entretenimento da TV Terra. Também já era possível assistir, via celular, imagens do trânsito de São Paulo ou baixar *trailers* de longa-metragem. Por sua vez, a TIM já buscava negociar com emissoras a transmissão de alguns programas por meio da tecnologia Móbile TV. Já se discutia à época que o usuário pagaria pelo acesso aos conteúdos da TV, ou por mensalidade ou por minutos acessados (JIMENEZ, 2004).

Durante a Natpe de 2005, um dos maiores eventos de compra e venda de conteúdo audiovisual do mundo, a Fox anunciou a produção de duas novelas criadas especificamente para serem transmitidas para celular. As novelas, *The Sunset Hotel* e *Love and Hate*, teriam 26 capítulos de apenas um minuto de duração cada um.

Desde essa época, 2005, que as Organizações Globo, no Brasil, também já estava se preparando para a televisão digital e a transmissão de seus conteúdos em tempo real na internet e no celular, "mas, com a TV digital, a Globo quer um celular que seja receptor de TV sem que o sinal passe por uma operadora, que seja irradiado diretamente por ela" (CASTRO, 2005). Esta atitude já demonstrava que a disputa entre emissoras e operadoras, pela produção e transmissão do conteúdo, estava apenas começando. Em abril de 2009 a Globo anunciou que já estava iniciando a transmissão de telejornais exclusivos para telefones celulares.

A possibilidade de assistir a uma partida de futebol ou a novela predileta em qualquer lugar, mesmo quando em trânsito, do local de trabalho para casa ou vice-versa, é uma possibilidade de se concretizar a partir de 2010. Exatamente por isso, possuir um telefone celular, capaz de receber o sinal de TV, passou a ser o sonho de consumo das classes média e baixa brasileiras. No Brasil, a produção de conteúdo específico para a telinha do celular ainda está engatinhando, mas já existem pessoas fazendo uso dessa tecnologia para assistir novela ou jogos de futebol.

> Já existem algumas parcerias mantidas entre operadoras de telefonia com algumas emissoras de TV. A TV Cultura, por exemplo, em São Paulo, em parceria com a Claro já disponibiliza trechos dos programas Cocoricó, Rá-Tim-Bum e Pé na Rua. A Band tem conteúdo disponível nas três empresas de telefonia móvel, com destaque para quadros do humorístico CQC, líder de audiência na Vivo. As operadoras dizem que não cobram pelo tráfego de dados, apenas pelo acesso aos programas. Os preços do serviço, com planos de 30 minutos a 24 horas ininterruptas, variam de R$ 2,40 a R$ 15,00. A Globo, a única que ainda não lançou nada, de olho em algo maior, desenvolve versões resumidas de seus telejornais (*Revista da Semana*, 2009).

A Rede Globo estreou nas telinhas dos celulares em 2005, antes mesmo da implantação da TV digital no país, transmitindo simultaneamente para os assinantes da Vivo e da Claro. O primeiro conteúdo da Rede Globo para as teles móveis foi a oferta dos gols do campeonato brasileiro, em download de vídeo. Segundo Sergio Damasceno (2005) "a captação das imagens dos gols é a mesma da TV aberta, mas a edição para celular é especial e a própria Globo é responsável por essa edição, assim como pela codificação das imagens para os diversos modelos de handsets".

Em palestra, proferida durante o 52º Painel, promovido pela Telebrasil – Associação Brasileira de Telecomunicações, na Costa do Sauípe, na Bahia, em 2008, o Senador Antônio Carlos Magalhães Jr., que coordena o grupo de trabalho que consolida os projetos sobre televisão por assinatura no Senado, postulou "dois diplomas legais para a comunicação audiovisual: uma para infraestrutura e distribuição e outro para a produção, programação e empacotamento" de conteúdo. Segundo ele, a "distribuição em nenhum momento deve ser confundida com produção, programação ou empacotamento do conteúdo, atividades específicas da indústria do audiovisual". Para ele, o único obstáculo existente hoje para a transmissão do conteúdo da televisão digital aberta para terminais móveis é o atual modelo de negócio. O senador diz que

> é fundamental estimular acordos entre as operadoras de telefonia celular e as emissoras de televisão aberta, para possibilitar a disseminação da TV digital móvel. As operadoras ganhariam, além da conquista e fidelização de usuários, receitas oriundas dos serviços interativos disponibilizados. As emissoras teriam sua audiência ampliada e as receitas publicitárias dela derivadas. [...] Essas iniciativas contribuirão, sobremaneira, para a disseminação de redes de banda larga e, consequentemente, para a melhor distribuição do conteúdo digital multimídia no Brasil (FONSECA, 2008).

Para as operadoras, o modelo de negócios da transmissão da TV digital gratuitamente para aparelhos celulares é que não foi devidamente esclarecido sobre como elas vão ganhar dinheiro com isso se forem obrigadas a simplesmente transmitir o sinal. Na verdade, quem distribui os sinais são os radiodifusores e o usuário que quiser recebê-los terá que possuir um celular equipado com um chip para recepção. O problema que se apresenta aqui para as teles celulares é que a transmissão gratuita da televisão digital tira uma oportunidade de negócio.

Assim sendo, como perspectivas e tendências para o setor, pode-se dizer que a tecnologia digital já está reestruturando o mercado de comunicação no Brasil como um todo. Se a TV digital já está provocando mudanças, o aparelho celular digital vai provocar mudanças mais radicais. Muito se tem discutido sobre a produção de conteúdo destinado aos aparelhos celulares, mas poucos são os estudos que apontam, por exemplo, o celular como ferramenta apropriada para a produção de conteúdo multimídia. O usuário de celular digital, um cidadão comum, poderá se transformar também, ele mesmo, em produtor e distribuidor de conteúdos multimídia para grupos e redes.

Ao assumir a função de nova mídia digital, de alta mobilidade e portabilidade, capaz de receber, transmitir e armazenar conteúdos de todas as outras mídias, além de fotografar, filmar e enviar mensagens de texto, com o usuário assumindo uma postura ativa, participando como agente transformador e construtor da realidade, interagindo, sendo fonte, receptor e transmissor simultaneamente, pode-se afirmar que o celular entra nesta reestruturação do mercado com um papel de extrema importância.

As projeções indicam que no ano de 2013 mais de 50 milhões de usuários estarão assistindo programas televisivos por meio do celular, que é mais barato do que um televisor digital. Desta forma, o celular passa a ser a principal variável econômica que pode fazer a diferença no futuro do modelo de negócios a ser adotado pelo setor. Com a TV móvel e os celulares digitais capazes de receberem os sinais da TV aberta, a indústria brasileira de entretenimento ganha novas alternativas de receita.

A perspectiva que se abre no setor é que o conteúdo a ser captado pelo celular equipado com receptor específico, tanto pode ser a programação da TV aberta, uma mistura de programação em grade ou de programas sob demanda, personalizados e permitindo um alto nível de interatividade. Entretanto, o que poderá realmente garantir o sucesso da TV digital no celular é a adaptação do conteúdo ao formato da mídia.

O movimento estruturante do setor aponta para uma situação na qual o sucesso do novo modelo de negócio vai depender dos acordos operacionais que serão feitos entre operadoras de telecomunicações, radiodifusores e provedores de conteúdos, estabelecendo novas formas de cobrar pelos serviços oferecidos e de partilhar receitas.

O dilema que se apresenta para o sucesso da TV digital aberta no Brasil, neste momento, é como baratear a conversão do sistema analógico em uso, a fim de obter a adesão da maior parte da população de baixa renda *per capita*. A disseminação do hábito de assistir programas de TV no telefone celular, sem dúvida alguma, poderá, em futuro próximo, provocar a criação de novos horários nobres em faixas antes pouco vistas e lucrativas. A mobilidade permitirá também a abertura de um novo mercado publicitário. A audiência dos programas televisivos via celular vai estimular a produção de conteúdos em novos e específicos formatos, tais como miniepisódios dos seriados da TV produzidos pelas principais emissoras. Esses filmes terão cerca de dois minutos de duração e deverão ter relação direta com as séries e telenovelas da TV aberta (MATTOS, 2009b).

A diretora de novos negócios da HBO para a América Latina, Dionne Bermudez, por exemplo, diz que a estratégia de seu grupo para oferta de conteúdo para TV móvel envolve a formatação dos conteúdos para o celular e que eles não possuem problemas com a negociação de direitos para diferentes mídias: "Trabalhamos com edições de vídeo de até cinco minutos, clipes, trailers, bastidores etc. [...] Estamos negociando com as operadoras celulares [brasileiras] para disponibilizar esses conteúdos diretamente nos servidores delas para distribuição via *streaming* ou *download*, com modelos de assinatura ou pagamento por evento". Segundo ainda a representante do HBO, produções brasileiras como *Alice* e *Filhos do carnaval* "já têm móbile sites que podem ser acessados por qualquer celular com acesso à internet" (CORDEIRO, 2009).

Em síntese, pode-se afirmar que o avanço da convergência entre as mídias forçará também o estabelecimento de novas regras, um novo marco regulatório, pois os agentes envolvidos no processo hoje (telecomunicações e radiodifusão) são regidos por legislações distintas.

3

Cronologia da televisão brasileira

Síntese cronológica dos principais acontecimentos

Este capítulo está dividido em duas partes. A primeira apresenta uma breve história da evolução técnica da televisão no mundo, destacando os principais fatos a partir da descoberta deste aparelho que hoje se caracteriza como o maior veículo de comunicação de massa, conseguindo reunir em torno de si uma audiência de milhões de pessoas, tanto em cada país isoladamente como em toda a Terra, quando, por exemplo, se realiza a transmissão dos Jogos Olímpicos ou a Copa do Mundo de Futebol. A segunda parte, dedicada ao Brasil, apresenta uma cronologia, ano a ano, dos principais fatos da nossa televisão.

1 A evolução da TV no mundo

A história da televisão no Brasil começa oficialmente em 1950, mas, no que diz respeito à história da televisão propriamente dita, a cronologia começa no ano de 1873, quando o norte-americano Willoughby Smith descobriu que o elemento químico selênio possuía propriedades fotocondutoras, constatando que sua condutividade elétrica variava a depender da quantidade de luz. Dois anos depois, outro norte-americano, George Carey, propôs a criação de um aparelho de transmissão de imagens por meio de circuitos elétricos.

Esses dois americanos, portanto, deram os primeiros passos no sentido de viabilizar a criação da televisão tal qual a conhecemos hoje.

Em 1880, os cientistas, Sawyer (norte-americano) e Maurice Le Blanc (francês), idealizaram o "sistema de varredura", que passou a ser usado por todos os tipos de televisão. Por esse sistema, as imagens são transformadas em linhas e transmitidas uma a uma, em alta velocidade, numa sucessão de quadros, que são percebidos pelo olho humano como movimento e cuja imagem nós conseguimos reter devido ao fenômeno da persistência visual.

O primeiro sistema de televisão eletromecânica, utilizando o princípio da varredura, entretanto, só foi patenteado no ano de 1884, na Alemanha, por Paul Nipkow. Ele construiu um transmissor mecânico, conhecido como o disco de Nipkow, que foi utilizado pela televisão até 1940. O invento era formado por um disco giratório com pequenos orifícios de 0,02mm de diâmetro, dispostos em espiral, que permitiam a passagem da luz, decompondo a imagem numa sequência de linhas paralelas. Os sinais luminosos de cada linha atingiam uma célula fotoelétrica e eram transformados em impulsos elétricos conduzidos por um circuito elétrico. No receptor, uma espécie de lâmpada, os impulsos elétricos reproduziam os sinais luminosos de cada linha. A luz era projetada em um disco similar ao do transmissor, fazendo com que a imagem recebida fosse recomposta por um processo inverso ao da captação.

Foi também no ano de 1884 que Heinrich Hertz provou a existência das ondas eletromagnéticas, que passaram a ser conhecidas como ondas hertzianas. Os sinais de televisão são transportados por ondas hertzianas.

Prosseguindo nas pesquisas, em 1897, outro alemão, K.F. Braun desenvolveu o "tubo de vidro a vácuo", invento que viabilizou a televisão eletrônica. No século passado, em 1906, a "válvula de três polos" foi patenteada pelo norte-americano Lee de Forest.

Em 1911, surgiu uma fórmula teórica sobre o mecanismo de funcionamento da televisão moderna, esboçada pelo escocês Campbell Swinton. Em 1913, cientistas alemães conseguiram substituir o selênio da célula fotoelétrica por outro elemento, derivado do potássio, dando mais sensibilidade à célula, facilitando assim o aumento da velocidade de transmissão das linhas. Em 1917, as experiências americanas constataram que variando a carga de energia é possível modular a luz. Essa descoberta foi usada, em 1923, pelo escocês John Logie Baird e pelo norte-americano Jenkins nas experiências com a TV eletromecânica. Nesse mesmo ano, o russo Vladimir Zworykin patenteou um aparelho denominado iconoscópio, utilizando o tubo de raios catódicos de Braun. O iconoscópio (tubo a vácuo com uma tela de células fotoelétricas, que são percorridas por um feixe de elétrons), permite a análise eletrônica da imagem, princípio no qual a televisão atual está baseada.

A primeira demonstração da televisão, utilizando o sistema de varredura mecânica, foi realizada no ano de 1923, na Inglaterra, por John Logie Baird, que conseguiu reproduzir imagens, apesar de precárias, numa pequena tela. Em 1928, Baird testou, também pela primeira vez, a televisão em cores, fabricada com base no sistema eletromecânico. Baird usou três discos giratórios, um para cada cor primária: as fontes de luz eram constituídas por tubos de gás, sendo o mercúrio para o verde, o hélio para o azul e o néon, para o vermelho. No ano de 1929, nos Estados Unidos, foram realizadas as primeiras transmissões de imagens coloridas, entre as cidades de Nova York e Washington, pelo sistema de varredura mecânica e com definição de cinquenta linhas.

Em 1931, a Eletric and Music Industries (EMI), da Inglaterra, tentou padronizar o número de linhas e de quadros transmitidos por segundo nos sistemas de televisão. Naquela época, em vários países, eram produzidos aparelhos com diferentes padrões de definição.

Atualmente, há dois padrões básicos: o norte-americano (525 linhas e 30 quadros por segundo) e o europeu (625 linhas e 25 quadros por segundo). No que diz respeito à televisão em cores, existem três sistemas: o norte-americano NTSC (National Television System Committee), o francês Secam (Sequentiellemente et à mémoire) e o alemão PAL (Phase Alternation Line). O Brasil usava o padrão norte-americano preto e branco; quando introduziu a televisão em cores passou a compatibilizar o sistema de 525 linhas americano com o sistema a cor alemão gerando assim o sistema PAL-M.

Em 1936, na Inglaterra, a BBC (British Broadcast Corporation) inaugurou sua estação de transmissão, constituindo-se na primeira emissora de TV pública do mundo. Em 1937, a BBC transmitiu a coroação do Rei Jorge VI, que foi assistida por cerca de 50 mil telespectadores. No mesmo ano, foram iniciadas as transmissões de televisão na França. Em 1938, a URSS também começou a promover transmissões de televisão. Em 1939, nos Estados Unidos, começaram as transmissões em redes através da National Broadcasting Company (NBC) e The Columbia Broadcasting System (CBS). Mais precisamente, a partir do dia 20 de abril de 1939, sob os acordes de uma marcha ufanista da Feira Mundial, que se realizava em Nova York, a NBC, uma subsidiária da RCA Victor, começou a transmitir regularmente as imagens e o som do que viria a ser o primeiro canal de televisão comercial do mundo.

No período da Segunda Guerra Mundial, 1939 a 1945, as transmissões de televisão foram interrompidas na maioria dos países. As fábricas de televisores foram utilizadas na produção de material bélico. Na Inglaterra, a guerra praticamente silenciou a BBC, além de ter restringido as transmissões da NBC nos Estados Unidos e as transmissões da televisão de Moscou. Apenas a televisão alemã continuou transmitindo normalmente e só até o ano de 1943. A partir de outubro de 1944, a televisão francesa voltou a transmitir, bem como as televisões de Londres e de Moscou.

Em 1948, a televisão começou a ser programada pelas agências de publicidade, passando a receber anúncios regularmente como um novo veículo publicitário. Foi também em 1948 que o norte-americano John Walson idealizou a instalação de uma antena coletiva para fornecer transmissões televisivas por cabo coaxial (cabo metálico com revestimento isolante) para locais onde os sinais das emissoras não podiam ser captados. Este americano é considerado o pai da TV a cabo.

As pesquisas e o desenvolvimento da televisão só são retomados após a guerra, quando houve crescimento vertiginoso do número de aparelhos receptores vendidos. Segundo as estatísticas, em 1949, nos Estados Unidos, já existiam mais de um milhão de televisores. Em 1950, os Estados Unidos tinham 107 emissoras de televisão, transmitindo para quatro milhões de televisores. Em 1951 esse número cresceu para dez milhões e, em 1959, o total era de cinquenta milhões.

No ano em que a televisão chegou oficialmente ao Brasil, a Cuba e ao México, 1950, a BBC de Londres conseguiu realizar a primeira transmissão de TV internacional, transmitindo seu sinal além do Canal da Mancha, fato que foi considerado como primeira etapa para a formação de uma rede europeia de televisão, a Eurovisão. Nesse mesmo ano, tanto o Reino Unido como o Canadá adotaram o sistema de transmissão a cabo para levar o sinal de televisão aos locais onde não se conseguia captar os sinais eletromagnéticos. Em 1951, são realizadas as primeiras transmissões públicas em cores nos Estados Unidos, utilizando o sistema de 405 linhas e 24 quadros por segundo.

Em 1953, a BBC realizou a transmissão ao vivo da cerimônia de coroação da Rainha Elizabeth II, em Londres, cujas imagens foram recebidas na França, Bélgica, Holanda e Alemanha, tornando a Eurovisão uma realidade. Foi também em 1953 que a televisão cobriu pela primeira vez a entrega do Oscar, diretamente de Hollywood, quando o grande vencedor foi Gary Cooper. No ano de 1954, os Estados Unidos implantaram a televisão eletrônica em cores, usando o sistema NTSC. Outros dois fatos também contribuíram para marcar a história da televisão naquele ano: a campanha anticomunista do Senador Joseph McCarthy, que mobilizou a nação através da televisão, na qual ele ficou no ar 187 horas em 36 dias; e a transmissão ao vivo da Copa do Mundo da Suíça, pela Eurovisão, para onze países.

O sistema a cores francês Secam surgiu a partir de pesquisas realizadas por Henri de France, sendo apresentado oficialmente em dezembro de 1959 pela Compagnie Française de Télévision. Sua exploração industrial só começou mesmo a partir de 1966.

Entretanto, a grande revolução tecnológica que redimensionou a televisão foi a descoberta do videoteipe, lançado no mercado pela empresa norte-americana Ampex, em 1956. Até então, todos os programas da televisão eram transmitidos ao vivo e cheios de improvisações. Com a incorporação do videoteipe houve um melhoramento da linguagem visual. Esse equipamento eletrônico foi aperfeiçoado pelos japoneses, que o transformaram numa verdadeira magia eletrônica, o videocassete, que invadiu todos os lares, possibilitando aos japoneses dominarem o mercado desse setor por duas décadas. Originalmente, o videoteipe doméstico, ou videocassete, foi desenvolvido pela Sony e pela JVC (Japan Victor Company), que depois passaram também a contar com a concorrência da Panasonic, Sanyo e Toshiba.

Em 1960, foi realizada a transmissão ao vivo, pela TV, do debate entre os candidatos à presidência dos Estados Unidos, Richard Nixon e John Kennedy. Em 1962, a BBC realizou a primeira transmissão via satélite entre a Europa e os Estados Unidos, usando o satélite Telstar I, que permitia uma transmissão de no máximo quinze minutos. Dois anos depois, mais precisamente no dia 19 de agosto de 1964, cinquenta países estiveram reunidos em Washington, fundando então a Intelsat e, em consequência, no dia 7 de abril de 1965, foi lançado o primeiro satélite comercial do tipo Early Bird, que começou a operar em 25 de maio de 1965. Em 1966, a Copa Mundial de Futebol da Inglaterra foi a primeira a ser transmitida ao vivo pela televisão para todo o mundo. Em 1969, mais precisamente no dia 20 de julho, a chegada do homem à lua foi transmitida, via satélite, para cerca de 100 milhões de telespectadores em todo o mundo, inclusive o Brasil. Em 1975, nos Estados Unidos, a RCA inaugurou o primeiro canal de TV a cabo, o Home Box Office (HBO), o mais famoso canal de TV paga do mundo.

Em 1981, a BBC de Londres realizou outra transmissão apoteótica via satélite, para mais de 39 milhões de telespectadores de todo o mundo: o casamento do Príncipe Charles com Lady Di. No ano de 1985, o sistema digital de transmissão de TV começou a substituir a TV analógica tanto na América do Norte como na Europa. No período de 1998 a 2000, foram iniciados os processos de integração entre a televisão e a internet, a rede mundial de computadores, abrindo-se com isto novas perspectivas para maior interação entre as mídias que compõem as novas tecnologias da comunicação.

A partir da última década do século passado e da primeira deste século, foi iniciado, em todo o mundo, inclusive no Brasil, a substituição do sistema de televisão analógico pelo sistema digital. Quatro sistemas básicos de televisão digital, o norte-americano (ATSC), o europeu (DVB-T), o japonês (ISDB-T) e o chinês (DMB-T) disputam o mercado mundial. O Brasil adotou o sistema japonês. Estes padrões de TV digital terrestre permitem a imagem em alta definição e em definição standard, mas segundo Mario Baumgarten, executivo da Nokia Siemens da TV digital, existe uma diferença:

> No mundo real, os padrões ATSC (americano) e ISDB-T (japonês) permitem transmitir a definição standard apenas alternativamente à alta definição. Os padrões ATSC e ISDB-T não permitem, como o DVB-T, otimizar o uso do espectro. Com um canal de TV (6,7 ou 8 MHz), o padrão europeu permite ter várias emissões em definição standard ou transmitir simultaneamente em alta e standard definição (FONSECA, 2009).

2 A cronologia da TV no Brasil

Apesar da televisão só ter sido inaugurada no Brasil no ano de 1950, a história registra que, em junho de 1939, durante a Feira de Amostras do Rio de Janeiro, um público privilegiado pôde ouvir e ver Marília Baptista, Francisco Alves, Herivelto Martins, Dalva de Oliveira e outros artistas, mostrados através de um aparelho, semelhante a uma eletrola, com uma diferença básica: "no lugar do disco há um pequeno quadro de vidro fosco", como foi descrito pela revista *Carioca*. Aquela foi a primeira demonstração pública da televisão realizada no Brasil. A Telefunken, fábrica de aparelhos de som, instalou no recinto da feira um pequeno estúdio, gerando imagem e som para dez aparelhos receptores. Conta-se que, presente ao evento, Getúlio Vargas, entusiasmado com o invento, teria feito também um teste, tendo sua sorridente imagem transmitida para os receptores.

O evento mereceu uma chamada destacada na primeira página do jornal *O Globo*, do dia 10 de junho de 1939, cujo título registrava: "Abrindo nova phase de desenvolvimento cultural – A demonstração pública de televisão hoje, sob o patrocínio do Globo". E na reportagem de página interna registrou: "Promovemos uma apresentação que marcará o início de uma nova phase do nosso progresso, com a primeira demonstração pública de televisão. Contando com a graça e a arte de Josephine Baker e com o apoio do DNP – Departamento

Nacional de Propaganda e Difusão Cultural –, esta noite os cariocas poderão conhecer o milagre do século: a transmissão à distância de imagem e som, uma revolução digna do século XX".

Por sua vez, o *Diário de Notícias*, de 15 de junho de 1939, também propagava o "grande êxito que continua a alcançar a Exposição de Televisão, organizada pela Repartição de Correios do III Reich e sob patrocínio do Departamento Nacional de Propaganda". As demonstrações da televisão não comercial foram realizadas durante quinze dias, num pavilhão da Feira de Amostras do Rio de Janeiro, instalada numa área de milhares de metros quadrados, onde hoje se encontra a Av. Beira Mar. A exposição foi organizada pelo Ministério dos Correios da Alemanha e os convites, com entrada franca, foram distribuídos pelo Ministério da Justiça do Brasil.

Com o início da Segunda Guerra Mundial, a novidade ficou esquecida e só na década de 1950 retornou ao Brasil, para ficar definitivamente, encontrando-se hoje na condição de maior veículo de massa do país, atingindo todo o território nacional com suas transmissões, além de se constituir no maior veículo de mobilização de massa, caracterizando-se também como o veículo que absorve a maior fatia do bolo publicitário. Os equipamentos para as nossas primeiras emissoras chegaram durante o ano de 1949, com Chateaubriand iniciando sua instalação sob muito mistério, quase às escondidas, pois ele queria inaugurar a televisão no Brasil antes do México e de Cuba, países que também instalaram a televisão no ano de 1950.

Nesta sessão apresentamos, portanto, uma síntese cronológica dos principais acontecimentos envolvendo a televisão a partir do ano de 1950.

1950

- No dia 20 de janeiro foi inaugurada a sede da TV Tupi do Rio de Janeiro, mas inúmeras dificuldades técnicas contribuíram para um atraso no início das transmissões, o que só ocorreu no ano seguinte.

• No dia 10 de setembro aconteceu a primeira transmissão experimental da televisão brasileira, quando foi exibido um filme no qual Getúlio Vargas fala sobre o seu retorno à vida política.

• Em 18 de setembro foi inaugurada a TV Tupi-Difusora de São Paulo, a primeira emissora do Brasil e também a primeira da América do Sul.

• No dia 19 de setembro foi ao ar o primeiro telejornal brasileiro: *Imagens do Dia.*

• No dia 22 de novembro é autorizada a concessão para a TV Record, de São Paulo.

1951

• No dia 20 de janeiro foi inaugurada a TV Tupi do Rio de Janeiro.

• Bernardo Kocubeg dá início, no Brasil, à fabricação dos primeiros televisores; a marca era "Invictus".

• Em 1951, um televisor era vendido por nove mil cruzeiros, representando três vezes mais que o preço cobrado pela mais sofisticada vitrola da época.

• No dia 21 de dezembro começou a transmissão da primeira telenovela brasileira, *Sua vida me pertence*, escrita por Walter Foster. Essa novela, transmitida em dois capítulos por semana, tinha o patrocínio da Coty e era produzida pela agência de publicidade norte-americana J.W. Thompson.

• O primeiro beijo na boca mostrado na televisão brasileira aconteceu durante a novela *Sua vida me pertence* e foi protagonizado pela atriz Vida Alves e o ator Walter Foster.

1952

- No dia 14 de março foi inaugurada a TV Paulista, instalada em alguns apartamentos de um prédio residencial, na Consolação.
- No dia 1º de abril foi transmitida a primeira edição do *Repórter Esso*, que permaneceu no ar até o dia 31 de dezembro de 1970.
- Vai ao ar, na TV Tupi, o *Clube dos artistas*, único dos programas pioneiros a permanecer em exibição por trinta anos. Foi exibido até o ano de 1980.
- Vai ao ar pela primeira vez, na Tupi, o programa *Sítio do pica-pau amarelo*, adaptado por Tatiana Belinky e dirigida por Júlio Gouveia.

1953

- A TV Record, canal 7, terceira emissora de televisão a surgir em São Paulo, iniciou suas transmissões no dia 27 de setembro. Fundada pelo empresário Paulo Machado de Carvalho, foi a primeira emissora a ser inaugurada em prédio construído especificamente para a televisão. Um musical apresentado por Sandra Amaral e Hélio Ansaldo abriu o primeiro dia da transmissão da emissora.
- Vai ao ar, na TV Paulista, a primeira programação circense da televisão brasileira: *O circo do arrelia*.

1954

- A TV Record transmitiu o primeiro seriado de aventuras produzido no Brasil: *Capitão 7*, estrelado por Ayres Campos e Idalina de Oliveira.
- Só entre as cidade do Rio de Janeiro e São Paulo já existiam 12 mil televisores, num total de 34 mil em todo o país.

• O Ibope realiza a primeira pesquisa de audiência de emissoras de TV no Brasil.

1955

• No dia 17 de abril a Record lança a *Grande Ginkana Kibon*, um dos programas infantis de maior sucesso na TV e que foi transmitido por dezesseis anos.

• No dia 15 de julho a TV Rio, canal 13, foi ao ar. A segunda emissora carioca foi instalada com três câmaras usadas e uma linha de programas humorísticos com todo o elenco artístico da Rádio Mayrink Veiga. Foi também a primeira a vender a imagem de emissora popular. No início, a TV Rio dependia de um único anunciante: A tricomicina, um remédio contra a calvície. A TV Rio cresceu muito com programas tipo *Noite de gala*, de Flávio Cavalcante, e começou a cair em 1963, quando a TV Excelsior contratou praticamente todo o seu elenco de artistas.

• No dia 18 de dezembro a TV-Tupi-Difusora de São Paulo fez a primeira transmissão direta de um jogo de futebol (Santos x Palmeiras), realizado na cidade de Santos.

• Vai ao ar, na Tupi, o programa *O céu é o limite*, apresentado por J. Silvestre, que foi o primeiro dos programas de perguntas e respostas da TV brasileira.

• É fundada a TV Itacolomi, canal 4, mais uma emissora dos Diários Associados e a primeira do Estado de Minas Gerais, que fechou em julho de 1980. A TV Itacolomi se destacou, na primeira década de nossa televisão, pelo seu pioneirismo nas áreas artística, técnica e cultural, superando até mesmo as primeiras emissoras do Rio e São Paulo em ousadia e qualidade.

1956

- No ano de 1956, Assis Chateaubriand inaugurou nove estações da Rede Associadas.
- No dia 22 de fevereiro foi realizada a primeira transmissão direta interestadual. Os paulistas assistiram à partida Brasil x Inglaterra, realizada no Estádio do Maracanã, no Rio de Janeiro.
- A Record transmitiu ao vivo o Grande Prêmio de Turfe do Brasil, diretamente do Jóquei Clube do Rio de Janeiro.
- Pela primeira vez, as três emissoras de São Paulo conseguem faturar mais do que as treze emissoras de rádio juntas. Estima-se que, nesse ano, a audiência da televisão já atingia a cerca de um milhão e meio de telespectadores.
- Vai ao ar, na TV Tupi, a primeira telenovela destinada ao público infantil: *Polyana*, com adaptação de Tatiana Belinky e direção de Júlio Gouveia.

1957

- Foram iniciadas, em São Paulo, as transmissões sistemáticas para o interior do Estado.
- Dez emissoras de televisão já estavam em operação no país.

1958

- Foi inaugurada a TV Cultura, canal 2, de São Paulo.

1959

- Em outubro, o ministro da Justiça, Armando Falcão, assinou a primeira legislação regulamentando a censura na televisão brasileira, proibindo a divulgação de qualquer declaração do Deputado Tenório Cavalcanti sobre o caso Sacopã.

- A AEG Telefunken lançou no país o seu primeiro televisor, em preto e branco, com 21 polegadas.
- A atriz Neide Aparecida, reconhecida como tendo sido a primeira garota propaganda da televisão brasileira, atingia o auge. O público delirava quando ela estalava os dedos e, fazendo biquinho, gritava: "To-ne-lux!"

1960

- Em maio a Record sofre o primeiro e o pior de seus incêndios.
- No dia 7 de setembro foi inaugurada, por um grupo de empresários santistas, a TV Excelsior.
- No dia 19 de novembro, o Grupo dos Diários Associados, sob o comando de Assis Chateaubriand, inaugurou, em Salvador, a TV Itapoan, canal 5. O primeiro canal de televisão na Bahia, que só ganhou seu segundo canal em 1969. Em março de 1997, a TV Itapoan foi vendida ao Grupo da TV Record, do bispo Edir Macedo, da Igreja Universal.
- A TV Tupi usou, pela primeira vez, o videoteipe, numa adaptação de *Hamlet*, de William Shakespeare, dirigido por Dionísio de Azevedo. Foi o primeiro teleteatro a usar o VT no Brasil.
- Foi transmitido pela TV Cultura de São Paulo o primeiro telecurso brasileiro, visando preparar candidatos ao exame de admissão ao ginásio.
- Em 1960 já existiam vinte emissoras de TV espalhadas pelas principais cidades brasileiras e cerca de 1,8 milhão de televisores.

1961

- No dia 30 de maio o Conselho Nacional de Telecomunicações (Contel) foi criado pelo Decreto 50.666.

• É promulgado decreto que fixa em três minutos a duração do intervalo comercial.

• É proibida a participação de menores de dezoito anos nos programas de debates.

• Manuel da Nóbrega cria a Videum Produções, a primeira produtora independente de televisão do Brasil.

• A TV Tupi produziu, sob direção de Alfredo Palácios, e exibiu o primeiro seriado brasileiro: *Vigilante Rodoviário*. O seriado teve 38 episódios de 25 minutos e contou com o apoio da Norton Publicidade e patrocínio da Nestlé.

1962

• Decreto presidencial obriga todos os filmes transmitidos pela TV a serem dublados, além de determinar a obrigatoriedade de transmissão de pelo menos 25 minutos por dia de filmes brasileiros.

• A televisão já absorve 24% dos investimentos publicitários do país.

• Realizadas as primeiras experiências de televisão educativa no Rio de Janeiro, quando a TV Continental transmitiu aulas básicas do Curso de Madureza, simultaneamente com a TV Tupi-Difusora de São Paulo.

• É inaugurada a TV Gaúcha, em Porto Alegre, que foi o embrião para a constituição da Rede Brasil Sul de Comunicações (RBS).

• Com o nome de *Vamos brincar de forca?*, vai ao ar pela primeira vez, na TV Paulista, com duração de duas horas seguidas, o primeiro programa dominical de Sílvio Santos.

• No dia 10 de julho foi lançado, nos Estados Unidos, pela Nasa, o satélite Telstar, dando início à fase das transmissões de televisão via satélite.

- No dia 27 de agosto o Congresso Nacional aprovou o Código Brasileiro de Telecomunicações, sendo imediatamente promulgado.
- No dia 27 de novembro foi fundada a Associação Brasileira das Emissoras de Rádio e TV (Abert) com o objetivo de defender os direitos dos proprietários de emissoras de rádio e TV no país. A Abert surgiu a partir da mobilização do empresariado da radiodifusão e dos debates em torno do projeto do Código Brasileiro de Telecomunicações, promulgado em 1962. João Calmon foi eleito o primeiro presidente da Abert.
- No dia 24 de julho, o empresário Roberto Marinho, proprietário do jornal O Globo, do Rio de Janeiro, que já detinha duas concessões de canais de televisão, um para o Rio de Janeiro e outro para Brasília, assinou um contrato operacional com o grupo americano Time-Life.

1963

- Vai ao ar a primeira telenovela brasileira em capítulos diários: *25-499 ocupado*, produzida pela TV Excelsior, dirigida por Tito Miglio e estrelada por Tarcísio Meira e Glória Menezes. Há, porém, pesquisadores que apontam que a primeira telenovela encenada pela Excelsior teria sido *A morte sem espelho*, de Nelson Rodrigues, com a participação de Fernanda Montenegro e Sérgio Brito.
- Foi promulgado o decreto que regulamentou a programação ao vivo na televisão.
- A televisão brasileira começou a transmitir os grandes shows musicais.
- O Decreto 52.795, de 31 de outubro, regulamentou os serviços de radiodifusão, fixando os objetivos do rádio e da televisão, considerados de interesse nacional.

• Na Espanha, o Prêmio Ondas foi concedido ao programa jornalístico *Jornal de Vanguarda*, apresentado pela TV Excelsior, como o melhor telejornal do mundo.

• A TV Excelsior contrata artistas da TV Rio, dando início a vários *shows* no estilo americano, tais como *Times Square* e *Vovô Deville*.

1964

• No ano do Golpe Militar, havia no país 34 estações de televisão e mais de 1,8 milhão de aparelhos receptores.

• A TV Rio inicia a transmissão da novela de maior sucesso da década: *O direito de nascer*, dirigida por J.B. de Oliveira, o Boni. A telenovela foi baseada num *script* de rádio e serviu para caracterizar a nova programação da TV Rio, toda centrada na transmissão de telenovelas.

• Data também de outubro de 1964 a realização do III Congresso Brasileiro de Radiodifusão, no Hotel Glória do Rio de Janeiro. Presidido por João Calmon, esse congresso elaborou e aprovou o primeiro Código de Ética da Radiodifusão no Brasil, de acordo com anteprojeto de Clovis Ramalhete. O código permaneceu em vigência até setembro de 1980, quando foi substituído por outro aprovado durante o XII Congresso Brasileiro de Radiodifusão.

1965

• No dia 26 de abril foi inaugurada a TV Globo, no Rio de Janeiro.

• Em abril, a TV Record lançou o programa intitulado *O fino da bossa*, reunindo Elis Regina e Jair Rodrigues, marcando o início de uma série de musicais de grande sucesso.

• Começa a distribuição, em nível nacional, dos programas gravados em videoteipe e produzidos no Rio e São Paulo.

• A TV Excelsior realiza o primeiro Festival de Música Popular Brasileira, quando Edu Lobo foi o vencedor com a música *Arrastão*, interpretada por Elis Regina. Os festivais marcaram época não apenas na televisão, mas também na música brasileira.

• Em julho, o Ministério da Educação e Cultura formalizou o pedido de reserva de cem canais de televisão para fins educativos.

• Foi criada a Embratel – Empresa Brasileira de Telecomunicações –, dando início às transmissões via satélite.

• No dia 22 de agosto a Record colocou no ar o programa *Jovem guarda*, com Roberto Carlos, consagrando-se como o maior sucesso de todas as suas séries de musicais, devido à grande penetração entre a juventude da época, que possuía pouco espaço na TV.

• O ano de 1965 registra o primeiro grande sucesso das telenovelas no Brasil, com *O direito de nascer*, produzido pela Rede Tupi, batendo todos os recordes de audiência.

1966

• No dia 24 de março a TV Globo de São Paulo inicia suas transmissões.

• No dia 10 de abril foi ao ar pela primeira vez o programa dominical de Hebe Camargo.

• A TV Excelsior, de São Paulo, iniciou em 16 de maio a transmissão da mais longa telenovela da história da televisão brasileira: *Redenção*, que ficou no ar até o dia 2 de maio de 1968, apresentando um total de 596 capítulos. Escrita por Raimundo Lopes originalmente para o rádio (foi apresentada na Rádio Mayrink Veiga em 1957), *Redenção* teve como protagonista Francisco Cuoco, interpretando o médico Fernando Silveira, que, com seu comportamento misterioso, despertava grandes paixões. Além de ser a novela mais longa da televisão brasileira, *Redenção* originou a primeira cidade cenográfica erguida para uma novela, em São Bernardo do Campo, São Paulo. Mais tarde o local foi transformado no parque infantil Cidade da Criança. Essa telenovela foi dirigida por Waldemar de Moraes e contou também com a participação de Regina Duarte, Lélia Abramo e Márcia Real entre outros.

• No dia 27 de julho uma portaria do Serviço de Censura Federal enumerava exemplos dos assuntos e situações que estavam proibidos e não podiam ser transmitidos.

• No dia 29 de julho os estúdios da Record, em São Paulo, foram novamente destruídos por um incêndio.

• O controle acionário da TV Paulista, canal 5, é transferido da Organização Vitor Costa para Roberto Marinho (Organizações Globo), que dessa forma passou a ter a sua segunda emissora.

• O programa dominical *Música e alegria*, de Silvio Santos, estreia na Rede Globo, com quatro horas de duração.

• Entre setembro e outubro foi realizado o 2º Festival de Música Popular Brasileira, promovido pela TV Record, quando Chico Buarque de Holanda, com *A banda*, e Geraldo Vandré, com *Disparada*, foram os vencedores.

• Através do Decreto 59.366, de 14 de outubro, foi instituído o Fundo de Financiamento de Televisão Educativa.

• O Serviço de Censura de Diversões Públicas, do Departamento Federal de Segurança Pública, baixa novas normas para a censura de programas de televisão. Além de restringir a transmissão de programas estrangeiros, as normas estabeleciam os critérios para a censura prévia de filmes, programas e vídeos.

1967

- Criado o Ministério das Comunicações.

- No dia 28 de fevereiro, o Decreto-lei 236 modifica o Código Brasileiro de Telecomunicações, estabelecendo o total de, no máximo, dez estações para cada grupo ou entidade, limitando em cinco o número de emissoras em VHF. Esse decreto proibia taxativamente as TVs públicas de transmitir qualquer coisa que não fosse aula a distância, de acordo com os termos do Artigo 13: "A televisão educativa se destinará à divulgação de programas educacionais, mediante a transmissão de aulas, conferências, palestras e debates".

- Realizados os primeiros estudos para a implantação de um sistema doméstico de comunicações por satélite, com a elaboração do Projeto Saci (Satélites Avançados de Comunicações Interdisciplinares), para fins de teleducação.

- A TV Bandeirantes, de propriedade de João Jorge Saad, iniciou suas transmissões no dia 13 de maio, no Bairro do Morumbi, em São Paulo. Esta emissora viria a marcar época por seu jornalismo inovador e corajoso, tais como *O Jornal de Vanguarda* e *Canal livre*.

- A TV Record coloca no ar os programas humorísticos *A família trapo*, em março, e *Praça da alegria*, de Manoel da Nóbrega, em maio.

- A primeira novela da Rede Bandeirantes é transmitida, inovando na apresentação de capítulos com duração estipulada em 45 minutos. Trata-se de uma adaptação de *Os miseráveis* feita por Walter Negrão e Chico de Assis.

- É instituída a Fundação Centro Brasileiro de Televisão Educativa.

1968

- Criada por Decreto, no dia 15 de janeiro, a Aerp – Assessoria Especial de Relações Públicas, que passa a controlar a propaganda política do governo militar.
- No dia 4 de abril morre Francisco de Assis Chateaubriand Bandeira de Melo, o jornalista que implantou a televisão no Brasil, além de construir um verdadeiro império da comunicação com inúmeros jornais, revistas, emissoras de rádio e de televisão: Os Diários Associados. Com sua morte, um grupo de 22 cidadãos escolhidos pelo próprio Chatô criou o "Condomínio dos Diários Associados", herdando o caos administrativo: impostos não recolhidos, dívidas elevadas e atraso no pagamento dos funcionários.
- Renovando a linguagem das telenovelas e introduzindo a figura do anti-herói, foi ao ar, no dia 4 de novembro, a telenovela *Beto Rockfeller*, produzida pela TV Tupi. Essa novela ficou no ar por mais de um ano e é considerada um marco da televisão brasileira por ter inovado na forma, conteúdo e linguagem. Fez sucesso por abordar temas da realidade brasileira.
- Foi inaugurada a rede nacional de micro-ondas.
- A TV Globo inaugurou sua terceira emissora geradora, em Belo Horizonte.
- O programa dominical de Silvio Santos passa a ter seis horas de duração.
- A Rede Tupi de Televisão, dos Diários Associados, realiza a primeira exportação de um programa brasileiro: *Beto Rockfeller*.

1969

- Um incêndio nas instalações da TV Globo de São Paulo leva a rede a centralizar suas produções no Rio de Janeiro.

• Os brasileiros assistem ao vivo, em transmissão via satélite, o homem andando na lua.

• Incêndios destruíram também os teatros Consolação e Paramount, da TV Record, e todos os equipamentos da TV Bandeirantes que, mesmo assim, continuou a transmissão de sua programação a partir de seus caminhões de externa.

• A TV Cultura de São Paulo, que começou como emissora comercial vinculada ao Condomínio Acionário das Emissoras e Diários Associados, é vendida à Fundação Padre Anchieta – Centro Paulista de Rádio e Televisão Educativa.

• Foram inauguradas a Estação de Tanguá e a Estação Rastreadora de Itaboraí, para transmissões internacionais via satélite. Com isso o país se integrou ao sistema mundial de comunicação por satélite.

• Uma mensagem do Papa Paulo VI, recebida via satélite, inaugurou o primeiro Centro de TV, em Tanguá, no Rio de Janeiro, que passou a ser responsável pela interligação das emissoras de televisão.

• No dia 15 de março foi inaugurada a TV Aratu, canal 4, a segunda emissora de televisão da Bahia, inicialmente retransmitindo a programação da Rede Globo.

• No dia 1º de setembro, o *Jornal Nacional*, da Rede Globo, foi ao ar pela primeira vez. Este foi também o primeiro programa regular a ser transmitido em rede nacional, introduzindo o conceito e marcando o início das operações de rede no Brasil.

1970

• O censo demográfico nacional registrou que 27% das residências brasileiras já estavam equipadas com televisores.

- No dia 10 de janeiro houve um incêndio na TV Globo do Rio de Janeiro.
- A TV Gazeta, de propriedade da Fundação Cásper Líbero, inicia suas transmissões no dia 25 de janeiro, em São Paulo.
- No dia 1º de julho, a TV Oeste Paulista, da Rede Globo, em Bauru, inicia suas operações.
- No dia 17 de julho ocorre um incêndio nos estúdios da Vila Guilherme da TV Excelsior.
- A Copa do Mundo de 1970 é transmitida ao vivo para todo o país.
- Em 28 de setembro o governo federal cassa, definitivamente, a concessão do canal da TV Excelsior.
- A TV Globo já lidera os índices de audiência.
- A Rede Globo dá início à exportação de suas telenovelas, vendendo *Véu de noiva* para vários países.

1971

- O Ministério das Comunicações começa a considerar a utilização de satélites para telecomunicações domésticas.
- O Ministério das Comunicações determina, por meio de decreto, três minutos de intervalo comercial para cada 15 minutos de programação.
- A TV Excelsior encerra suas atividades.
- Inaugurada, em 21 de abril, a TV Globo de Brasília. Esta data marca também o início da veiculação do *Jornal Hoje*, um dos mais antigos telejornais da Rede Globo.
- 31% das residências brasileiras já estavam equipadas com televisores.

- A Bandeirantes transmitiu, em caráter experimental, os primeiros programas a cores da televisão brasileira.
- No dia 28 de outubro acontece um novo incêndio na TV Globo do Rio de Janeiro.
- Uma comissão interministerial foi formada para discutir e apresentar um projeto de regulamentação da profissão de ator em rádio e televisão.

1972

- No dia 31 de março, ocorre a primeira transmissão oficial em cores no país, cobrindo a Festa da Uva, em Caxias do Sul.
- Entra no mercado o televisor a cores, custando quase vinte salários mínimos da época.
- Cresce o número de emissoras da Globo e de afiliadas à Rede, com a entrada no ar da TV Globo do Recife, em 21 de abril; da TV Iguaçu, Curitiba; da TV Tibagi, Londrina, em 1º de abril; e da TV Triângulo, Uberlândia, em 15 de abril.
- O Prontel (Programa Nacional de Telecomunicações) foi regulamentado.
- A Record passou a investir em telejornalismo, lançando o *Tempo de Notícias*, apresentado por Hélio Ansaldo. Um telejornal que, além de informar, debatia os temas em pauta com a participação de especialistas. Depois passou a se chamar *Record em Notícias*, apresentado até 1996 por Murilo Antunes Alves.
- Em outubro, a Abert (Associação Brasileira de Rádio e Televisão) informava que o número de estações geradoras no país era de 64.
- No dia 3 de outubro, a Rede Globo transmitiu um programa a cores para o Canal 8 de Caracas, com imagens da fase final do

VII Festival Internacional da Canção Popular. Foi a primeira transmissão a cores internacional, via satélite, feita diretamente de São Paulo.

• A telenovela *Irmãos coragem*, produzida pela Globo, foi vendida para diversos países latino-americanos e passou a ser exibida por um canal porto-riquenho, em Nova York.

• Em novembro, de maneira inédita, a Rede Globo reuniu a imprensa e as agências de publicidade para apresentar sua programação para 1973, visando fechar também, antecipadamente, os patrocínios publicitários.

• Em fins de 1972 a imprensa escrita registra a saída do apresentador Abelardo Barbosa, o Chacrinha, da Globo e seu ingresso da Rede Tupi. Chacrinha era o último remanescente da programação da Globo dos tempos em que apelava para programas populares para manter a audiência. Chacrinha, juntamente com Costinha, Flávio Cavalcanti, J. Silvestre, *Balança mas não cai*, passou a integrar a grade dos programas populares com a qual a Tupi procurava melhorar sua audiência, tentando repetir a fórmula usada na década passada pela Globo, que agora investia para atrair um público mais qualificado no que diz respeito ao poder aquisitivo.

• Em dezembro é baixado um decreto que regulamenta a formação de rede, através do Prontel (Programa Nacional de Telecomunicações).

• Em 1972 também foi criada a Telebras (Telecomunicações Brasileiras S.A.), empresa responsável pelo serviço público de telecomunicações.

• A Rede Globo fechou o ano de 1972 como a maior rede do país, com 36 emissoras afiliadas e centenas de retransmissoras.

1973

• A Rede Globo produz sua primeira telenovela colorida: *O bem amado*, veiculada no período de 24 de janeiro a 9 de outubro. Esta novela foi responsável pela consolidação do horário das 22 horas para esse gênero de programa.

• O *merchandising* – a publicidade indireta de algum produto inserida no conteúdo do programa transmitido – foi introduzido na TV através da novela *Cavalo de aço*, da Rede Globo. O *merchandising* também é definido como a publicidade que é feita fora dos intervalos comerciais.

• Vai ao ar o *Fantástico*, produzido pela Rede Globo, programa de variedades de maior sucesso da TV brasileira.

• No ano de 1973 começam a transmitir a programação da Rede Globo: em 1º de abril, a TV Aratu, Salvador; em 1º de setembro, a TV Coligadas, Blumenau; em 1º de outubro, a TV Sergipe, Aracaju.

• A verba publicitária brasileira no ano de 1973 representou 1,32% do Produto Nacional Bruto, sendo superior a US$ 100 milhões.

1974

• Começam a operar as estações rastreadoras de satélites de Tanguá, Manaus e Cuiabá, com o objetivo de distribuir os sinais de televisão.

• Em 3 de junho o telejornal *Jornal Hoje*, antes com transmissão limitada ao Rio de Janeiro, passou a ter veiculação nacional.

• A TV Tupi inicia a implantação das "programações nacionais", padronizando seus programas em todo o país. A medida é adotada também pela Globo, em 1975, e, em seguida, por todas as demais redes.

- Vai ao ar a primeira telenovela educativa, *João da Silva*, realizada pela TV Cultura de São Paulo.
- No ano de 1974 a Rede Globo continua crescendo: no dia 1º de abril começam a transmitir sua programação a RBS-RS, Porto Alegre; a RBS-Caxias, Caxias do Sul; a RBS-Alto Uruguai, Erechim; a RBS-Tuiuti, Pelotas; a RBS-Imembui, Santa Maria, e, no dia seguinte, a RBS-Uruguaiana, em Uruguaiana, todas no Rio Grande do Sul.

1975

- A censura federal proíbe a exibição da telenovela *Roque Santeiro*, de Dias Gomes, que só viria a ser veiculada pela Rede Globo dez anos depois.
- Implanta-se no país, definitivamente, o conceito de rede de televisão, devido ao sucesso da programação nacional.
- Em outubro o jornalista Wladimir Herzog, diretor de jornalismo da TV Cultura de São Paulo, foi morto pelo Regime Militar.
- No dia 15 de dezembro foi fundada a Radiobras, através da Lei 6.301.
- Fundada a TV Tropical de Londrina, que deu origem à CNT.

1976

- O Brasil ocupa o quarto lugar entre os maiores usuários do Satélite Intelsat.
- Em janeiro o Grupo Silvio Santos ganhou a sua primeira concessão de um canal de TV, no Rio de Janeiro.
- No dia 1º de abril a TV Cultura, Maringá, passa a transmitir a programação da Rede Globo.

• No dia 26 de abril iniciam operações com a Rede Globo a TV Paranaense, Curitiba, substituindo a TV Iguaçu, e a TV Liberal, Belém, substituindo a TV Guajará.

• A Rede Globo inicia a exportação de seus programas, dublados em espanhol, para países da América Latina.

• O governo aprova o projeto de um Sistema Brasileiro de Telecomunicações por Satélite (SBTS), sustado em maio de 1977, devido à situação econômico-financeira do país.

• Em agosto, o *Programa Silvio Santos* deixa de ser transmitido pela Rede Globo, passando a ser transmitido pela Rede Tupi e TVS, no Rio de Janeiro.

• Um incêndio destrói parte das instalações da TV Globo, no Rio de Janeiro, descentralizando assim a programação da rede, que passa a ser produzida em outras cidades.

• Começam a transmitir a programação da Rede Globo: A TV Gazeta, Vitória, em 11 de setembro; a TV Gazeta, Maceió, em 27 de setembro; e a TV Rio Formoso, Gurupi, em 10 de dezembro.

1977

• Em 19 de janeiro a RBS Bagé começa a operar com a Rede Globo.

• Iniciados os estudos de meios alternativos para o atendimento das localidades que seriam servidas pelo SBTS. Como resultado, foi sugerido o aluguel de capacidade nos satélites do Intelsat.

• O governo regulamenta a propaganda gratuita oficial durante dez minutos por dia.

• A TV Bandeirantes inaugura no Rio de Janeiro a TV Guanabara e dá início à formação da sua rede.

• Um acordo operacional entre Silvio Santos e Paulo Machado de Carvalho permite que a TVS e a TV Record comecem a operar em conjunto.

• No dia 7 de março vai ao ar a versão do *Sítio do pica-pau amarelo* produzida pela Globo, que a transformou numa telenovela infantil, constituindo-se na versão que alcançou maior audiência.

• O empresário e publicitário Mauro Salles assume a vice-presidência dos Diários Associados (Tupi), na tentativa de recuperar o que restava do império de Chateaubriand, que estava à beira da falência. Dois meses depois ele desistiu da tarefa.

• No dia 26 de outubro começam operações com a Rede Globo a TV RBS-Rio Grande, e em 20 de dezembro a TV Anhanguera, Araguaína.

• Walter Clark é demitido da Rede Globo, sendo substituído por José Bonifácio Oliveira Sobrinho, o Boni.

• No dia 31 de dezembro é criada a Fundação Roberto Marinho, que passa a ser responsável pelos programas de educação à distância transmitidos pela Rede Globo.

1978

• Pesquisa sobre a televisão brasileira, realizada em nível nacional pela Abepec, constata que as telenovelas ocupam 12% do total da programação, da qual 22% são de filmes. Na primeira semana de março, 48% de toda a programação transmitida eram importados.

• O total de aparelhos de televisão era de 14.825.000, de acordo com estimativas da Abinee.

• Vai ao ar o *Telecurso 2º Grau*, produzido pela Fundação Roberto Marinho e Fundação Padre Anchieta, constituindo-se no programa educativo de maior sucesso da televisão brasileira.

• O disco com a trilha sonora internacional da telenovela *Dancin' Days*, produzida pela Rede Globo, bate recordes na categoria, vendendo 1,4 milhão de cópias.

• Em 1978, a sede da Abert é transferida do Rio de Janeiro para Brasília, onde de fato foi criada.

• A Globotec surgiu em 1978 como um braço para a produção de vídeos publicitários da Rede Globo.

1979

• O Presidente Ernesto Geisel extinguiu o AI-5 em março.

• Em 2 de abril estreia o programa *Jornal da Globo*, que vai ao ar de segunda a sexta-feira no final da noite.

• Em 28 de agosto, o então presidente da República, João Baptista Figueiredo, sancionou a Lei da Anistia. A partir de então, brasileiros exilados começaram a voltar ao Brasil. O governo também modificou a legislação eleitoral, restabelecendo o pluripartidarismo e começou a libertar os presos políticos.

• A TVE do Rio de Janeiro, de propriedade da Fundação Centro Brasileiro de TV Educativa, passou a integrar o Sistema Nacional de Televisão Educativa, coordenando as nove emissoras de televisão educativa existentes no país.

• A Rede Globo começa a produzir e a transmitir as *Séries brasileiras* com o objetivo de substituir os seriados importados.

• Carlos Augusto de Oliveira, o Guiga, assume a direção de produção e programação da Bandeirantes, dando início a uma nova fase na rede, cujo marco foi a produção da novela *Cara a cara*, de Vicente Sesso, dirigida por Jardel Mello.

• Novas emissoras iniciam a operação com a Rede Globo: em 11 de maio, TV RBS – SC, Florianópolis; em 30 de junho, a TV RBS – Cruz Alta; em 1º de outubro, a TV Campinas; em 24 de outubro, a TV Coroados, Londrina, substituindo a TV Tibagi; e, em 7 de dezembro, a TV Santa Catarina, Joinville.

• A série *O sítio do pica-pau amarelo*, baseada na obra de Monteiro Lobato, produzida pela Rede Globo, recebe o prêmio de melhor programa infantil do ano, concedido pela Unesco.

1980

• O dia 3 de fevereiro marca o final da censura oficial no telejornalismo.

• Em maio, seiscentos funcionários da TV Tupi de São Paulo fazem uma greve por terem recebido cheques sem fundos em vez de salários, atrasados há dois meses. Tal atitude compromete a programação da emissora, retirando do ar algumas produções, inclusive a novela *Como salvar meu casamento*, faltando seis capítulos para o seu final.

• No dia 14 de julho, a TV Tupi de São Paulo, a primeira emissora do país, é retirada do ar por uma ação mais ousada dos funcionários grevistas. O incidente força o governo a resolver o problema para o "Caso Tupi". A Editora Abril e o Condomínio Associados mantiveram negociações com a intermediação e apoio do governo, mas a Abril desistiu de assumir o controle da Rede Tupi devido ao alto valor da dívida da emissora.

• No dia 15 de julho houve uma nova reunião entre vários ministros, presidida pelo chefe da Casa Civil, Golbery do Couto e Silva, no Palácio do Planalto, para decidir o destino da Rede Tupi, que acabou culminando com a cassação, por corrupção financeira e dívidas para com a Previdência Social, da concessão de todos os canais da Rede Tupi, pertencentes aos Diários Associados, distribuindo-os depois entre Silvio Santos (SBT) e Adolfo Bloch (Manchete).

• Com a extinção da Rede Tupi, a Record passou a liderar, juntamente com a TVS (TV Studios) do Rio de Janeiro, a REI (Rede de Emissoras Independentes), composta em sua maioria por emissoras que integravam a Tupi e buscavam a sobrevivência, vendendo espaço para as produções dos Estúdios Silvio Santos.

• Existem, no país, 106 emissoras comerciais e 12 estatais.

• A Rede Globo recebe o Prêmio Salute, concedido pela International Council of the National Academy of Television, Arts and Scienses, dos Estados Unidos, devido à qualidade dos programas por ela produzidos.

• Iniciam operação com a Rede Globo: em 14 de abril, a TV Globo de Juiz de Fora; em 28 de maio, a TV RBS – Umbu, Passo Fundo; em 8 de setembro, a TV Borborema, Campina Grande; em 29 de setembro, a TV Norte Fluminense, Campos; e, em 12 de novembro, a TV Ribeirão, Ribeirão Preto.

• Foram vendidos nesse ano um milhão de televisores coloridos. Presumivelmente, grande parte das vendas foi motivada pela visita do Papa João Paulo II. No ano de 1980 existiam em operação no país 113 emissoras de TV e o Brasil já ocupava o sexto lugar no *ranking* mundial em número de televisores.

1981

• Em abril, sob a coordenação de programação de Carlos Queirós Teles, a TV Cultura de São Paulo lançou o *Teleconto* e o *Telerromance*, programas dedicados à adaptação de obras literárias em formato de cinco e de vinte capítulos respectivamente.

• A Rede Globo investe no telejornalismo, lançando o *TV Mulher* e o *Bom dia São Paulo*, teste para o *Bom dia Brasil*, lançado pouco tempo depois, nos mesmos moldes do programa norte-americano *Good Morning America*.

• Em agosto o empresário Silvio Santos ganha a concessão de algumas emissoras que pertenciam à Rede Tupi, inclusive o canal 4, de São Paulo, inaugurando assim a sua rede, o SBT (Sistema Brasileiro de Televisão).

• No dia 19 de agosto, os empresários Adolpho Bloch e Silvio Santos assinam, em Brasília, a concessão das duas novas redes de televisão, mas a Rede Manchete só entraria no ar em 1983, após um investimento de US$ 50 milhões em equipamentos.

• Em 1981 a Rede Globo já exportava seu programas (*Fantástico*, jogos de futebol e telenovelas) para 71 países.

1982

• A crítica italiana concede o Prêmio Asa de Ouro do Sucesso à telenovela *Dancin' Days*, produzida pela TV Globo e transmitida no Brasil no período de 10 de julho de 1978 a 26 de janeiro de 1979.

• Em abril a Globo produz sua primeira minissérie: *Lampião e Maria Bonita*, exibida em oito capítulos.

• Começa o *boom* do videocassete no país e a expansão da produção independente de vídeo.

• O programa especial *Morte e vida Severina*, produzido pela Rede Globo, ganha o Prêmio Emmy, concedido pelo International Council of the National Academy of Arts and Scienses dos Estados Unidos.

• A TV Bandeirantes é a primeira emissora a utilizar o satélite em suas transmissões, substituindo o sistema de micro-ondas e barateando os seus custos.

• Criado o Sinred (Sistema Nacional de Radiodifusão Educativa) vinculado ao Ministério da Educação e Cultura e ao Ministério das Comunicações.

• Em 9 de agosto a Produtora Independente de Vídeo, da Editora Abril, inicia as suas transmissões, por meio da TV Gazeta, de São Paulo, que lhe reservou quinze horas semanais no horário nobre.

• A TV Cultura de Chapecó começa a transmitir a programação da Rede Globo.

1983

• No dia 1º de janeiro a Rede Globo gera retransmissão da TV SAT, pelo satélite Intelsat.

• Em 3 de janeiro a Globo cria mais um horário para o telejornalismo nacional: *Bom dia Brasil*, a partir da aprovação da fórmula testada, com sucesso, com o *Bom dia São Paulo.*

• A Rede Manchete inicia suas transmissões no dia 5 de junho com cinco emissoras próprias e uma afiliada, a TV Pampa, de Porto Alegre, com uma programação dirigida ao público das classes A e B. Com uma imagem futurística, suas transmissões foram iniciadas com a exibição do logotipo da rede sobrevoando vários pontos do país. A viagem acabava no Rio de Janeiro, com o pouso do logotipo no alto do imponente prédio de mármore, projetado por Oscar Niemayer, sede do grupo. Um *show* intitulado *Mundo mágico* serviu de abertura de gala para a Rede Manchete. O *show* prolongou-se até as 22 horas, seguido da exibição do filme *Contatos imediatos do terceiro grau*, de Steven Spielberg. Segundo registros da própria emissora, a estreia da Rede Manchete foi excepcional, atingindo picos de audiência que incomodaram a Rede Globo. *O mundo mágico* atingiu a marca de 33 pontos no Ibope contra 35 do *Fantástico – O show da vida*, da Globo. O filme de Spielberg, por sua vez, alcançou, naquele dia, a liderança de audiência, obtendo 27 pontos contra apenas 12 da Globo.

• A Sociedade de Radiodifusão Ebenezer ganha a concessão do canal 13, TV Rio, que em 1975 teve seus transmissores lacrados pelo Dentel e a concessão cassada por motivo de falência.

• O *Jornal Nacional*, da Rede Globo, já era o programa de maior audiência da televisão brasileira.

• Novas emissoras iniciam operação com a Rede Globo: em 24 de janeiro, a TV Rondônia, Porto Velho; a TV Acre, Rio Branco; A TV Roraima, Boa Vista; e a TV Amapá, em Macapá. No dia 1º de julho A TV Tapajós inicia operação com a Rede Globo.

1984

• Em 25 de janeiro a TV Cultura faz a cobertura ao vivo do comício a favor das diretas para presidente, realizado na Praça da Sé, em São Paulo. A partir de então, a televisão brasileira adere à campanha das eleições *Diretas já*.

• Através da telenovela *Transas e caretas*, de Lauro César Muniz, a Globo populariza o videogame Atari por todo o país. No *merchandising* inserido na novela, chegava-se ao requinte de ensinar o telespectador como usar o cartucho verdadeiro, evitando o "pirata" que danificaria o equipamento.

• Em agosto a Rede Manchete produz sua primeira minissérie, *Marquesa de Santos*, conquistando sete pontos de audiência.

• São instalados no Rio de Janeiro os primeiros cabos de fibra ótica, facilitando a introdução do videotexto no país.

1985

• No dia 15 de janeiro a TV transmite ao vivo a eleição indireta de Tancredo Neves, presidente, e José Sarney, vice-presidente.

• Em janeiro a Rede Manchete lança a modelo e manequim Xuxa na televisão, apresentando o *Clube da criança*.

• A Globo começa a planejar sua expansão no exterior.

• Lançado, em março, o primeiro satélite brasileiro de comunicação, com 24 canais, e o segundo, em março de 1986. Em 1988, o país estaria com 48.

• A Globo deixa de veicular o programa infantil *Sítio do pica-pau amarelo*, levado ao ar no período de 7 de março de 1977 a 1985. Esse programa, que foi considerado pela Unesco como o melhor programa infantil do mundo, voltou a ser transmitido com uma nova versão em novembro de 2001.

• No dia 10 de março é inaugurada, em Salvador, a Televisão Bahia Ltda., a TV Bahia, canal 11, inicialmente transmitindo o sinal da Rede Manchete e desde 1987 o da Rede Globo. A apresentadora Xuxa foi quem comandou o ato de inauguração.

• Em abril a Rede Manchete inicia a transmissão, em onze capítulos, do documentário *Xingu, a terra mágica dos índios*, de Washington Novaes. Esse documentário deu início a uma nova fase na produção do gênero pela TV brasileira.

• Em agosto a Manchete iniciou a exibição da primeira novela produzida pela emissora, *Antônio Maria*, juntamente com a série *Tamanho família*, mas nenhuma das duas produções obteve sucesso de audiência. Nesse mesmo ano, Adolpho Bloch, até então preocupado apenas em produzir programas de alta qualidade, aprova o lançamento de programas humorísticos e mais populares, apresentados por Pepita Rodrigues, Carlos Eduardo Dollabella e Miéle, numa tentativa de obter melhores índices de audiência.

• Assinado o Decreto 91.837, de 25 de outubro, que regulamenta os serviços de radiodifusão. No Artigo 91 está expresso que os fundadores de uma emissora não podem transferir o controle acionário antes de completar cinco anos à frente do negócio.

1986

- Em fevereiro um incêndio destrói 90% dos equipamentos da TV Cultura de São Paulo, resultando em um prejuízo da ordem de US$ 17 milhões.
- Inaugurada a TV Educativa da Bahia, vinculada à Fundação Instituto de Radiodifusão Educativa da Bahia.
- Em fevereiro, uma retransmissora da Manchete, canal 13, é inaugurada em João Pessoa, Paraíba, através de uma parceria com o Sistema Correio de Comunicação, do Grupo Polyutil. No mesmo mês também é inaugurada em João Pessoa a retransmissora da TV O Norte, retransmitindo a programação do Sistema Brasileiro de Televisão (SBT).
- Em agosto a Rede Manchete lança a novela *Dona Beija*, um investimento total de US$ 2 milhões, e o programa *Cinemania*, apresentado por Wilson Cunha. Estrelada pela atriz Maitê Proença e com toques refinados de erotismo e sensualidade, *Dona Beija* alcança a marca de quinze pontos de audiência, transformando-se no primeiro grande sucesso da rede na área da teledramaturgia.
- No final de 1986 surge a primeira emissora de João Pessoa: A TV Cabo Branco, canal 7, do empresário José Carlos da Silva Júnior. Essa emissora foi pioneira no telejornalismo em João Pessoa. Inicialmente, a emissora transmitia a programação da Rede Bandeirantes, mas a partir de 1º janeiro de 1987 passou a transmitir a da Rede Globo.
- Novas emissoras passam a transmitir o programa da Rede Globo: a TV Noroeste Paulista, em São José do Rio Preto, no dia 21 de abril; e, em 1º de julho, a TV Amazonas, de Manaus, substituindo a TV Ajuricaba.
- É lançado o satélite Brasilsat A2, que integra o sistema nacional de telecomunicações.

1987

- As exportações dos programas da Rede Globo atingem o total de US$ 20 milhões.
- A TV atinge uma audiência potencial de noventa milhões de telespectadores, equivalente a 63% da população brasileira.
- Existem 31 milhões de aparelhos de TV no país, dos quais 12,5 milhões em cores.
- Em março, sob a direção de José Wilker, responsável pela dramaturgia da Manchete, foi lançada a novela *Corpo Santo*.
- Em abril a Rede Manchete apresenta uma nova revelação dos programas infantis: Angélica, com apenas treze anos de idade, incluída no elenco do programa *Nave da fantasia*. Angélica foi ganhando experiência até ocupar a vaga de Xuxa, passando então a apresentar o *Clube da criança*.
- Em julho, a TV Bahia, canal 11, passa a integrar, como afiliada, a Rede Globo de Televisão, substituindo a TV Aratu, canal 4, depois de uma luta travada na justiça.
- Começam a transmitir sua programação da Rede Globo, em 1º de março, a TV Montes Claros; em 1º de julho, a TV Imperatriz; em 1º de novembro, a TV Cabugi, Natal; e, em 1º de outubro, a TV Leste, Governador Valadares.
- No dia 12 de dezembro é inaugurada a TV Cabrália, que começou transmitindo a programação da Rede Manchete, mudando depois para o SBT e, desde 1º de julho de 1995, pertence à Rede Record, do Bispo Edir Macedo.

1988

- No dia 1º de janeiro, novas emissoras iniciam operação com a Rede Globo: a TV Liberal, de Marabá, e a TV Cachoeiro, de Cachoeiro do Itapemirim.

- Quase três milhões de aparelhos de videocassete são utilizados no país.
- Em 1988, a terceira geração da família de Paulo Machado de Carvalho assume o controle da Record e, juntamente com Sílvio Santos, decide colocá-la à venda.
- No dia 1º de abril foi inaugurada a TV Sudoeste, em Vitória da Conquista, na Bahia, transmitindo a programação da Rede Globo.
- Em 1º de junho o canal 13 do Rio de Janeiro reinicia suas transmissões baseadas em programas evangélicos e jornalísticos.
- No dia 21 de junho o Brasil ganhou a sua primeira legislação específica de TV a cabo. Trata-se do Decreto 143, autorizando a simples recepção de sinais através de uma antena coletiva e sua redistribuição por cabo.
- No dia 5 de outubro foi promulgada a nova Constituição brasileira, modificando o sistema de concessões de canais de rádio e de televisão.
- No dia 5 de novembro foi inaugurada a TV Santa Cruz, segunda emissora do município de Itabuna, Bahia, afiliada da Rede Globo.
- Começam a transmitir a programação da Rede Globo: em 1º de junho, a TV Subaé, Feira de Santana; em 1º de agosto, a TV Sul de Minas, Varginha; em 28 de setembro, TV RBS – Santa Cruz, Santa Cruz do Sul; em 1º de outubro, a TV Vale do Paraíba, São José dos Campos; e, em 1º de novembro, a TV Santa Cruz, em Itabuna.
- Entre março de 1985 e setembro de 1988 foram concedidas 1.028 outorgas de rádio e televisão no país. A maioria delas concedidas a políticos em troca da extensão do mandato presidencial de José Sarney.

• Mais de 64% das 34.860.700 residências do país já estavam equipadas com aparelhos televisores.

• Em 27 de março, Roberto Marinho afastou Armando Nogueira da direção da Central Globo de Jornalismo. Ele vinha sofrendo desgastes internos desde o episódio da edição do debate entre Lula e Collor. Foi substituído por Alberico de Souza Cruz, que assumiu o comando de todos os telejornais da Rede Globo.

• Em junho a Manchete lança a telenovela *Kananga do Japão*, com Christiane Torloni e Raul Gazolla.

• Em setembro, a Manchete lança o que viria a ser um dos melhores programas jornalísticos da TV brasileira: *Documento especial*, apresentado por Roberto Maia e dirigido por Nelson Hoineff. Programa jornalístico explícito, abordava temas polêmicos e sensacionalistas como nenhuma outra emissora tinha conseguido produzir até então.

• Em outubro, a Universidade Federal da Paraíba lança o embrião da TV Universitária de João Pessoa, uma retransmissora da TV Educativa do Rio de Janeiro, operando no canal 4.

• Começam a transmitir a programação da Rede Globo: em 1º de abril, TV Pontal, Ituiutaba; em 1º de junho, TV Ponta Porã; em 1º de julho, TV Cataratas, Foz do Iguaçu; e TV Central, São Carlos; em 1º de outubro, TV Lagos, Cabo Frio; e TV Centro América, Rondonópolis; e, em 1º de dezembro, a TV Balasa.

• Em novembro de 1989 o Bispo Edir Macedo, líder da Igreja Universal do Reino de Deus, compra a Rede Record por, segundo ele, US$ 38 milhões. Sob a nova gestão, a Record transforma-se em rede nacional.

• Em 13 de dezembro de 1989 o ministro das Comunicações, Antônio Carlos Magalhães, editou a Portaria 250, substituindo a 143, implantando o Serviço de Distribuição de Sinais de TV por Meios Físicos - DISTV.

1990

- A Rede Manchete passa a produzir novelas e minisséries, investindo nas belas paisagens do interior do país e explorando a sensualidade do nu feminino. Com esta estratégia consegue tomar preciosos pontos da audiência das novelas da Globo. Em março, a novela *Pantanal*, o marco da nova fase das produções da Manchete, é levada ao ar. Produzida por Benedito Ruy Barbosa e dirigida por Tisuka Yamasaki, *Pantanal* revoluciona a TV brasileira, ultrapassando a marca de 30 pontos no Ibope. Recheada de cenas turísticas, ecológicas e sensuais, seus capítulos conquistam os telespectadores e a rede fatura, nesse ano, mais de US$ 120 milhões.
- A televisão transmite para todo o país a posse de Fernando Collor de Melo, primeiro presidente eleito pelo voto direto depois do Golpe de 1964.
- Através do Decreto 99.180, de 15 de março, foi criado o Ministério da Infraestrutura que, entre outros órgãos, absorveu o Ministério das Comunicações, transformado em Secretaria Nacional de Comunicações.
- No dia 30 de julho, o Departamento Nacional de Serviços Privados da Secretaria Nacional de Comunicações do Ministério da Infraestrutura baixou a Instrução n. 4, estabelecendo procedimentos para a solicitação de instalações de estações dos serviços de radiodifusão e especiais de televisão por assinatura e de retransmissão de televisão.
- Em setembro, um documento contendo nove mil assinaturas contra a "licenciosidade e violência na TV" foi entregue ao mi-

nistro da Justiça por representantes de um grupo que se autodenomina "O amanhã dos nossos filhos".

• No dia 11 de setembro, durante a abertura do seminário "A Problemática da Comunicação de Massa: Reflexões e Soluções", promovido pelo governo, em Brasília, o ministro da Justiça, Bernardo Cabral, afirmou que não há qualquer possibilidade da TV brasileira voltar a ser vítima da censura prévia, defendendo o ponto de vista de que cada veículo de comunicação deve estabelecer seus limites ao tratar de assuntos controvertidos.

• No dia 18 de setembro a televisão brasileira completou quarenta anos, demonstrando ter atingido, com sua criatividade, uma maturidade que a tornou capaz de competir no exterior, ampliando as exportações de seus programas.

• No dia 19 de outubro o Governo Collor de Mello baixa a Portaria 733, estabelecendo a classificação indicativa de programas de rádio, televisão e espetáculos de diversão pública.

• Fundada no dia 1º de dezembro, a TV Norte, no município de Juazeiro, Bahia, transmitindo a programação da Rede Globo e pertencente ao grupo Rede Bahia.

• Em dezembro a Manchete lança uma nova produção: *A história de Ana Raio e Zé Trovão*, telenovela intinerante, que percorreu 14 mil quilômetros durante os dez meses em que esteve no ar. Custou US$ 8 milhões, atingindo uma audiência média de 16 pontos do Ibope, não obtendo o mesmo sucesso de *Pantanal*.

• Começam a transmitir a programação da Rede Globo: em 1º de abril, TV Sudoeste, Vitória da Conquista; em 1º de maio, TV Serra Mar, Nova Friburgo; em 1º de setembro, TV Anhanguera, Rio Verde; e TV Maranhão Central, Santa Inês; em 1º de dezembro, TV Norte Baiano, em Juazeiro; TV Rio Sul, Resende; e TV Aliança Paulista, em Sorocoba.

• Nove anos depois da criação da MTV norte-americana é criada a MTV Brasil (Music Television), começando a operar com retransmissões apenas para as cidades do Rio de Janeiro e São Paulo.

• As telenovelas brasileiras são exportadas para 127 países diferentes.

• Em 1990 a Globo realizou a sua primeira coprodução: a telenovela *Lua cheia de amor*, tendo como associados minoritários a TVE, emissora estatal da Espanha, e a RTS-1, um canal de TV da Suíça, que transmite em italiano.

1991

• Em 1991 entra em vigor o Código de Ética da Abert – Associação Brasileira de Emissoras de Rádio e Televisão.

• No dia 1º de fevereiro a TV Oeste, do Sistema Bahia de Comunicação, começa a transmitir em Barreiras, atingindo a mais de 31 municípios da região Oeste da Bahia.

• No dia 8 de março o canal 13 de João Pessoa, que retransmitia o sinal da Rede Manchete, passou a retransmitir o sinal da Rede Bandeirantes de televisão.

• Em maio o SBT põe no ar um telejornal popular: *Aqui agora*, que estreou no dia 20 de maio copiando o modelo de jornalismo popular usado nas emissoras de rádios: sensacionalista, com notícias policiais e muito apelo sexual.

• No dia 10 de junho o *Diário Oficial da União* publicou uma proposta para regulamentação dos serviços de cabo.

• A Globograph, empresa do Grupo Roberto Marinho especializada na produção de vinhetas e efeitos especiais para TV, importou um supercomputador Apollo DM 10.000, fabricado pela Hewlett Packard, com o objetivo de ampliar sua participação no mercado de filmes publicitários.

- No dia 5 de agosto é inaugurada, em João Pessoa, Paraíba, a terceira emissora local: a TV Tambaú, canal 5, pertencente ao Grupo Marquise. Inicialmente, a emissora transmitia o sinal da Rede Manchete, passando, no entanto, a partir de 1º de julho de 1995 a retransmitir o sinal do SBT.
- Em agosto surgiram rumores de que o empresário e, na época deputado federal, Paulo Otávio, estaria comprando a Rede Manchete, mas nada se concretizou.
- Os programas sobre os conflitos no Golfo Pérsico têm recordes de audiência nas televisões de todo o mundo.
- A Globo foi a primeira emissora de TV no Brasil a utilizar a computação gráfica na televisão, criando vinhetas para abertura de seus programas.
- Começam a transmitir a programação da Rede Globo: em 1º de fevereiro, TV Oeste, da Bahia, em Barreiras, e TV Mirante, São Luís, substituindo a TV Difusora; em 1º de agosto, TV Grande Rio, Petrolina; e Asa Branca, em Caruaru.
- É implantado o sistema de televisão por assinatura. Os canais são distribuídos pela Net-Multicanal, vinculada às Organizações Globo, e pela TVA, vinculada ao Grupo Abril. Em 1991, mais de cinco mil brasileiros já estavam assistindo televisão com as imagens distribuídas via cabo.
- Em 10 de novembro a Globosat lançou seus quatro primeiros canais de TV por assinatura na televisão brasileira: Telecine, SporTV, GNT e Multishow.
- A Glotec, criada em 1978, virou, em 1991, Gtec, que passou a produzir o programa *Pequenas empresas grandes negócios*, único programa independente veiculado na Rede Globo e no ar desde 1988.

- Os Estados Unidos começam os testes de TV de alta definição (HDTV), padrão digital com 1.050 linhas para gerar imagens mais nítidas e definidas.
- TVE-Rio passa a ser dirigida por Walter Clark.
- A pedido do Congresso Nacional as concessões para TV a cabo são suspensas até que seja feita lei específica para o setor.

1992

- Entra em operação a TVA.
- Em 9 de março a Rede OM Brasil, primeira rede nacional de televisão a gerar toda a programação fora do eixo Rio-São Paulo, a partir de Curitiba, começa a transmitir. A Rede OM pertence ao ex-deputado José Carlos Martinez e nasce com dezoito emissoras afiliadas, instaladas nos estados do Paraná, Santa Catarina, Rio de Janeiro, São Paulo e Distrito Federal. A Rede se utiliza da TV Gazeta para ir ao ar em São Paulo. A OM – Organizações Martinez, passa posteriormente a se denominar CNT – Central Nacional de Televisão, pois Martinez vende suas emissoras ao Grupo Bamerindus.
- Em maio concretiza-se a venda da Rede Manchete para o Grupo IBF de Hamilton Lucas de Oliveira.
- É iniciada a implantação, no Rio de Janeiro, do Projac – Projeto Jacarepaguá, que passa a centralizar a produção dos programas da Rede Globo.
- A Rede Globo estreia o programa *Você decide*, que introduz os programas interativos na TV brasileira, com a participação direta do público telespectador.
- Vai ao ar a primeira rede de TV para brasileiros, em Miami, a BTN – Brazilian Television Network, com quatro horas de transmissões diárias.

- O programa *Bom-dia São Paulo* comemora quinze anos.
- Começam a transmitir a programação da Rede Globo: em 1º de fevereiro, a TV Tribuna, Santos; e TV Jaguará, Araxá; e, em 28 de agosto, a TV Santa Rosa.
- Em setembro, a televisão brasileira possuía 257 transmissoras agrupadas em grandes redes de comunicação. A Rede Globo, com 83 emissoras afiliadas, faz a cobertura de 99,4% do território nacional, atingindo 4.464 municípios. O SBT, com 57 emissoras, é a segunda maior rede do país.
- No dia 1º de dezembro o Sistema Correio de Comunicação, da Paraíba, lançou sua emissora de TV. A simples retransmissora da Rede Bandeirantes tornou-se uma emissora, passando a se denominar de TV Correio, canal 13.
- As Empresas Globo de Comunicação já formavam um conglomerado de mais de cem empresas e cerca de 20 mil funcionários.
- As emissoras de televisão transmitem, ao vivo, o *impeachment* do Presidente Fernando Collor de Melo. No dia 20 de dezembro de 1992 Collor apresenta sua renúncia e, em sequência, o Vice-presidente Itamar Franco assume o governo.
- Em 1992, Roberto Marinho, presidente das Organizações Globo, publicou o livro intitulado *Uma trajetória liberal*, reunindo textos diversos, contendo experiências e testemunhos sobre Carlos Lacerda, Tancredo Neves e Luís Carlos Prestes.

1993

- Em 1º de janeiro a TV Esplanada, em Ponta Grossa, começa a transmitir a programação da Rede Globo.
- No dia 13 de janeiro o arcebispo primaz do Brasil, Dom Lucas Moreira Neves, publicou no jornal *A Tarde*, de Salvador, artigo

intitulado "J'accuse", que teve ampla repercussão no país, acusando a TV brasileira de uma série de pontos, dentre os quais de ser demolidora dos valores morais e de corromper menores com os seus programas de baixa categoria moral. Dom Lucas defendeu mudanças no código de ética da Abert em função da excessiva permissividade veiculada nas emissoras.

• Em 1993, o Brasil possui um milhão de antenas parabólicas, o que começa a consolidar a expansão da TV direta.

• Procurando solucionar os problemas financeiros da Manchete, Adolpho Bloch confirma a venda de sua rede para o Grupo IBF, do empresário Hamilton Lucas de Oliveira. O grupo, responsável pela impressão de bilhetes de loteria instantânea, demitiu 670 funcionários um mês depois de assumir o controle da emissora. Em março, empregados revoltados colocam no ar um *slide* denunciando que o IBF não paga as parcelas da compra e das dívidas.

• Em abril, após medida cautelar, o Grupo Bloch reassume o controle da Manchete. A partir daí o logotipo da rede aparece acompanhado do sobrenome do seu fundador.

• No dia 8 de julho, durante uma assembleia geral extraordinária da Abert, foi aprovado um novo Código de Ética da Radiodifusão.

• Em julho a TV Correio, canal 13, de João Pessoa, sofre um incêndio, que destruiu o estúdio, prestes a ser inaugurado.

• Globo e Bandeirantes investem em criatividade e alta tecnologia em transmissão de jogos de futebol.

• O programa *Você decide*, da Globo, é vendido para mais de trinta países, incluindo a Inglaterra, onde a BBC passou a transmiti-lo.

• Em 1993 é inaugurada a Central Nacional de Televisão (CNT). Esse canal revelou o apresentador Carlos Massa, o Ratinho, que em fins da década de 1990 passou a ser acusado de comandar os programas grotescos e apelativos que passaram a infestar a televisão brasileira em busca de uma maior audiência.

• Começou a operar no Brasil a Multicanal Participações, maior operadora de TV por assinatura do país.

• Instala-se na Bahia a Bahiasat, vinculada à programadora Globosat. A Bahiasat opera com o sistema DTH (Direct To Home), em condomínios verticais, hotéis e apart-hotéis.

• No final de 1993, com a criação da Net Brasil, a Globosat passou a desempenhar a função de programadora.

• No final de 1993 também foi criada a Associação Brasileira de TV por Assinatura (Abta), tomando o lugar da Associação Brasileira de Emissoras de Antenas Comunitárias (Abracom).

1994

• O SBT volta a produzir novelas.

• O programa *Domingão do Faustão* comemora cinco anos.

• São realizadas, nos Estados Unidos, as primeiras transmissões pelo sistema Direct TV.

• No de 1º de junho a TV Fronteira Paulista, de Presidente Prudente, começa a transmitir a programação da Rede Globo.

• No dia 28 de junho a Rede Record passa efetivamente a pertencer ao Bispo Edir Macedo (90% do capital) e à esposa dele, Ester Eunice Rangel Bezerra (10% do capital).

• É lançado o satélite Brasilsat B1, que integra o sistema nacional de telecomunicações.

• Em dezembro o governo lança as portarias de licitação para posicionamento de satélites privados, autorizando cada grupo a pleitear duas posições orbitais.

- O Senado aprovou projeto de lei que regulamenta o serviço de TV a cabo no país. A concessão, dada pelo governo federal, é de quinze anos e pode ser renovada por períodos iguais e sucessivos. O texto admite participação estrangeira (em até 49%) e obriga as operadoras a reservar seis canais para uso do Senado, Câmara, Assembleias Legislativas e universidades.
- A mídia televisão fechou o ano de 1994 com o faturamento publicitário de US$ 1,8 bilhão, um crescimento de 38,5% em relação a 1993.
- A Rede Record investiu em novos transmissores para São Paulo e Rio de Janeiro, fazendo crescer sua cobertura geográfica. Montou também um estúdio jornalístico em Brasília.
- A TV por assinatura continua crescendo no Brasil, totalizando, no ano de 1994, 350 mil assinantes, número que contribuiu para dobrar o faturamento em relação a 1993, que foi em torno dos US$ 6 milhões.
- O Brasil é interligado à rede mundial de fibras óticas.
- Já existiam no país mais 1,2 milhão de antenas parabólicas.
- Um grupo constituído pela Sociedade Brasileira de Engenharia de Televisão (SET) e Associação Brasileira de Emissoras de Rádio e Televisão (Abert) iniciou estudos sobre a transição do sistema de radiodifusão analógico para o padrão digital.

1995

- Fernando Henrique (FHC) assume a presidência.
- 81% dos 39 milhões de domicílios brasileiros estão equipados com televisores.
- Aprovada em 6 de janeiro, entra em vigor a Lei 8.977, a Lei do Cabo, que obriga as operadoras ligadas à NET, TVA e Multicanal a exibirem, gratuitamente, seis canais de utilidade pública, como o comunitário.

• No dia 10 de abril o jornal a *Folha de S. Paulo* publicou matéria de primeira página, afirmando que Roberto Marinho era sócio, direta ou indiretamente, de 42 das 70 operadoras de televisão a cabo no país.

• Em maio o "Caso Manchete" volta a emergir nos noticiários, pois o Banco do Brasil embargou os bens da rede.

• Tentando salvar sua programação, a Manchete coloca as telenovelas como carro-chefe. A primeira experiência foi com *Tocaia grande*, em 1995, e *Xica da Silva*, em 1996, que chega a obter quatorze pontos no Ibope.

• Em julho, a Deutsche Welle-TV, a televisão via satélite alemã, começou a transmitir 24 horas por dia em território brasileiro.

• Em julho, Alberico de Souza Cruz foi demitido do cargo de diretor da Central Globo de Jornalismo, sendo substituído por Evandro Carlos de Andrade.

• Ano que marcou a entrada definitiva da internet no Brasil.

• A partir desse ano iniciou-se uma grande mudança em toda a legislação que rege as telecomunicações brasileiras.

• É lançado o satélite Brasilsat B2, que integra o sistema nacional de telecomunicações,

• Acaba o monopólio da Embratel como provedor de acesso à internet, surgindo vários provedores privados.

• Em 15 de agosto o Congresso Nacional aprovou a emenda constitucional ao inciso XI do Artigo 21, extinguindo o monopólio estatal na área das telecomunicações.

• Um Projeto de Lei do Senado 110 cria a figura do *ombudsman* nas emissoras de rádio e de televisão.

• Em 28 de setembro a TV Camaçari, canal 13, instalada em Camaçari, na Bahia, começa a transmitir oficialmente a programação da TV Cultura de São Paulo.

• No dia 2 de outubro a Rede Globo inaugurou o Projac, o maior centro de produção de TV da América Latina, que desde então abriga todas as produções do grupo, numa área de 1.300.000 metros quadrados.

• Em outubro foi implantada a TV Cultura do Sertão, uma emissora comunitária, de Conceição do Coité, na Bahia.

• A Rede Globo encerrou o ano de 1995 ocupando o 18º entre os cinquenta maiores grupos privados nacionais, com um faturamento de US$ 2,4 bilhões. A Rede fechou o ano com setenta emissoras afiliadas e cerca de 1.200 retransmissoras, cobrindo 99,17% do território nacional, de acordo com a revista TVA, de setembro de 1996.

• Entrou no ar o primeiro canal da Globosat dedicado exclusivamente à venda de mercadorias pela TV a cabo.

• Começam as transmissões da Rede Vida, ligada à Igreja Católica. Sua geradora é a TV Independente, canal 11, de São José do Rio Preto, em São Paulo.

• A RBS instala, em Porto Alegre, a primeira emissora regional paga, a TV Com, canal 36.

• O SBT inaugura o Complexo Anhanguera, em São Paulo, igualando-se à principal concorrente em termos de tecnologia. O complexo de produção, com 231 mil metros quadrados e 62 mil de área construída, proporciona ao SBT maior agilidade, redução de custos e aumenta sua capacidade de competitividade.

1996

• A TV Senado entrou em operação em fevereiro, com um custo operacional de 250 mil reais por mês, constituindo-se no primeiro canal institucional do país.

• Entram em funcionamento os sistemas Sky, da Net, Multicanal e DirecTV, da TVA, que levam o sinal de televisão diretamente do satélite ao domicílio do assinante, utilizando a banda KU.

• Ligada ao Ministério das Comunicações, é criada a Anatel (Agência Nacional de Telecomunicações), que passa a ser o órgão regulador responsável pelas telecomunicações.

• A Rede Vida de Televisão iniciou suas transmissões para todo o país no dia 1º de maio de 1996.

• Dois anos depois de lançado nos Estados Unidos, um centro de transmissão por satélite da DirecTV, com tecnologia importada, foi inaugurado em junho de 1996, em São Paulo.

• Em 29 de março a Central de Jornalismo da Rede Globo fez mudanças no *Jornal Nacional*, substituindo a dupla de apresentadores Cid Moreira e Sérgio Chapellin por William Bonner e Lilian Witte Fibe. A nova dupla começou a apresentar o telejornal no dia 1º de abril. Nesse mesmo ano mudaram também os apresentadores de outros telejornais da Globo. A dupla de apresentadores do *Jornal Nacional* voltou a mudar novamente em 1998, quando Lilian foi substituída por Fátima Bernardes.

• Em julho, o sistema de transmissão via satélite em banda KU, da TVA, chega ao Brasil, iniciando sua operação no interior paulista.

• No dia 28 de agosto, com o apoio da prefeitura, Porto Alegre colocou no ar o canal 14, a primeira emissora comunitária do país, dando início ao primeiro *boom* de TVs comunitárias após a aprovação da Lei 8.977, que instituiu a TV a cabo. Ao contrário dos canais comerciais e públicos, a TV Comunitária é uma emissora sem fins lucrativos, dirigida por Organizações Não Governamentais (ONGs) e sindicatos.

• O disco com a trilha sonora de *O rei do gado*, telenovela da Rede Globo, vende mais de um milhão de cópias em apenas vinte dias do seu lançamento no mercado, desbancando, em dois meses de vendas o fenômeno anterior que era da trilha da novela *Dancin' Days*, também produzida pela Rede Globo.

• Em 15 de outubro a Rede Globo dá início às transmissões da Globo News, um canal exclusivo com 24 horas de notícias, além de retransmitir todos os programas jornalísticos da TV Globo.

• No dia 4 de novembro foi inaugurada a TV Sul Bahia, situada em Teixeira de Freitas, transmitindo a programação da Rede Manchete.

• Em dezembro, o polo de eletrônica da zona franca de Manaus registrou a fabricação de 9,2 milhões de aparelhos de TV em cores, ou seja, 47% a mais que em 1995.

• O Brasil possui 3,5 milhões de antenas parabólicas instaladas e mais de 2 milhões de assinantes de TV paga.

• Em dezembro entra no ar a Rede Gospel, ligada à Igreja Renascer em Cristo, com programação evangélica, tendo como base uma geradora educativa concedida à Fundação Trindade.

• Foi criada a TV Senac.

• Em 1996, Luís Fernando Imediato, diretor do SBT, contratou o Jornalista Boris Casoy para funcionar como âncora no telejornalismo da rede. Na época o estilo do telejornal, com os comentários de Boris Casoy, causou inúmeras mudanças no modo de apresentar as notícias na televisão.

1997

• No dia 7 de janeiro foi exibida, na TV Bahia, canal 11, a primeira produção totalmente regional, *Danada de sabida*, no horário das 22 horas, após a novela *O rei do gado*, para uma audiência estimada em dois milhões de telespectadores no Estado da Bahia.

• No dia 25 de março morre Walter Clark Bueno que, por muitos anos, foi o diretor-geral da Rede Globo, da qual foi demitido em 1977 e substituído por José Bonifácio de Oliveira Sobrinho, o Boni. Walter Clark trabalhou 25 anos na Globo e quando saiu passou a ser produtor cinematográfico, tendo produzido filmes como *Eu te amo*, *Amor bandido* e *Bye bye Brazil*.

• No dia 1º de maio, a transmissão em UHF surge nos ares de João Pessoa, com o lançamento da retransmissora da MTV, no canal 32, com sua programação musical.

• Em 16 de junho a Câmara Federal aprovou o projeto de Lei 821 (Lei Geral das Telecomunicações), que dispõe sobre a organização dos serviços de telecomunicações, regulamentando as funções da Agência Nacional de Telecomunicações – Anatel, como órgão regulador, outorgante e fiscalizador.

• O Brasil produziu mais de 1,2 mil videoclipes com padrão de qualidade internacional.

• O SBT, de Silvio Santos, já contava com uma rede composta por 77 emissoras e seu sinal podia ser captado por 97% dos domicílios com aparelhos de TV.

• A Rede Manchete de televisão possui 25 emissoras e alcançava 73% dos domicílios com TV.

• A guerra pela audiência entre as principais emissoras, com a exibição de programas de baixo nível, sensacionalistas, e a exploração de violência e sexo passam a ser debatidos pela sociedade como um todo e pela imprensa, que critica principalmente os programas de Faustão e Gugu, exibidos aos domingos.

• No dia 22 de setembro entrou no ar o Canal Futura, um projeto de educação para o Brasil, como resultado de uma iniciativa pioneira de grupos empresariais privados. O Futura, que é um canal voltado para o trabalho de mobilização comunitária, tem como princípios educativos que orientam a sua programação: a ética; o incentivo ao espírito comunitário e ao espírito empreendedor e a valorização do pluralismo cultural. O Futura foi implantado pela Fundação Roberto Marinho e operado pelo Globosat. O grupo é formado por: Banco Itaú, Confederação Nacional da Indústria, Confederação Nacional do Transporte, Federação das Indústrias do Rio de Janeiro, Federação das Indústrias do Estado de São Paulo, Fundação Bradesco, Fundação Odebrecht, Fundação Vale do Rio Doce, Grupo Votorantim, Instituto Ayrton Senna/Compaq, Rede Globo, Sadia Concórdia, Sebrae Nacional, Rede Brasil Sul e Turner Broadcasting System/CNN.

• As estatísticas registram que no Brasil há apenas um computador para cada quarenta pessoas, contra um aparelho de TV para cada cinco brasileiros.

• As Organizações Globo, através da Globocabo, passam a dominar o mercado de TV paga no país com o sistema NET. Associada ao grupo RBS e à Multicanal, a Globo detém 70% dos 2,1 milhões de assinaturas de TV paga.

• No dia 11 de novembro começam a ser transmitidos, pelos sistemas NET, TVA e Multicanal, os sinais do Canal Universitário, a primeira emissora universitária de São Paulo, formada por nove instituições do Ensino Superior.

• No dia 25 de novembro, José Bonifácio de Oliveira Sobrinho, o todo-poderoso, deixa a Rede Globo, depois de quase trinta anos de serviços prestados. A superintendente Marluce Dias da Silva o substituiu, passando a comandar a Vênus Platinada, como é conhecida a Rede Globo.

• A Rede Bandeirantes de Televisão comemorou em dezembro seus trinta anos de fundação, com 84 emissoras, sendo 73 afiliadas e dez próprias, que cobrem 94% do território nacional.

• A RCA, marca líder no mercado de televisores nos Estados Unidos, começa a fabricar televisores no Brasil, em Manaus, através da Digital Multimídia, uma *joint venture* com a CCE.

• Em dezembro a Galaxy Latin America – formada por três grupos de comunicação: Cisneros Group of Companies, da Venezuela, Grupo Abril, do Brasil, e MVS Communications, do México – lançou um satélite, ao custo total de US$ 250 milhões, para ampliar as transmissões da DirecTV em toda a América Latina e regiões dos Estados Unidos.

• No dia 7 de dezembro, o programa de auditório de Carlos Massa, mais conhecido por Ratinho, estreou na TV Record. Com o programa *Ratinho Livre* apelando para o grotesco, a Record atingiu altos índices de audiência em pleno horário nobre, chegando a derrotar a Rede Globo quando esta encerrava a novela das oito.

1998

• No dia 19 de fevereiro, o Serviço de Radiodifusão Comunitária é instituído pela Lei 9.612.

• O *Jornal Nacional* da Rede Globo passa a ser apresentado pelo casal William Bonner e Fátima Bernardes.

• A TV Cultura de São Paulo começa a veicular anúncios institucionais com duração de 30 segundos.

• No dia 15 de maio, o Presidente Fernando Henrique Cardoso sancionou o Decreto 2.593, aprovando o Regulamento dos Serviços de Retransmissão e de Repetição de Televisão, ancilares ao Serviço de Radiodifusão de Sons e Imagens.

• Em junho, o Universo Online (UOL), serviço dos grupos Abril e Folha na internet, atinge a marca recorde de mais de sete milhões de páginas vistas por dia, audiência esta que o insere entre os maiores sites do mundo.

• No dia 1º de julho morre o apresentador de TV Édson Curi, o Bolinha. Seu programa, *O clube do Bolinha*, ficou no ar por trinta anos na TV Bandeirantes.

• No dia 2 de julho o Grupo TV Bahia, que engloba quatorze empresas, passou a se chamar Rede Bahia de Comunicação. Além da TV Bahia, afiliada da Globo, e do jornal *Correio da Bahia*, o núcleo é formado pela TV Santa Cruz (Itabuna), TV Sudoeste (Vitória da Conquista), TV Norte (Juazeiro), TV Oeste (Barreiras) e TV Subaé (Feira de Santana) – todas afiliadas à Globo –, pela TV por assinatura BahiaSat, Gráfica Santa Helena, rádios Globo FM e FM Sul (Itabuna), provedor de acesso à internet e a produtora Bahia Cinema e Vídeo, contando ainda com a construtora Santa Helena, a primeira empresa do grupo.

• No dia 4 de julho morre, nos Estados Unidos, Paul Klein, um dos pioneiros da TV paga no mundo. Klein fundou uma das primeiras empresas a oferecer filmes no sistema *pay-per-view*. Em 1982 ele fundou o canal Playboy.

• Em julho, a Rede Record de Televisão foi expulsa da Abert – Associação Brasileira das Emissoras de Rádio e Televisão, porque estava processando três membros: Luiz Eduardo Borgeth, diretor da TV Globo e ex-vice-presidente da Abert; José Roberto Maluf, ex-vice-presidente da Abert e membro da Organização Internacional de TV (OITV), e Alan Caruso, diretor da Machete e da OITV.

• Em julho, o SBT anuncia que vai desativar seus principais escritórios jornalísticos, além de ter demitidos cerca de cem profissionais do Departamento de Jornalismo, em decorrência da crise econômica do país.

• No dia 27 de julho de 1998, por meio de abertura da Consulta Pública 65, a Anatel, órgão regulador do governo federal, deu início ao processo de escolha do padrão digital de TV brasileira.

- Em agosto, a Manchete coloca no ar a novela *Brida*, da obra homônima de Paulo Coelho. A novela, sinônimo de fracasso, foi retirada do ar às pressas por não ter obtido nem dois pontos no Ibope e também por conta da greve dos funcionários, que se instalou na emissora em outubro de 1998, culminando com a demissão de seiscentos funcionários, além da extinção de seis programas.
- Em setembro o país ganhou o seu primeiro canal de TV dedicado ao cinema nacional, o Canal Brasil, da Globosat, que passou a ser captado também em Portugal, através da TV Cabo Portugal.
- Em setembro, Carlos Roberto Massa, o Ratinho, deixa a Record, transferindo-se para o SBT, recebendo um salário superior a R$ 1 milhão por mês. A Record substituiu o Ratinho por Gilberto Barros, o *Leão livre*, que segue o mesmo esquema popularesco.
- Foi implantada na cidade de Feira de Santana, Bahia, uma repetidora da TV Vida, da Igreja Católica.
- No dia 20 de novembro, em Brasília, sob a liderança da Rede Record de Televisão, foi criada a Associação Brasileira de Radiodifusão e Telecomunicações (ABTR), uma entidade paralela à Abert.
- Em 17 de dezembro o Grupo Bloch ganhou, na justiça, a causa em que disputava com o empresário Hamilton Lucas de Oliveira, do Instituto Brasileiro de Formulários (IBF), a propriedade da Rede Manchete. A disputa entre o Grupo Bloch e Oliveira vinha desde 1993, quando o empresário só pagou a primeira das três prestações de US$ 10 milhões pela compra da Rede Manchete (a emissora de TV e as rádios AM e FM).
- Em dezembro a TV Globo comprou os direitos de transmissão exclusiva para o Brasil das Copas do Mundo de 2002 e 2006.

- A Rede Globo e a Rede Record fazem demonstrações de transmissão de TV em alta resolução no Brasil.
- É lançado o satélite Brasilsat B3, que integra o sistema nacional de telecomunicações.
- O setor de telecomunicações brasileiro deixou de ser monopólio estatal com a transferência das doze empresas do antigo sistema Telebras para a iniciativa privada.
- Existiam 263 emissoras geradoras de televisão aberta e 3.747 retransmissoras em atividade.
- Já existiam seis operadoras de televisão por assinatura no país.
- Tanto a Globo como a Manchete estavam exportando suas principais produções com muito sucesso. Na TV Venezuela, por exemplo, em agosto, faziam sucesso duas telenovelas brasileiras: *Salomé*, da Rede Globo, e *Xica da Silva*, da Rede Manchete.
- Em novembro ocorrem mudanças no comando das Organizações Globo. Roberto Irineu, João Roberto e José Roberto Marinho assumem a presidência, ao lado do patriarca Roberto Marinho. Marluce Dias da Silva torna-se diretora-geral do Núcleo de Televisão e Entretenimento.

1999

- No dia 11 de janeiro morre, aos 82 anos de idade, João Calmon, ex-senador e ex-presidente dos *Diários Associados*. Em 1955 tornara-se o braço direito de Assis Chateaubriand, passando a administrar os veículos do grupo: 35 jornais, 25 rádios e 18 emissoras de televisão.
- O Jornalista Roberto Marinho é eleito o Comunicador do Século com o Prêmio Brasileiro do Século, organizado pela revista *IstoÉ*.

• Em janeiro, a Igreja Renascer em Cristo, nas pessoas de Estevam Hernandez e Sônia Hernandez, assume o controle da Manchete, após um contrato de arrendamento. O pacto é desfeito um mês depois, quando descobre-se que a igreja não pagou a primeira parcela do contrato e somente beneficiara poucos funcionários que se encontravam com os salários atrasados. A Família Bloch novamente retoma o controle da agonizante rede, procurando um comprador urgente, pois no dia 18 de maio se encerraria o prazo para a renovação de suas concessões. Caso boa parte de suas dívidas não fosse paga, a rede poderia ser liquidada definitivamente e extinta.

• Em 29 de janeiro a nova sede da Rede Globo, em São Paulo, é inaugurada numa área de 16.500 metros quadrados e funcionando totalmente em sistema digital, da captação de imagem de rua até a transmissão dos telejornais.

• Pela segunda vez, o secretário de Direitos Humanos, José Gregori, convoca os donos de canais de TV para um debate sobre a telebaixaria, devido à exibição de imagens de uma mulher fumando pelo ânus e pela vagina no programa do Ratinho.

• De acordo com dados da Abert, em fevereiro de 1999 o Brasil possuía 3.100 emissoras de rádio e TV, das quais 1.700 estavam associadas àquela instituição.

• A primeira telenovela transmitida no Brasil *25-499 ocupado*, adaptada pela TV Excelsior, foi reencenada pela TV Record sob o nome de *Louca paixão*.

• No dia 9 de maio o Grupo Bloch vendeu a rede, por 608 milhões de dólares, para o Grupo Tele TV, do empresário Amilcare Dallevo Júnior, um profissional de *telemarketing* que controla, entre outras, as empresas Tele TV, que vende serviços automatizados de atendimento telefônico, e a Tec Net, de tecnologia. Um mês depois, tudo o que atendia pelo nome Manchete (de propriedade da Bloch Som & Imagem) foi retirado para ceder lugar ao novo nome adotado pela emissora a partir de junho: Rede TV! Os funcionários, que não recebiam desde outubro de 1998, foram pagos e a greve que atingia vários setores, no Rio e São Paulo, acabou.

• A Rede Globo tem 107 emissoras afiliadas espalhadas pelo território nacional, levando seu sinal a quase 100% dos lares brasileiros.

• No dia 14 de maio o ministro das Comunicações, Pimenta da Veiga, assinou decreto transferindo o controle acionário da Rede Manchete para a TV Ômega, do Grupo paulista Tele TV.

• No dia 18 de maio morre Alfredo de Freitas Dias Gomes, considerado um dos maiores telenovelistas da TV brasileira. Dentre as suas novelas de maior sucesso destacam-se *O bem amado* e *Roque santeiro*.

• Em maio a Rede Mulher passa ao comando da Rede Record.

• A partir de junho a TV Itapoan, de Salvador, passou a ser afiliada da Rede Record.

• No dia 15 de junho a TV Cultura de São Paulo, cabeça da principal rede da televisão educativa brasileira, comemorou trinta anos.

• No dia 25 de julho, aos 59 anos de idade, morre o ator e comediante Ronilson Moreira (o Rony Cócegas), que fazia o personagem *Galeão Cumbica*, criado para a *Escolinha do Professor Raimundo*, um dos programas humorísticos de Chico Anysio na Rede Globo.

• Em agosto é fundada a Associação Brasileira de Produtores Independentes de Televisão (ABPI-TV).

• No dia 28 de agosto ocorre o lançamento da Rede Globo Internacional, cuja cerimônia foi mostrada em todos os telejornais da rede. Transmitida via satélite, 24 horas de transmissão simultânea com 35% de programação ao vivo.

• Em agosto registra-se o fim da Rede Manchete de Televisão e o início da Rede TV!

• Em setembro, a Rede TV!, ex-Manchete, anunciou uma parceria com a UOL (Universo Online), maior empresa de serviços de internet no país, formada pelos grupos Folha e Abril. A parceria, além de envolver a hospedagem e divulgação do site Rede TV! no UOL, permitiria também o aproveitamento de imagens da emissora pelo provedor e o uso de ferramentas do UOL na programação da Rede TV!, dando início a um processo de interação entre os dois serviços eletrônicos que servirá de base para a televisão do futuro no Brasil. Vale ressaltar que o UOL é o maior serviço *on-line* do mundo em língua latina, tem mais de um milhão de páginas de informação, entretenimento e serviços, organizados em 28 estações e mais de quatrocentos canais.

• No dia 13 de setembro o Presidente da República Fernando Henrique Cardoso sancionou lei, transferindo a data das comemorações do Dia da Imprensa de 10 de setembro para 1º de junho. As festividades passam a coincidir com os festejos do lançamento, em 1º de junho de 1808, do *Correio Braziliense*, editado por Hipólito José da Costa e considerado o primeiro jornal brasileiro, apesar de impresso em Londres.

• No dia 24 de agosto a Globo lança o seu mais audacioso projeto de internacionalização: a TV Globo Internacional.

• No dia 14 de setembro o provedor UOL anunciou a venda de 12,5% da participação acionária para um grupo de investidores estrangeiros, liderados pelo Morgan Stanley Dean Writter & Co. O valor da venda de ações foi de US$ 100 milhões, com o que o UOL pretende expandir a atuação na América Latina, transformando-se numa multinacional do setor. Inicialmente vão se instalar na Argentina, Chile, Colômbia, México e Venezuela.

• O sinal da emissora baiana, TV Itapoan, afiliada da Rede Record, atingia uma audiência potencial de nove milhões de telespectadores, cobrindo 238 dos 415 municípios do Estado da Bahia. A segunda maior cidade da Bahia, Feira de Santana, conta com um *link* especial para toda a microrregião.

• No dia 27 de setembro começou a transmissão efetiva da Rede Pública de Televisão (RPTV), com todas as retransmissoras que recebiam o sinal da TVE-Rio ou da TV Cultura de São Paulo passando a transmitir uma programação única em tempo real durante seis horas diárias do horário nobre.

• No dia 8 de outubro, aos 83 anos de idade, morre a atriz e comediante Maria José Macedo (a Zezé Macedo), uma das mais populares da TV brasileira.

• No dia 10 de outubro morre João Jorge Saad, presidente da Rede Bandeirantes, pioneira na transmissão via satélite no Brasil, através do Band/Sat, em 1993.

• No dia 14 de outubro foram leiloadas novas concessões para TV a cabo. A Bell Canadá planeja investir no Brasil US$ 2 bilhões nos próximos dois anos, sendo que US$ 100 milhões vão para a TV a cabo. Além de comprar novas licenças de TV a cabo, em outubro, a empresa quer atuar também na área da internet, inicialmente como atacadista na Web junto aos provedores, tornando-se ela própria dentro de pouco tempo uma provedora, pois o Brasil promete ser o segundo maior mercado de internet do mundo depois dos Estados Unidos.

• A Rede SBT, segunda maior rede nacional, era composta por 97 emissoras espalhadas por todo o território nacional, abrangendo 90% do total da população e 94% do IPC (Índice de Potencial de Consumo).

• A Rede Globo cobria praticamente todo o território nacional, sendo vista por 99,84% dos 5.043 municípios brasileiros. Composta por 113 emissoras entre geradoras e afiliadas, a Rede atingia um total de 74% de audiência no horário nobre, 56% no matutino, 59% no vespertino e 69% de audiência no horário noturno.

• A Netsat, operadora de TV paga com transmissão via satélite, proprietária da marca Sky, terminou o ano de 1999 com 445 mil assinantes pagantes, o que representa um crescimento de 56% sobre a sua base do ano anterior. A receita líquida da empresa cresceu 18,19%, partindo de US$ 114,9 milhões em 1998, para US$ 135,8 milhões em 1999.

• No dia 30 de novembro é inaugurada em São Paulo a Rede Vida.

• No dia 22 de dezembro morre, aos 79 anos de idade, José Blota Júnior, um dos mais populares animadores de programas de auditório, de entrevistas e de festivais de música da televisão brasileira.

• Através de votação direta dos leitores da *Gazeta Mercantil*, a Globo foi eleita a quinta empresa mais influente do Brasil, no Prêmio Imagem Empresarial Gazeta.

2000

• No dia 9 de janeiro foi inaugurada em Recife a TV Guararapes, afiliada à Rede Bandeirantes.

• Em janeiro, ligada à Fundação José Paiva Netto, começam as transmissões da Rede Mundial de Televisão, inicialmente denominada LBV-TV, com transmissão via satélite, quatro canais em UHF e mais uma operadora de TV fechada e geradora, instaladas no município de São José dos Campos, em São Paulo.

• Em fevereiro já existiam três milhões de assinantes de TV paga no Brasil.

• Em abril, a TV Senado, inaugurada em 1996, assinou um convênio com o Ministério das Comunicações, passando a ser um canal de TV aberta (UHF), com potencial para atingir 27 milhões de telespectadores, ou seja, quinze milhões a mais do que as doze milhões de pessoas que veem a TV a cabo ou por satélite no país.

• Em maio de 2000, a TV Gazeta de São Paulo, vinculada à Fundação Cásper Líbero, rompeu seu contrato com a CNT, tornando-se independente para gerenciar programação e comerciais por ela veiculados.

• A Associação Brasileira de Regentes, Arranjadores e Músicos (Abramus) denunciou o calote da TV brasileira em relação ao pagamento de direitos autorais pela execução pública de obras musicais.

• O sistema nacional de telecomunicações era composto por seis satélites de telecomunicações em operação: os nacionais Brasilsat A2, lançado em 1986, o Brasilsat B1, lançado em 1994, o Brasilsat B2, lançado em 1995, e o Brasilsat B3, lançado em 1998, além dos estrangeiros conveniados Intelsat IS-709 e Nahuel 1.

• Em junho, por US$ 810 milhões, a Telecom da Itália comprou 30% do provedor de conteúdos e acesso à internet da Globo, o Globo.com, do portal Globo.com

• Em junho, a Record implanta núcleo de teledramaturgia na Bahia, tirando assim a produção de novelas exclusivamente do eixo Rio-São Paulo.

• Em junho, o Superior Tribunal de Justiça determinou à TV Globo o pagamento de uma indenização no valor de quinhentos salários mínimos, por danos morais, à modelo Luciana de Oliveira e Silva, que teve sua imagem veiculada equivocadamente em reportagem do *Fantástico*, em abril de 1996.

• No dia 8 de junho morre, aos 73 anos de idade, Lia Borges Aguiar, considerada a primeira apresentadora de entrevistas da televisão brasileira.

• Lançado em julho, na Federação das Indústrias do Rio de Janeiro, a TV Mercosul, o primeiro canal de televisão a cabo ligando os países do Mercosul, resultado de um projeto conjunto da Secretaria de Cultura do Estado do Rio de Janeiro e do Centro Internacional de Negócios.

• Em julho foi criada a Record Internacional, um canal exibido via DTH (sistema usado pela Sky e DirecTV, no Brasil) para toda a África. Alguns programas já vistos no Brasil estão sendo exibidos lá, como a novela *Louca paixão* (1999). Segundo informações do Pastor Marcus Aragão, superintendente de programação da Record, no ano de 2001 a Record deseja estar transmitindo seus programas para o mundo todo.

• A Globo lança um novo formato de programa televisivo no dia 23 de julho. Trata-se de *No limite*, encenado por pessoas comuns da vida real, com as câmeras captando os movimentos durante 24 horas. *No limite* abre a discussão em torno do limite entre o espaço público e o privado. Segundo os diretores da emissora, esse programa segue uma tendência mundial que aposta na "TV realidade". Na verdade, o programa é uma cópia de *Survivor* (o sobrevivente), transmitida pela CBS americana.

• No dia 2 de agosto, o presidente do Grupo Bloch, Pedro Jack Kapeller, pediu a falência da TV Ômega (controladora da Rede TV!) por falta de pagamento da segunda parcela do contrato de concessão da TV Manchete, de R$ 1,1 milhão. Pelo contrato, assinado em maio de 1999, a Ômega pagaria em reais o equivalente a US$ 7,5 milhões em sete parcelas anuais a cada um dos sócios-cotistas da TV Manchete.

- Em 11 de setembro, o Ministério da Justiça publicou, no Diário Oficial da União, a Portaria 796, determinando a classificação dos programas televisivos por faixa etária e horário de sua exibição.
- Em 18 de setembro a televisão comemora cinquenta anos de sua instalação no Brasil, com 286 emissoras geradoras e 8.484 retransmissoras funcionando.
- A partir do dia 28 de dezembro ficou proibida a veiculação de publicidade vendendo cigarro e outros derivados do fumo na televisão.
- O lucro líquido das Organizações Globo foi de US$ 256,169 milhões, ou seja, um total cinco vezes maior do que o do segundo colocado, o SBT, que obteve US$ 45,891 milhões.
- A TV Senac modifica sua denominação, passando a ser identificada como Rede Sesc-Senac de Televisão (STV).
- De acordo com dados da Associação Brasileira de Telecomunicações por Assinatura, o número de operadoras de TV paga cresceu 141% em relação aos dados do ano anterior.

2001

- A Globo iniciou o novo milênio como sendo a maior produtora mundial de programas próprios e com elevado grau de digitalização das infraestruturas de produção.
- A Rede Globo comprou os direitos autorais do programa *Pequenas empresas grandes negócios* que, até então, era o único programa independente veiculado por ela.
- No dia 19 de março estreou, em São Paulo, o BandNews, o primeiro canal brasileiro a transmitir notícias 24 horas por dia, com distribuição a cabo pela TVA, DirectTV e NeoTV. O gru-

po Bandeirantes de Rádio e TV investiu US$ 6 milhões em tecnologia digital. O projeto prevê um público de um milhão de assinantes.

• A Lei 10.022, de 9 de maio, padroniza o volume de áudio das publicidades veiculados no rádio e na televisão.

• Em maio, a telenovela *Terra nostra*, da TV Globo Internacional já despontava como o mais novo sucesso de vendas. A telenovela foi vendida para 70 países, inclusive para a Rede Telefe, a mais importante da Argentina.

• Em maio, a Globo Cabo dá início, em Sorocaba, São Paulo, aos testes de TV Digital interativa via cabo, usando a proposta da Microsoft, que permite ao telespectador escolher serviços e conteúdos disponibilizados de modo interativo.

• No dia 25 de junho de 2001 morreu Evandro Carlos de Andrade, diretor de Jornalismo da Rede Globo. Ele foi responsável pela mudança do perfil dos telejornais regionais e pela criação da GloboNews, que entrou no ar em 1996.

• Em 27 de agosto estreou no SBT a primeira coprodução do SBT com a Televisa do México: *Pícara sonhadora*, com noventa capítulos, baseada na novela do mexicano Abel Santa Cruz.

• No dia 11 de setembro os telespectadores de todo o mundo puderam assistir ao vivo, pela TV, o atentado terrorista contra os Estados Unidos. Nunca antes a televisão atingiu tão altos índices de audiência. As imagens do ataque ao World Trade Center e ao Pentágono foram exibidas à exaustão. O *Jornal Nacional* da Rede Globo, no dia, registrou um índice de 52 pontos contra os 44 pontos normais. Isto significa que só na grande São Paulo, onde moram dez milhões de pessoas, havia mais de quatro milhões de espectadores acompanhando o noticiário.

• O diretor de televisão Walter Avancini, responsável por alguns dos maiores sucessos da televisão brasileira, como *Beto*

Rockfeller, *Selva de pedra* e *Gabriela*, morre no dia 26 de outubro. Ele ganhou um Emmy, o maior prêmio da TV americana, pelo especial *Morte e vida Severina*, baseado na obra de João Cabral de Melo Neto. Avancini estreou como ator num programa humorístico no mesmo dia em que a TV Tupi foi ao ar em 1950. Na Rede Globo, a partir de 1977, ele foi responsável pela revelação de várias atrizes, tais como Regina Duarte, Sonia Braga e Bruna Lombardi.

• Em novembro a Globosat já estava administrando cinco canais de TV a cabo em Portugal e dezoito canais no Brasil.

• No dia 8 de dezembro o Senado aprovou Projeto de Lei que determina que os aparelhos de televisão, produzidos ou comercializados no país, contenham um dispositivo eletrônico que permita o bloqueio temporário de programas considerados inadequados. De autoria do Deputado Cunha Bueno (PPB-SP), a proposta, já aprovada na Câmara, foi encaminhada à sanção presidencial.

• No dia 11 de dezembro a Câmara Federal aprovou a Proposta de Emenda Constitucional que permite a participação de capital estrangeiro nas empresas de comunicação, matéria relatada pelo Deputado Henrique Alves (PMDB-RN). O projeto foi aprovado por 406 votos favoráveis, 23 contra e duas abstenções.

• O ano de 2001 termina com o total de 348 emissoras de televisão aberta no país, assim distribuídas pelas principais redes: 113 emissoras na Rede Globo; 91 no SBT; 63 na Record; 37 na Bandeirantes, 21 na Rede TV!; e 23 na CNT.

2002

• A participação do capital estrangeiro na propriedade e gestão de empresas de comunicação passa a ser permitida a partir da Emenda Constitucional 36/02.

• Desde sua implantação no país em 1991, a TV paga registrou queda no total de assinantes. O mercado fechou 2002 com 3.457.961 domicílios servidos contra 3.558.666 em 2001.

• No último dia de seu mandato, em 31 de dezembro de 2002, o Presidente Fernando Henrique Cardoso sancionou o Decreto Presidencial 4.563, determinando que as regras do Comitê Executivo das Normas-Padrão (Cenp), responsável pela autorregulamentação publicitária, seriam utilizadas como referência para toda a publicidade estatal.

• No dia 30 de maio morreu o ator, escritor e compositor Mario Lago.

• Segundo dados divulgados pela Abta (Associação Brasileira de Televisão por Assinatura), em 2002, a TV por assinatura atingiu a 3,5 milhões de domicílios e um público estimado de 12,4 milhões de telespectadores.

2003

• A Rede Record comemora 50 anos. A TV Record, de São Paulo, é a emissora mais antiga em operação no país.

• O Congresso Nacional não aprovou o projeto de lei que pretendia liberar até 100% a participação de capital estrangeiro nos canais de TV paga. A participação permitida é de 49%. A votação ocorreu no dia 7 de abril. Um dos maiores interessados em investir no setor era o australiano Rupert Murdoch, que queria adquirir a DirecTV, passando então a controlar 95% da TV paga via satélite no Brasil.

• O presidente das Organizações Globo, fundador da TV Globo, Roberto Marinho, morre aos 98 anos de idade, no dia 6 de agosto. Seu império foi herdado por seus filhos: Roberto Irineu Marinho, que passou a ocupar a presidência das Organizações Globo; João Roberto Marinho e José Roberto Marinho permaneceram como vice-presidentes de Relações Internacionais e Responsabilidade Social, respectivamente. No dia 8 de agosto os filhos de Roberto Marinho divulgaram nota oficial com o firme propósito de dar continuidade à obra do pai.

- No dia 26 de novembro o Presidente Luiz Inácio Lula da Silva instituiu o Sistema Brasileiro de Televisão Digital (SBTVD) por meio do Decreto 4.901. Foram ainda criados o Comitê Consultivo e o Comitê de Desenvolvimento, a fim de fixar critérios e condições para a escolha das pesquisas e dos projetos específicos.
- O mercado publicitário brasileiro totalizou investimentos da ordem de R$ 10,8 bilhões (aproximadamente US$ 3,8 bilhões).

2004

- Adotando uma estratégia de expansão agressiva, a Rede Record passou a investir sistematicamente nos segmentos informação, entretenimento e ficção. Na área de jornalismo, por exemplo, a Record conseguiu retirar 60 jornalistas da Rede Globo. Na área de teledramaturgia também a Record, investindo R$ 300 milhões, contratou 40% dos técnicos da Globo.
- De acordo com dados de dezembro de 2004, há cerca de 450 geradoras, e em torno de cinco mil retransmissoras primárias e 300 retransmissoras na Amazônia Legal.

2005

- Os relatórios, fruto do trabalho de 1.400 pesquisadores sobre a possibilidade do Brasil desenvolver o seu próprio sistema de Televisão Digital, que foram entregues ao governo no dia 10 de fevereiro, não chegaram a ser debatidos com o Conselho Consultivo. Em julho, o Ministro das Comunicações Hélio Costa descartou a possibilidade de haver um sistema próprio.

• Em 2005 a televisão aberta faturou R$ 9.507 bilhões com publicidade, sua principal fonte de receita.

2006

• De acordo com divulgação de pesquisa feita pelo Ibope Mídia a média total de televisores ligados no Brasil, em 2006, foi de 34, 4% da população. A mesma pesquisa constatou também que o brasileiro passou a dedicar três horas e 43 minutos por dia a assistir programas televisivos. Em 2001 a média era de três horas e quinze minutos por dia.

• De acordo com os dados divulgados pelo Instituto Brasileiro de Defesa do Consumidor (Idec), 92% das residências brasileiras possuíam acesso à televisão e 88% ao rádio.

• Pela primeira vez o faturamento da Rede Record ultrapassou a marca de R$ 1 bilhão. De acordo com analistas do mercado, 30% do faturamento comercial da Record provém da venda de espaço para a Igreja Universal do Reino de Deus, movimento religioso liderado por Edir Macedo.

• Em 9 de junho, por meio do Decreto 5.820, o Presidente Lula definiu que o padrão de televisão digital a ser adotado no Brasil seria o japonês. O decreto estabeleceu também as diretrizes do processo de transição, privilegiando, além da interatividade e da alta definição, a transmissão digital simultânea para recepção fixa, móvel e portátil.

2007

• Em 2007 os preços praticados pelas emissoras de televisão brasileira já são tidos como dos mais caros do mundo. O comercial de 30 segundos mais caro da Globo, em valores nominais, custa R$ 328.800,00 nos intervalos do *Jornal Nacional*. Na Record, o maior valor cobrado é de R$ 221.492,00 por anúncio de 30 segundos a ser exibido, a partir das 22 horas, nos intervalos da novela *Caminhos do coração*. Entre os dez mais caros programas da Globo, o de menor valor é o *Domingão do Faustão*, ou seja, 30 segundos custa R$ 142.600,00, enquanto o de menor valor na Record, também entre os dez mais caros, é de R$ 101.276,00, válido para o programa *Acredite se quiser*.

• Foi publicada a Lei Ordinária 11.484, de 31 de maio de 2007 que dispõe sobre os incentivos às indústrias de equipamentos para TV digital e de componentes eletrônicos.

• O Ministério das Comunicações autorizou a abertura dos sinais abertos das TVs mantidas pelas Assembleias Legislativas nos estados, e para isso as classificou como sendo de caráter "educativas". Até então, as Assembleias Legislativas só podiam transmitir pela TV paga.

• Em 27 de setembro foi inaugurada a Record News, que ocupou um canal destinado à retransmissora da Rede Mulher, cuja geradora, que fica em Araraquara, interior de São Paulo, estava com a outorga vencida.

• No dia 2 de dezembro o padrão de TV digital terrestre brasileiro foi implantado na cidade de São Paulo, quando foi anunciado que o desligamento do sistema analógico ocorrerá no dia 29 de junho de 2016.

• No dia 2 de dezembro também começou a funcionar a TV Brasil, uma rede do estado, que não foi criada por projeto de lei debatida no Congresso, mas por meio de medida provisória (MP).

• A Rede Record de Televisão, com 99 emissoras, consolidou-se como a vice-líder de audiência de acordo com o Ibope. Sua estrutura de produção dispõe de 48 mil metros quadrados em São Paulo e, no Rio de Janeiro, onde está instalada a central de teledramaturgia, denominada de RecNov, ocupa uma área de 31 mil metros quadrados. Seu sinal atinge a 98% do país.

2008

- Morre, no dia 20 de junho, o ator André Valli, que ficou conhecido por seu papel como o Visconde de Sabugosa em *O sítio do pica-pau amarelo* (versão de 1977), no qual ele atuou por 10 anos.
- No dia 3 de dezembro foi aprovado pelo plenário da Comissão de Ciência e tecnologia, Comunicação e Informática (CCTCI), na Câmara Federal, o relatório para maior garantia de transparência nos processos de concessões de rádio e televisão.
- Os cinco maiores anunciantes privados brasileiros eram: Casas Bahia, Unilever Brasil, Telefônica, Fiat e Ford. O setor econômico que mais anunciou foi o comércio varejista, responsável por 26,1% de tudo o que foi investido em publicidade no ano. De acordo com o que cada meio absorveu de publicidade, a televisão ficou com 58,8% de tudo o que foi gasto em publicidade no país. Nesse ano foram investidos em publicidade o total de R$ 23,8 bilhões.

2009

- No dia 30 de abril de 2009 o Supremo Tribunal federal decidiu revogar a Lei de Imprensa de 1967, que tinha sido instituída pelo Regime Militar de 1964.
- No dia 19 de junho, a Procuradoria Geral da República considerou procedente a Ação Direta de Inconstitucionalidade movida pelo Psol contra o Decreto 5.820/06, que instituiu o Sistema Brasileiro de TV Digital Terrestre (SBTVD-T). A justificativa da ação é a de que o sistema não é uma simples atualização de tecnologia de transmissão de TV, pois a digitalização cria novas possibilidades de comunicação para as concessionárias, caracterizando-se como um serviço diverso da transmissão analógica, necessitando, portanto, de nova outorga de concessão de canais.

- No dia 17 de julho morreu, nos Estados Unidos, o jornalista Walter Cronkite, que definiu o papel de âncora nos telejornais de todo o mundo.
- Em agosto, a justiça negou liminar movida pela Rede Bandeirantes e pela Rede TV! com o objetivo de terem o direito de usar a multiprogramação na TV digital.
- A Rede Globo comemora os quarenta anos de transmissão ininterrupta do *Jornal Nacional*.
- Em outubro a TV digital já havia sido implantada em 23 cidades brasileiras, onde vivem 95 milhões de pessoas, ou seja, 50% da população cujos domicílios estão equipados com televisores.
- Ainda em outubro, um jogo de futebol entre a Ucrânia e a Inglaterra foi transmitido para a Inglaterra exclusivamente pela internet. Os internautas, para assistir o jogo nos terminais de computadores, pagaram o equivalente a 14 euros.
- De acordo com pesquisas realizadas pelo Ibope Pesquisa de Mídia e do Grupo de Mídia de São Paulo, 94% dos domicílios brasileiros (53.384.000) já estavam equipados com televisores em 2009.
- A partir do dia 21 de outubro as emissoras de TV educativas, vinculadas ao poder executivo, passaram a ter o direito de veicular propaganda institucional e apoio cultural, desde que não haja divulgação ou comercialização de produtos e serviços. Com o parecer jurídico do Ministério das Comunicações, referendado pela Advocacia Geral da União, as emissoras educativas também podem veicular conteúdos de caráter recreativo, informativo ou de divulgação desportiva, desde que contenham elementos instrutivos ou enfoques educativo-culturais.

Bibliografia

AAKER, D. & MYERS, J. (1975). *Advertising Management*. Nova Jersey: Prentice-Hall.

ABEPEC (1978). *Pesquisa sobre a televisão brasileira*. Porto Alegre: Abepec/PUC.

ALBROW, M. & KING, E. (1990). *Globalization, Knowledge and Society*. Newsbury Park, CA.: Sage.

ALMEIDA, M. (1971). *A comunicação de massa no Brasil*. Belo Horizonte: Júpiter.

______ (1968). *A General View of The Development of the Mass Media and Advertising in Brazil*. Austin: The University of Texas [Dissertação de mestrado].

AMES, B. (s.d.). *Rhetoric and Reality in a Militarized Regime*: Brazil Since 1964. Beverly Hills: Sage.

AMORIM, J.S.D. (1979). *A indústria cultural no capitalismo monopolista dependente*: a experiência brasileira [Paper apresentado no simpósio Cultural Industries and Models of Society, da International Sociological Association. Burgos, Esp., 03-07/07].

APOLINÁRIO, S. (2000). "Globo evitará sócios e terá investidores". *O Estado de S. Paulo* – Seção Telejornal, 02/07.

A Tarde (1999). "Emissoras de TVs se defendem das críticas", 14/01. Salvador.

______ (1994). "Abert refuta críticas feitas por Dom Lucas", 18/02. Salvador.

______ (1992). "Collor vai distribuir rádios e tevês", C 1, 12/08, p. 8. Salvador.

BAIN, J.S. (1956). *Barriers to New Competition*. Cambridge: Harvard University Press.

BAR-HAIM, G. (1996). "Media Charisma and Global Culture: The Experience of East-Central Europe". *Globalization, Communication and Transnational Civil Society*. Nova Jersey: Hampton Press, p. 145-155.

BARNET, R.J. & MULLER, R.E. (1974). *Global reach:* the power of the multinational corporations. Nova York: Simon & Schuster.

BECKER, V. & MONTEZ, C. (2004). *TV digital interativa*: conceitos, desafios e perspectivas para o Brasil. Florianópolis: UFSC.

BELTRÁN, L.R. & CARDONA, E.F. (1979). "Latin America and the United States: Flaws in the Free Flow of Information". In: NORDENSTRENG, K. & SCHILLER, H. (orgs.). *National Sovereignty and International Communication*. Norwood: Ablex, p. 33-64.

BERELSON, B. & GARY, S. (1964). *Human Behaviors an Inventory of Scientific Findings*. Nova York: Harcourt.

BETHELL, L. (1970). "Brazil: The Last 15 years". *Index on Censorship*: Brazil, vol. 8, n. 4, jul.-ago., p. 3-7.

BIZINOVER, A.L. (1985). Globo for exports. *Status*, n. 126, jan., p. 47-51. São Paulo: Três.

BOLAÑO, C.R.S. (1998). *Mercado brasileiro de televisão*. Aracaju: UFS/ Proex/Cecac.

BOLAÑO, C.R.S. & BRITTOS, V. (2007). *A TV brasileira na era digital*. São Paulo: Paulus.

BORIM, A. (2008). *TV como você nunca viu antes* [Disponível em: http://www.ericson.com/br/technology/artigos_mercados/artigo_borin_l.shtml – Acesso em 19/08/09].

BRAMAN, S. (1996). "Interpenetrated Globalization: Scaling Power, and the Public Sphere". *Globalization, Communication, and Transnational Civil Society*. Nova Jersey: Hampton Press, p. 21-36.

BRASIL (1998). *Constituição da República Federativa do Brasil.* Brasília: [s.e.].

BRASIL NETTO, T.P.S. (1973). *Analysis of the Brazilian Economic Development.* Rio de Janeiro: Brazilian National Committee of the International Chamber of Commerce.

BRITTOS, V.C. (2001). *Capitalismo contemporâneo, mercado brasileiro de televisão por assinatura e expansão transnacional.* Salvador: Facom/UFBA [Tese de doutorado].

BRUIN, D. (2000a). "Globo pretende vender o esporte". *Gazeta Mercantil*, Cad. C, 02/03, p. 8.

______ (2000b). "Gessy é bicampeã nos gastos em publicidade". *Gazeta Mercantil*, Cad. C, 14/03, p. 8.

CABRAL, E.D. (2008). "Os grupos de mídia e a digitalização da TV aberta". XXXI Congresso Brasileiro de Ciências da Comunicação. Natal: Intercom, 02-06/09 [Disponível em: http://intercom.org.br/papers/nacionais/2008/resumos/r3-0783-1.pdf].

CABRAL, O. & LOBATO, E. (2000). "Governo deve criar 180 emissoras de TV". *Folha de S. Paulo*, 09/07, p. A-6.

CAGURATI, A. (2004). *Interviews*: Globos' Roberto Irineu Marinho, mai. [Disponível em www.worldscreen.com/interviewscurrent.php?filename=9504marinho – Acesso em 10/02/05].

CALLAHAN, F.X. (1978). "Does Advertising Subsidize Information?" *Journal of Advertising Research*, vol. 18, p. 19-22.

CAMARGO, N. & PINTO, V.B.N. (1975). *Communication Policies in Brazil.* Paris: Unesco.

CAMPBELL, G. (1972). *Brazil Struggles for Development.* Londres: Charles Knight.

CAPARELLI, S. (1982a). *Televisão e capitalismo no Brasil.* Porto Alegre: L & M.

______ (1982b). "Televisão e mobilização popular". *Cadernos Intercom*, vol. 1, n. 2, p. 56-64. São Paulo: Intercom/Cortez.

CARDOSO, F.H. (1980). *Comunicação de massa sem massa*. São Paulo: Cortez.

______ (1978). *Real*: quatro anos que mudaram o Brasil. Brasília: [s.e.].

______ (1973). "Associated - Dependent Development: Theoretical and Practical Implications". In: STEPAN, A. (org.). *Authoritarian Brazil*: Origens, Policies, and Future. New Haven: Yale University Press, p. 142-176.

CARVALHO, P. (2000). "TV digital vai somar investimentos de US$ 10 bi". *Correio da Bahia*, 14/07, p. 6. Salvador.

CASTRO, C. (2009). "A pesquisa sobre TV digital no Brasil - A primeira geração". *Revista Brasileira de Ciências da Comunicação*, jan.-fev. São Paulo: Intercom.

CASTRO, D. (2005). "Intel fará celular para sintonizar a Globo". *Folha de S. Paulo*, 18/04.

______ (2000). "FHC vai negociar TV digital comum para Mercosul". *Folha de S. Paulo*, 24/07, p. E-6.

CATEORA, P. & HESS, J. (1979). *International Marketing Homewood* [s.n.t.].

CENTRO DE INVESTIGAÇÃO E DIVULGAÇÃO (1980). *A telenovela, instrumento de educação permanente*. Petrópolis: Vozes.

COHN, G. (1978). "Mudar os conteúdos não é decisivo". *Receita Brasil*. São Paulo: Abril.

CORDEIRO, L. (2009). *HBO pronta para lançar VOD no Brasil* - Pay-TV, 12/08 [Disponível em http: //www.paytv.com.br/News.asp?ID=142788 - Acesso em 19/08/09].

CORONATO, M. (2000). "Crise da meia-idade". *Exame*, 09/08, p. 102-104. São Paulo.

Correio da Bahia (1999). "Implantação da TV digital no país custará US$ 100 bilhões", Cad. 1, 06/10, p. 5. Salvador.

Correio da Bahia (2000a). "Rede de alta velocidade é inaugurada pelo governo", 25/05. Salvador.

______ (2000b). "AOL anuncia lançamento da TV interativa nos EUA". 20/06, p. 10. Salvador.

COSTELLA, A.F. (1970). *O controle da informação no Brasil*. Petrópolis: Vozes.

CRUZ, R. (2001). "Proposta de Motta impedia concentração". *O Estado de S. Paulo*, 14/10.

CRUZ, R. & CORDEIRO, R. (2001). "Radiodifusão: concentração de poder preocupa". *O Estado de S. Paulo*, 11/10.

CRUZ, V. (1992). "Collor cede TVs e rádio". *Folha de S. Paulo*, Cad. 1, 11/08, p. 9.

DAMASCENO, S. (2005). "Globo chega às telas dos celulares". *Tela Viva News*, 07/07.

DASSIN, J.R. (1979). "Press Censorship: How and Why". *Index on Censorship: Brazil*, vol. 8, n. 4, jul.-ago, p. 13-19.

DIAS, J.N.T. (1969). *A reforma administrativa de 1967*. Rio de Janeiro: Fundação Getúlio Vargas.

DIAS, M. (1979). "Aquela que tomou o poder". *IstoÉ*, n. 116, 14/03, p. 54-55. São Paulo.

DICKENSON, J.P. (1978). *Brazil*: Studies in Industrial Geography. Boulder: Westview Press.

DOYLE, P. (1968). "Economic Aspects of Advertising". *Economic Journal*, p. 570-602.

DULLES, J.W.F. (1980). *President Castello Branco*: Brazilian Reformer. College Station: Texas: A & M University Press.

EMBRATEL (1977). *Relatório de diretoria* [s.n.t.].

FEDERICO, M.E.B. (1979). *O Sistema Brasileiro de Radiodifusão* – Estrutura e funcionamento de uma empresa. 2 vol. São Paulo: USP/ECA [Dissertação de mestrado].

FEJES, F. (1979). *Multinational Advertising Agencies* [Paper apresentado durante a Eighth National Meeting of the Latin American Studies Association. Petisburgo, 05/04].

FILHO, E. (1993). "Tensões e pressões". *Veja*, 28/07, p. 24-28.

FISHLOW, A. (1973). "Some Reflexions on Post-1964 Brazilian Economic Policy". In: STEPAN, A. (org.). *Authoritarian Brazil*: Origins, Policies, and Future. New Haven: Yale University Press, p. 69-118.

Folha de S. Paulo (2000). "Governo quer aumentar controle de TVs", 11/07, p. A-7.

FONSECA, J.C. (2008a). *TV digital e celular* – O dilema do terminal se aproxima [Disponível em: http://www.telebrasil.org.br/impressao/artigos.asp?m=676 – Acesso em 17/08/09].

______ (2008b). *52º Painel*: Senador Antonio Carlos Magalhães Jr. (DEM-Ba) defende queda de barreiras para as operadoras de telefonia. Costa do Sauípe, 07/06 [Disponível em: http: //www.telebrasil.org.br/artigos/outros_artigos.asp?m772 – Acesso em 19/08/09].

FRANÇA, A.L. (2000a). "Testes apontam vantagens de cada sistema". *Gazeta Mercantil*, 03/07, p. C-12. São Paulo.

______ (2000b). "Americanos pressionam por TV digital". *Gazeta Mercantil*, 04/08, p. A-9. São Paulo.

FRANÇA, P. (2006). *Telefonia prevê faturar US$ 10 bilhões com TV digital*, 10/02 [Disponível em: http://www.socioeconomia.com.br – Acesso em 19/08/06].

FRANCO, C.A. (2004). "País é o 11º nos gatos em propaganda". *O Estado de S. Paulo*, 02/07.

______ (1998). "TV na hora da ética". *O Globo*, Cad. 1, 09/11, p. 7. Rio de Janeiro.

FRANCO, I. (1992). *Discurso de posse na Presidência da República* [s.n.t.].

FURTADO, R. (1988). "Programação I – Da Rede Tupi à Rede Manchete: uma visão histórica". *TV ao vivo*: depoimentos. São Paulo: Brasiliense, p. 57-69.

GAMA, J. (1999). "Novo código assegura direitos da criança". *O Estado de S. Paulo*, Cad. D, 02/11, p. 3.

GEISEL, E. (1976). *Mensagem ao Congresso Nacional*. Brasília: [s.e.].

GIDDENS, A. (1990a). *The Consequences of Modernity*. Stanford, CA: Stanford University Press.

_____. (1990b). "Modernity and Self-Identity: Self and Society". In *Late Modern Age*. Cambridge: Polity Press.

GÓES, F. (1999). "Rede Globo, de olho na TV hispânica". *Gazeta Mercantil Latino-Americana*, 06/11, p. 8.

GOODSELL, J.N. (1978). "The future of Brazil has arrived now". *Daily Intelligencer*, 08/11/, p. 28.

GURGEL, A. (2000). "Emissora entrará em campo no Paulistão 2000". *Gazeta Mercantil*, Cad. C, 02/03, p. 8. São Paulo.

GUTEMBERG, L. (1972). "Uma visão oficial da TV – Entrevista com o Ministro das Comunicações Hygino Corsetti". *Veja*, 175, 12/01.

IDEC (2009). *Telecomunicações* – Convergência tecnológica [Disponível em: http://www.idec.org.br/telecom/convergencia_tecnologia/ – Acesso em 23/08/09].

IstoÉ (1979). "Salute: A Globo levou o troféu dos americanos", 14/03, p. 94. São Paulo.

JANUS, N. (1980). *The Making of the Global Consumer*: Transnational Advertising and the Mass Media in Latin America. [s.l.]: Stanford University [Tese de doutorado].

JANUS, N. & RONCAGLIOLO, R. (1981). "Advertising and the Mass Media in the Era of the Global Corporation". In: McANANY, E.; SCHINITMAN, J. & JANUS, N. (orgs.). *Communication and Social Structure*. Nova York: Praeger, p. 287-316.

______ (1979). "Advertising, Mass Media and Dependency". *Development Dialogue*, vol. 1, p. 81-97.

JAPIASSU, M. (1980). "Globo multinacional". *IstoÉ*, 29/10, p. 60-62. São Paulo.

JIMENEZ, K. (2004). "Ver TV pelo celular é o programa da vez". *Estado de S. Paulo*, 12/07.

Jornal do Brasil (1977). "Televisão: o dossiê Quandt", Cad. B, 20/05, p. 4. Rio de Janeiro.

JÚNIOR, G. (1999). "Regis Cardoso, pelo direito de retornar". *Gazeta Mercantil*, Caderno de Cultura, 25/12; p. 5. São Paulo.

______ (1998). "O maestro da TV". *Gazeta Mercantil*, Suplemento Fim de Semana, 30/12, p. 1.

KATZ, E. & WEDELL, G. (1977). *Broadcasting in the Third World*: Promise and Performance, Cambridge, Mass.: Harvard University Press.

KOCHEVAR, J.J. (1980). *The Effects of Advertising in Developing Nations* [Paper apresentado durante a XXX Annual ICA Conference. Acapulco, México, mai.].

KUMAR, K. (1978). *A Working Paper on the Social and Cultural Impacts of Transnational Enterprises*. Havaí: East West Culture Learning Institute.

LEÃO, S.I. & PINTO, T.G. (2001). "Ministro explica lei. Candidato explica a eleição". *Imprensa*, ago., p. 10-17.

LEE, C.-C. (1980). *Media Imperialismo Reconsidered*: The Homogenizing of Television Culture. Beverly Hills: Sage.

LOBARO, E. (2000). "Universal pretende a legalização da posse". *Folha de S. Paulo*, Cad. A, 15/06, p. 10.

MADUREIRA, D. (2000). "Mídia já tem substitutos para o tabaco". *Folha de S. Paulo*, 27/07, p. A-3.

MAGALHÃES, H. (1999). "Rede Globo cria canal para o mercado externo". *Gazeta Mercantil*, Cad. C, 25/08, p. 6.

MAGALHÃES, H. & SCHUFFNER, C. (2001). "A Globo Cabo volta ao básico para se recuperar". *Valor Econômico*, 24/10, p. B-4.

MALLIN, J. (1981). "Brazil: Next world superpower?" *Readers Digest*, set., p. 92-97.

MARQUES DE MELO, J. (1979). "A televisão como instrumento do neocolonialismo: Evidências do caso brasileiro". *Comunicação & Sociedade*, n. 1, jul., p. 167-187.

______ (1975). *Comunicação, opinião, desenvolvimento*. Petrópolis: Vozes.

MATTOS, S. (2009a). *O papel dos novos meios de comunicação em Lauro de Freitas* [Paper apresentado no Seminário Internacional intitulado El Nuevo Papel Social de los Medios Audiovisuais. Campos, MS, 12/01].

______ (2009b). *A televisão digital, a convergência, a produção e distribuição de conteúdos para celulares e receptores móveis* [Paper apresentado no 2º Fórum EPTIC, durante o XXXII Congresso Brasileiro de Ciências da Comunicação - Intercom, realizado em Curitiba, 02-07/09].

______ (2009c). *O contexto midiático*. Salvador: IGHB.

______ (2005a). *Mídia controlada* - A história da censura no Brasil e no mundo. São Paulo: Paulus.

______ (2005b). "As Organizações Globo na mídia impressa". In: BRITTOS, V. & BOLAÑO, C. (orgs.). *Rede Globo*: 40 anos de poder e hegemonia. São Paulo: Paulus, p. 267-286.

______ (1996). *O controle dos meios de comunicação*. Salvador: Edufba.

______ (1990). *Um perfil da TV brasileira* - 40 anos de história: 1950-1990. Salvador: Associação Brasileira de Agências de Propaganda - Bahia/A Tarde.

______ (1985). "Estado e meios de comunicação: o controle econômico". In: MARQUES DE MELO, J. (org.). *Comunicação e transição democrática*. Porto Alegre: Mercado Aberto, p. 62-79.

______ (1984). "Advertising and Government Influences: The Case of Brazilian Television". *Communication Research*, vol. 11, n. 2, abr., p. 203-220.

______ (1982a). *Domestic and Foreign Advertising in Television and Mass Media Growth*: A Case Study of Brazil. Austin, Texas: The University of Texas [Tese de doutorado].

______ (1982b). *The Impact of the 1964 Revolution on Brazilian Television*. Santo Antônio, Texas: Klingensmith Independent Publisher.

______ (1980). *The Impact of Brazilian Military Government on the development of TV in Brazil*. Austin, Texas: The University of Texas [Dissertação de mestrado].

MATTOS, S. (1997a) (org.). *Televisão e cultura no Brasil e na Alemanha*. São Paulo: GRD.

______ (1997b) (org.). *A televisão na era da globalização*. Salvador/São Paulo: Ianamá/Intercom - GT Televisão.

McANANY, E.G. (1983). "A lógica da indústria cultural na América Latina: A indústria da televisão no Brasil". *Comunicação & Sociedade*, 9, jun., p. 35-60.

______ (1980). *Communications in the Rural Third World*: The Role of Information in Development. Nova York: Praeger.

McGREW, A. (1992). "A Global Society". In: HALL, S.; HELD, D. & McGREW, A. (orgs.). *Modernity and its Futures*. Cambridge: Polity Press, p. 61-116.

McLUHAN, M. (1964). *Understanding Media*: The Extensions of Man. Nova York: New American Library.

MÉDICI, E.G. (1974). *Mensagem ao Congresso Nacional*. Brasília: [s.e.].

MESQUITA, H. (1982). *Tupi*: a greve da fome. São Paulo: Cortez.

MICELI, S. (1990). *Mídia no Brasil 89/90*. São Paulo: McCann-Erickson.

______ (1972). *A noite da madrinha*. São Paulo: Perspectiva.

MINDLIN, J.E. (1979). "Foreign technology and Brazilian industry". In: RAMESH, J. & WEIS JR., C. (orgs.). *Mobilizing technology for world development* [s.n.t.], p. 140-143.

MOORE, H. (1979). *Contributions to an Understanding of Multinational Advertising*. Nova York: The Center for Advertising Services.

MOTTER, M.L. (1998). "Telenovela: arte do cotidiano". *Comunicação & Educação*, vol. 13, set.-dez., p. 89-102. São Paulo.

MOURA, C. (1979). "Climate of Terror". *Index on Censorship*: Brazil, vol. 8, n. 4, jul.-ago., p. 8-10.

NEVES, L.M. (1993). "J'accuse!" *A Tarde*, 13/01. Salvador.

NOGUEIRA, A. (1998). "Telejornalismo I: A experiência da Rede Globo". *TV ao vivo*: depoimentos. São Paulo: Brasiliense, p. 81-92.

NORDESNTRENG, K. & VARIS, T. (1974). "Television traffic – A one way street? Survey and analysis of the international flow of television programme material". *Reports and papers on mass communications*. Paris: Unesco.

O Estado de S. Paulo (2000). "Yes, nós temos canais", 02/07.

OLIVEIRA, E.Q. (1976). *Política de comunicações*. Brasília: Ministério das Comunicações.

ORTIZ, R.; BORELLI, S.R. & ORTIZ, J.M. (1989a). *Telenovela*: história e produção. São Paulo: Brasiliense.

ORTIZ, R. & RAMOS, J.M.O. (1989b). "A produção industrial e cultural da telenovela". In: ORTIZ, R.; BORELLI, S.R. & ORTIZ, J.M. *Telenovela*: história e produção. São Paulo: Brasiliense, p. 111-182.

PENHALVER, A. (2000). "As atrações estrangeiras no país". *O Estado de S. Paulo*, Cad. "Telejornal", 02/07.

PFEIFER, I. (1999). "Mídia nacional quer capital estrangeiro com restrições". *Gazeta Mercantil*, Cad. C, 21/09, p. 8. São Paulo.

POOL, I.S. (1977). "The changing flow of television". *Journal of Communication*, vol. 27, n. 2, p. 139-149.

POSSEBON, S. & FALGETANO, E. (2000). "Quanto vale o mercado de TV?" *TelaViva*, 99, nov., p. 1-5.

PRADO, JR. (1973). *TV: quem vê quem*. Rio de Janeiro: Eldorado.

PRATES, F. (2001). "Anatel adia para 2002 definições sobre TV digital". *Valor Econômico*, 26/10, p. B-4.

PRIOLLI, G. (1999a). "Morte à telenovela". *Gazeta Mercantil*, 27/02. São Paulo.

______ (1999b). "A TV possível". *Gazeta Mercantil*, 28/08. São Paulo.

______ (1999c). "Paternalismo via satélite". *Gazeta Mercantil*, 21/08, p. 12. São Paulo.

______ (1985). "A tela pequena no Brasil grande". *Televisão & Vídeo*. Rio de Janeiro: Zahar, p. 19-52.

RAHAL, M. & MOREIRA, T. (2009). "Cresce uso do celular como central de mídia". *UOL Notícias*, 16/01.

REIS, L. (1998). "Televisão carnavaliza a tragédia do cantor Leandro nos noticiários". *O Estado de S. Paulo*, C. 2, D-3, 20/06.

Revista da Semana (2009). "Da poltrona para a palma da mão", 28/05, p. 10-11. São Paulo.

ROBERTSON, R. (1992). *Globalization*: Social Theory and Global Culture. Londres: Sage.

ROCHA, J. (1998). "Estatal contribui mais para União". *Jornal do Brasil*, 05/08, p. 23.

RODRIGUEZ, R. (1963). *Brazil's economic revolution*: a changing partner. Austin, Texas: The University of Texas at Austin [Tese de doutorado].

ROGERS, E.M. (1976). *Communication and Development*: Critical Perspective. Beverly Hills, CA.: Sage.

ROGERS, E.M. & SHOEMAKER, F. (1971). *Communication of Innovations*. Nova York: The Free Press.

SCALIONE, S. (2009). "Mobilidade na telinha". *Estado de Minas*, 15/04. Belo Horizonte [Disponível em: http: //www.uai.com.br/uai/html/sessao_8/2009/04/09/m_noticia_interna.id_ sessao=8 – Acesso em 19/08].

SCHILLER, H.I. (1969). *Mass Communication and American Empire*. Boston: Beacon Press.

SCHNEIDER, J.O.; LENZ, M.M. & PETRY, A. (s.d.). *Realidade brasileira*. Porto Alegre: Sulina.

SCHRAMM, W. (1973). *Mass Media and National Development*. Stanford, CA: Stanford University Press.

SCHULTZE, Q.J. (1981). "Advertising, Culture, and Economic Interest". *Communication Research*, jul., p. 371-384.

SELCHER, W. (1977). *The National Security Doctrine and Policies of the Brazilian Government*. Carlisle Barracks, Penn.: U.S. Army War College.

SILVA, M.F. & MONTEIRO, M. (s.d.). "A história da TV no Brasil". *Comunicação*, 31, p. 20-23. Rio de Janeiro: Bloch/Departamento de Jornalismo.

SIMÕES, I.F. (1986). "TV à Chateaubriand". *Um país no ar*: história da TV brasileira em três canais. São Paulo: Brasiliense, p. 11-121.

SIMON, P. (1998). *Relatório rádio & TV no Brasil*: diagnósticos e perspectivas. Brasília: Senado Federal.

SKIDMORE, T.E. (1973). "Politics and economic policy making in authoritarian Brazil". In: STEPAN, A. (org.). *Authoritarian Brazil*: origins, policies, and future. New Haven, Conn.: Yale University Press, p. 3-46.

SODRÉ, M. (1977). *O monopólio da fala*. Petrópolis: Vozes.

______ (1971). *A comunicação do grotesco*. Petrópolis: Vozes.

SOUSA, P.H. & LÍRIO, S. (2001). "A mídia se entrega". *Carta Capital*, 28/11, p. 28-32.

SOUZA FILHO, W.J. (1977). "O jornalismo na televisão". In: MATTOS, S. (org.). *Televisão e cultura no Brasil e na Alemanha*. São Paulo/Salvador: GRD/Instituto Cultural Brasil Alemanha, p. 84-99.

STEPAN, A. (1973). "The New Professionalism of Internal Warfare and Military Role Expansion". In: STEPAN, A. (org.). *Authoritarian Brazil*: Origins, Policies, and Future. New Haven, Conn.: Yale University Press, p. 47-65.

STRAUBHAAR, J.D. (1983). "O declínio da influência americana na televisão brasileira". *Comunicação & Sociedade*, 9, jun., p. 61-77.

______ (1981). *The Transformation of Cultural Dependence*: The Decline of American Influence on the Brazilian Television Industry. Washington: The Fletcher School of Law and Diplomacy [Tese de doutorado].

TAVARES, M. (2009). "Anatel vai ampliar frequência para telefonia móvel". *Globo Online*, 30/07.

TÁVOLA, A. da (1985). "O Padrão Global" *Status*, 126, jan., p. 42-45. São Paulo.

TERRERO, J.M. (1979). *La publicidad en Venezuela*. Valencia: Vadel Hermanos.

THOMAS, G. (1979). "Closely Watched TV". *Index on Censorship*: Brazil, vol. 8, n. 4, jul.-ago., p. 43-46. Oxford.

Tribuna da Bahia (2000a). "Chegou a internet sem computador", 14/06, p. 12. Salvador.

______ (2000b). "Pimenta apresenta mercado de TV por assinaturas nos EUA", 23/06. Salvador.

______ (1998a). "Governo pensa em implantar um 'Manual de Qualidade' para TVs", 09/11, p. 5. Salvador.

______ (1998b). "BB financia publicidade em televisão", 11/12. Salvador.

TUNSTALL. J. (1979). *The Media Are American*. Nova York: Columbia University Press.

TV GLOBO NETWORK (1979). *Brazil*: Country, People, Television. Rio de Janeiro.

VALADARES, R. (2000). "Tele condenada". *Veja*, 10/09, p. 134-136.

Veja (2001). "Um grande avanço", 18/12, p. 51.

______ (2000). "Comunicação sem barreiras", 14/06, p. 128-130.

______ (1969). "Os filhos do direito de nascer", 07/05.

VIEIRA, C.A. (1999). "Sucesso Global". *Gazeta Mercantil*, 02/12. São Paulo.

Vogue, Brasil (1998). "Telenovelas, fenômeno único no mundo", 243, mar., p. 48-77. São Paulo.

WATERMAN, P. (1983). *Globalization, Civil Society, Solidarity*: The Politics and Ethics of a World both Real and Universal. The Hague: Institute of Social Studies.

WEIL, T.E. et al. (1975). *Area Handbook for Brazil*. Washington, D.C.: Foreign Area Studies of the American University.

WELLS, A. (1972). *Picture-Tube Imperialism?* – The Impact of the U.S. Television on Latin America. Nova York: Orbis Books.

WORLD ADVERTISING EXPENDITURE (1979). *Mawroneck*. Nova York: Starch/Inra Hooper.

WORLD BANK (1979). *World Development Report*. [s.n.t.].

World Communications: A 200 Country Survey of Press, Radio, Television, and Film (1975). Paris: Unesco.

WORSELEY, P. (1984). *The Three Worlds*: Culture and World Development. Chicago: The University of Chicago Press.

WRIGHT, J.S. et al. (1971). *Advertising*. 3. ed. Nova York: McGraw-Hill.

XEREZ, A. (1999). "A TV e integração nacional". *Correio da Bahia*, Cad. 1, 21/08, p. 5. Salvador.

Quem é Sérgio Mattos

Sérgio Augusto Soares Mattos, filho de Maria Helena Soares Mattos e de José de Castro Mattos, nasceu em Fortaleza, Ceará, no dia 1º de julho de 1948. Desde 1959, vive em Salvador, tendo recebido o título de Cidadão Baiano, outorgado pela Assembleia Legislativa. Diplomado em Jornalismo pela Universidade Federal da Bahia em 1971, Mattos é pós-graduado em Comunicação, com mestrado e doutorado pela Universidade do Texas, em Austin, Estados Unidos. Foi o primeiro doutor da Faculdade de Comunicação da UFBA, tendo sido também responsável pela orientação da tese do primeiro doutor formado pelo Programa de Pós-Graduação em Comunicação e Culturas Contemporâneas da Facom. Mesmo dedicando-se à pesquisa e ao ensino, não abdicou de ter um pé no mercado e sempre se manteve no exercício do jornalismo, em inúmeras funções e editorias ou como colaborador nos jornais baianos. É também poeta, romancista e compositor com dezenas de composições gravadas por diversos intérpretes, sendo que possui quatro CDs individuais com algumas de suas composições.

No ano de 2000 foi o vencedor do Prêmio de Comunicação Luiz Beltrão, na categoria de Maturidade Acadêmica. O prêmio foi outorgado pela Intercom – Sociedade Brasileira de Estudos Interdisciplinares da Comunicação, que congrega mais de 500 pesquisadores da área, durante o XXIII Congresso Brasileiro de Ciências da Comunicação, realizado em Manaus, Amazonas. O Prêmio Luiz Beltrão de Ciência da Comunicação tem a finalidade de reconhecer a qualidade do trabalho acadêmico realizado nas universidades ou nos centros de pesquisa, valorizando a atuação individual e coletiva. A meta é sinalizar, anualmente, para as novas gerações, quais as pessoas ou instituições que apresentaram contribuições relevantes para o campo das Ciências da Comunicação.

Sérgio Mattos foi diretor-coordenador da Coordenação de Extensão, Pesquisa e Pós-Graduação (Coepp) da Unibahia – Unidade baiana de ensino, pesquisa e extensão, no município de Lauro de Freitas, Bahia, além de ter sido o coordenador que implantou os cursos de Jornalismo e Relações Públicas das Faculdades Integradas Ipitanga, mantidas pela Unibahia, entre 2000 e 2007. No período de 1999 a 2002 coordenou o Curso de Publicidade e Marketing da Polifucs – Unidades de Ensino de Ciências da Sociedade. No período de janeiro a julho de 2008 exerceu a função de coordenador do Curso de Jornalismo da Faculdade da Cidade de Salvador e da FTC. Em agosto de 2008 tomou posse na função de professor-adjunto concursado, da Universidade Federal do Recôncavo da Bahia (UFRB). Em 2009 integrou a Comissão de Especialistas em Formação Superior do Jornalista, constituída pelo Ministério da Educação, para propor as novas Diretrizes Curriculares Nacionais para os cursos de Jornalismo.

Completando suas atividades profissionais, Sérgio Mattos integrou a equipe de jornalistas que em 21 de outubro de 1969 fundou o jornal *Tribuna da Bahia*, onde além de repórter especial foi chefe de reportagem. No jornal *A Tarde* ocupou a função de editor local/cidade e dos suplementos *Jornal de Utilidades*, *A Tarde Municípios* e *A Tarde Rural*, até fevereiro de 2003. Foi o diretor de redação responsável pela criação e implantação da revista mensal *Neon* de arte, cultura e entretenimento, que circulou de janeiro de 1999 a dezembro de 2004. Paralelamente a estas funções profissionais, Sérgio Mattos foi presidente-fundador do Instituto Baiano do Livro (IBL) e presidente-fundador da Academia de Letras e Artes de Salvador (Alas). Mais recentemente, no período de janeiro de 2008 a janeiro de 2010 foi eleito e exerceu a função de secretário geral do Instituto Geográfico e Histórico da Bahia - IGHB. Na década de 1980 foi diretor do Instituto de Radiodifusão Educativa do Estado da Bahia (Irdeb), quando foi responsável pela elaboração dos projetos para implantação da TV Educativa da Bahia.

Sérgio Mattos é autor de inúmeros trabalhos acadêmicos, tendo escrito dezenas de artigos e capítulos de livros na área da Comunicação. Dentre seus trabalhos destacam-se os seguintes títulos de teses, livros e plaquetas:

Estudos de comunicação, 1975.

The Impact of Brazilian Military Government on the Development of TV in Brazil, 1980 [Dissertação de mestrado].

The Development of Communication Policies Under the Peruvian Government, 1981.

Domestic and Foreign Advertising in Television and Mass Media Growth: A case Study of Brazil, 1982 [Tese de doutorado].

The Impact of the 1964 Revolution on Brazilian Television, 1982.

Irdeb – Relatório das atividades de 1983, 1984.

Comunicação, desenvolvimento e segurança nacional, 1988.

Um perfil da TV brasileira: 40 anos de história, 1990.

Censura de guerra: da Crimeia ao Golfo Pérsico, 1991.

A Tarde Municípios: uma experiência jornalística voltada para o municipalismo, 1993.

Bibliografia dos docentes do Departamento de Jornalismo: produção científica, literária e artística. UFBA, 1994.

O controle dos meios de comunicação, 1996.

A televisão e as políticas regionais de comunicação, 1997 [org.].

Televisão e cultura no Brasil e na Alemanha, 1997 [org.].

A televisão na era da globalização, 1999 [org.].

A televisão no Brasil: 50 anos de história, 2000.

Imparcialidade é mito, 2001.

História da televisão brasileira: uma visão econômica, social e política [2. ed., 2002; 3. ed., 2008; 4. ed., 2009].

Mídia controlada - A história da censura no Brasil e no mundo, 2005.

Comunicação plural, 2007 [org.].

Memória da imprensa contemporânea da Bahia, 2008 [org.].

Relicário comunicacional e literário, 2008.

O contexto midiático, 2009.

A mídia nas páginas dos jornais, 2009.

No campo literário, além de participar de várias antologias poéticas e de ter veiculado sua produção em revistas, jornais e na internet, publicou os seguintes livros individuais:

Nas teias do mundo, 1973.

O vigia do tempo, 1977.

A Batalha de Natal, 1978.

Time's Sentinel, 1979 [Tradução feita por Maria Luisa Nunes].

I No Longer Sing, I Cry [Já não canto, choro], 1980 [Edição bilíngue - Tradução feita por Albert Bork].

Lançados ao mar, 1985.

Asas para amar, 1995 [2. ed., 1996].

Estandarte, 1995 [2. ed., 1996; 3. ed., 1996].

Trilha poética, 1998.

Étendard, 1998 [Tradução feita por Daniel Bloom].

Fio condutor, 2006.

Amadeu, um bandido nordestino, 2008 [novela].

Os funerais de Dona Camila, 2008 [novela].

As confissões sexuais de Maria Francisca, 2008 [romance].

Só você pode, Jayme – Um perfil biográfico de Jayme Ramos de Queiroz, 2009 [biografia].

Abre-te, Cuba!, 2009 [Registro de viagem].